KURT STIASNY

Was Hauffs Märchen erzählen

Kurt Stiasny

Was Hauffs Märchen erzählen

Original und Deutung

 Novalis

© 1995 Novalis Verlag AG Schaffhausen
Alle Rechte vorbehalten
Umschlag: Ulrika Hampl, Verlagsatelier Typografik
Scherenschnitt: Ute Stiasny
Gesamtherstellung: Clausen & Bosse, Leck
ISBN 3-7214-0665-6

Inhalt

Einführung

»Hauff hat einen Roman und zahlreiche Novellen geschrieben, meiner Ansicht nach machen ihn aber seine Märchen zu dem, was er ist: zu einem der feinsten deutschen Dichter. Sein Roman mag gut sein; seine Novellen mögen stellenweise ausgezeichnet sein, die Märchen jedoch sind fabelhaft schön«, schreibt Robert Walser 1916 (zitiert nach Hinz, S. 150). Der kleine Muck, Zwerg Nase, Kalif Storch, das Glasmännlein und der Holländer-Michel sind und bleiben unvergängliche Märchengestalten, von des Dichters Zeitgenossen allerdings – im Unterschied zum gesamten übrigen Werk – kaum beachtet; er selbst hat dennoch in seiner gesamten Schaffensperiode Märchen geschrieben, obwohl ihm, dem freien Schriftsteller, zahlreiche Angebote für Novellen und historische Romane vorlagen und er auf diese Weise gewiß mehr Honorar hätte erarbeiten können.

Seinen Nachruhm gesichert haben letztlich allein seine Märchen, die neben Grimms Kinder- und Hausmärchen ihren festen Platz bewahren, in vielen Fällen und in manchen Altersstufen sogar den ersten Rang erhalten. Sie allein unter den zahlreichen Kunstmärchen des 19. und 20. Jahrhunderts sind volkstümlich geworden und geblieben. Wenn wir Stimmen sammeln, die auf unterschiedlichste Weise den Geheimnissen unseres Lebens, unseres Lebensauftrages nachspüren, dann wird W. Hauff, wie die folgenden Deutungen nachweisen, nicht überhört werden dürfen, obwohl er starb, als er kaum zu schreiben begonnen hatte. Hugo v. Hofmannsthals Hinweis, »Das kalte Herz« sei das schönste deutsche Dichtermärchen, sollte eigentlich vor Unterschätzung warnen. Hauff soll auch nicht überschätzt werden; doch er kann die Brücke bauen zwischen Kunst- und Volksmärchen, zwischen Kunst und Natur. Übrigens wird man seiner Besonderheit nicht gerecht (dies wird ausführlich im Schlußkapitel erörtert), wenn man ihn als geschickten Eklektiker abwertet; er stand an einer großen Zeitenwende, tradierte Bleibendes und warnte vor kommenden Gefahren, vereinte auf natürlichste Weise Gefühl und Verstand, Ernst und Humor. Seine erstaunliche Spannkraft und intensive Bildwahl machen ihn zu einem Dichter, der weiterhin Zukunft haben wird.

Leben und Werk

Wilhelm Hauff wurde 1802 in Stuttgart geboren, verlor seinen Vater im 7. Lebensjahr, zog mit der Mutter und den drei Geschwistern nach Tübingen, wo er die Lateinschule besuchte, die ihm aber gar nicht behagte, ging anschließend ins Klosterseminar Blaubeuren, das ihm durch seinen eintönigen Tageslauf, mehr noch durch das ländliche Milieu quälte, so daß er sich entschloß, alle seine geistigen Kräfte zu sammeln, um ein Jahr früher als üblich das Seminar verlassen zu können.

Endlich durfte er wieder in die freie Welt, konnte im Tübinger Stift sein Theologiestudium beginnen, das auch die Fächer Geschichte, Philosophie, Psychologie und Rhetorik einschloß. Hier lebt er auf, nutzt er alle geisteswissenschaftlichen Chancen, schließt er sich auch einer verbotenen Burschenschaft an, verlobt er sich mit seiner Cousine Luise Hauff, macht er sein Examen und den Doktor der Philosophie.

Er wird Hofmeister bei einer Stuttgarter Offiziersfamilie und beginnt sofort zu schreiben, zuerst Kriegs- und Volkslieder, darunter »Reiters Morgengesang« (»Morgenroth, leuchtest mir zum frühen Tod ...«), anschließend den ersten Märchenalmanach; es folgen Satiren, Novellen und der Roman »Lichtenstein«. Bald unternimmt er eine ausgedehnte Reise durch Frankreich, Flandern, Nord- und Mitteldeutschland, die, wie Hinz (S. 127) zeigt, einen qualitativen Klärungsprozeß einleitete, und zwar durch zahlreiche Gespräche mit Dichterkollegen, Verlegern und Kritikern, denen er selbstkritisch begegnete: »Nie sah ich Jemand wie ihn eine herbe Kritik aufnehmen; er mahlte eher die Rüge noch schwärzer als sie gemeint war. Täuschte mich nicht alles, so stand er auf dem Punkte einer poetischen Regeneration«, urteilte Willibald Alexis (zitiert nach Hinz, S. 127). »Ich bin froh«, schreibt Hauff an einen Freund, »daß ich um 2000 Jahre nach Polykrates geboren bin und keinem Aberglauben mehr anheimfalle, sonst müßte mich mitten im Glück der furchtbar mahnende Gedanke traurig machen: ›Noch keinen sah ich glücklich enden, auf den mit immer vollen Händen die Götter ihre Gaben streun.‹ Ich bin so jung, ich habe viel Glück gehabt in der Welt. Mit dem ersten Schritt, den ich getan, habe ich mir einen nicht unwürdigen Platz und eine Stimme erworben, die gültig ist, soweit unsere Sprache spricht« (zitiert nach Ackerknecht, S. 77).

Nach seiner Rückkehr gibt er den zweiten und dritten Märchenalmanach heraus, heiratet er Luise Hauff, schreibt er seine besten Novellen (»Die Bettlerin vom Pont des Arts«, »Jud Süß« und »Das Bild des Kaisers«) sowie die »Phantasien im Bremer Rathskeller«, von vielen als sein originellstes und reifstes Werk neben den Märchen bezeichnet. In drei knappen Jahren (zieht man zehn Reisemonate ab, in zwei Jahren) entwickelt sich ein vielseitiges Talent, beeinflußt zwar von Tieck und E. T. A. Hoffmann, dennoch, bei aller Jugend, bald in eigener Art, zu der er sich selbstbewußt bekennt: »Ich gehöre allen, ich gehöre mir selbst, aber keiner Schule gehöre ich an, der Meister möchte sich nennen, wie er wollte. Ich fühle keinen Herrn und Meister über mir, dem ich Gehorsam schuldig wäre, als die ewigen Gesetze des Guten und Schönen, denen ich, wenn auch auf unvollkommene Weise, nachzustreben suche. Es mag sein, daß ich die Form nicht vor dem Einfluß der Zeit bewahren kann, doch soll mir der Geist ungeg̈othet, ungetieckt, ungeschlegelt und ungemeistert bleiben« (zitiert nach Martini, S. 445).

Plötzlich erkrankt er (an einer Gehirnhautentzündung?) und stirbt 1827 mit 25 Jahren acht Tage nach der Geburt seiner ersten Tochter:

»Kaum gedacht,
War der Lust ein End gemacht.
Gestern noch auf stolzen Rossen,
Heute durch die Brust geschossen,
Morgen in das kühle Grab!«

Märchenalmanache

Hauffs Märchen erschienen, wie bereits erwähnt, zunächst in drei aufeinanderfolgenden Sammlungen; sie wurden dann aber mit Hilfe einer Rahmenerzählung (vergleichbar der in »Tausendundeine Nacht«) zu einem Ganzen geordnet. Genau besehen, handelt es sich um eine Mischung aus Märchen, Abenteuer- und Gespenstergeschichten sowie Sagen. Der erste Kreis (mit der Geschichte vom Kalif Storch sowie von dem kleinen Muck) führt in den Orient. Der zweite Teil (er enthält z.b. Zwerg Nase) umfaßte ursprünglich auch Märchen anderer Autoren, auch zwei Grimm-Texte, nämlich »Das Fest der Unterirdischen« und »Schneeweißchen und Rosenrot«, womit der Dichter nicht nur die Lösung aus orientalischer Umwelt anzeigte, sondern mehr noch auf sein Bestreben hinwies, dem Stil der Volksmärchen sich anzunähern. Kerngeschichte der dritten Abteilung ist »Das Wirtshaus im Spessart«, eingelagert »Das kalte Herz« neben zwei Sagen und der Geschichte von Saids Schicksalen. Als Prolog dient eine Allegorie »Märchen als Almanach«:

»In einem schönen fernen Reiche, von welchem die Sage lebt, daß die Sonne in seinem ewig grünen Garten niemals untergehe, herrschte von Anfang an bis heute die Königin Phantasie. Mit vollen Händen spendete diese, seit vielen Jahrhunderten, die Fülle des Segens über die Ihrigen und war geliebt, verehrt von allen, die sie kannten. Das Herz der Königin war aber zu groß, als daß sie mit ihren Wohltaten bei ihrem Lande stehen geblieben wäre; sie selbst im königlichen Schmuck ihrer ewigen Jugend und Schönheit stieg herab auf die Erde; denn sie hatte gehört, daß dort Menschen wohnen, die ihr Leben in traurigem Ernst, unter Mühe und Arbeit hinbringen. Diesen hatte sie die schönsten Gaben aus ihrem Reiche mitgebracht, und seit die schöne Königin durch die Fluren der Erde gegangen war, waren die Menschen fröhlich bei der Arbeit, heiter in ihrem Ernst.

Auch ihre Kinder sandte sie aus, um die Menschen zu be-
glücken. Einst kam Märchen, die älteste Tochter der Königin, von
der Erde zurück. Die Mutter bemerkte, daß Märchen traurig sei, ja,
hier und da wollte ihr bedünken, als ob sie verweinte Augen hätte.

»Was hast du, liebes Märchen«, sprach die Königin zu ihr, »du
bist seit deiner Reise so traurig und niedergeschlagen, willst du deiner Mutter nicht anvertrauen, was dir fehlt?«

»Ach, liebe Mutter«, antwortete Märchen, »ich hätte gewiß nicht
so lange geschwiegen, wenn ich nicht wüßte, daß mein Kummer
auch der deinige ist.«

»Sprich immer, meine Tochter«, bat die schöne Königin, »der
Gram ist ein Stein, der den einzelnen niederdrückt, aber zwei tragen ihn leicht aus dem Wege.«

»Du willst es«, antwortete Märchen, »so höre: Du weißt, wie gerne ich mit den Menschen umgehe, wie ich freudig auch bei dem
Ärmsten vor seiner Hütte sitze, um nach der Arbeit ein Stündchen
mit ihm zu verplaudern; sie boten mir auch sonst gleich freundlich
die Hand zum Gruß, wenn ich kam, und sahen mir lächelnd und
zufrieden nach, wenn ich weiterging; aber in diesen Tagen ist es gar
nicht mehr so!«

»Armes Märchen!« sprach die Königin und streichelte ihr die
Wange, die von einer Träne feucht war, »aber du bildest dir vielleicht dies alles nur ein?«

»Glaube mir, ich fühle es nur zu gut«, entgegnete Märchen, »sie
lieben mich nicht mehr. Überall, wo ich hinkomme, begegnen mir
kalte Blicke; nirgends bin ich mehr gern gesehen; selbst die Kinder,
die ich doch immer so lieb hatte, lachen über mich und wenden
mir altklug den Rücken zu.«

Die Königin stützte die Stirne in die Hand und schwieg sinnend.

»Und woher soll es denn«, fragte die Königin, »kommen, Märchen, daß sich die Leute da unten so geändert haben?«

»Sieh, die Menschen haben kluge Wächter aufgestellt, die alles,
was aus deinem Reich kommt, o Königin Phantasie, mit scharfem
Blicke mustern und prüfen. Wenn nun einer kommt, der nicht
nach ihrem Sinne ist, so erheben sie ein großes Geschrei, schlagen
ihn tot oder verleumden ihn doch so sehr bei den Menschen, die
ihnen aufs Wort glauben, daß man gar keine Liebe, kein Fünkchen
Zutrauen mehr findet. Ach, wie gut haben es meine Brüder, die
Träume, fröhlich und leicht hüpfen sie auf die Erde hinab, fragen
nichts nach jenen klugen Männern, besuchen die schlummernden
Menschen und weben und malen ihnen, was das Herz beglückt und
das Auge erfreut!«

»Deine Brüder sind Leichtfüße«, sagte die Königin, »und du,
mein Liebling, hast keine Ursache, sie zu beneiden. Jene Grenzwächter kenne ich übrigens wohl; die Menschen haben so unrecht

nicht, sie aufzustellen; es kam so mancher windige Geselle und tat, als ob er geradewegs aus meinem Reiche käme, und doch hatte er höchstens von einem Berge zu uns herübergeschaut.«

»Aber warum lassen sie dies mich, deine eigene Tochter, entgelten«, weinte Märchen. »Ach, wenn du wüßtest, wie sie es mit mir gemacht haben; sie schalten mich eine alte Jungfer und drohten, mich das nächste Mal gar nicht mehr hereinzulassen.«

»Wie, meine Tochter nicht mehr einzulassen?« rief die Königin, und Zorn rötete ihre Wangen. »Aber ich sehe schon, woher dies kommt; die böse Muhme hat uns verleumdet!«

»Die Mode? Nicht möglich!« rief Märchen, »sie tat ja sonst immer so freundlich.«

»Oh! Ich kenne sie, die Falsche«, antwortete die Königin, »aber versuche es ihr zum Trotze wieder, meine Tochter, wer Gutes tun will, darf nicht rasten.«

»Ach, Mutter! Wenn sie mich dann ganz zurückweisen, oder wenn sie mich verleumden, daß mich die Menschen nicht ansehen oder einsam und verachtet in der Ecke stehen lassen?«

»Wenn die Alten, von der Mode betört, dich geringschätzen, so wende dich an die Kleinen, wahrlich, sie sind meine Lieblinge, ihnen sende ich meine lieblichsten Bilder durch deine Brüder, die Träume, ja, ich bin schon oft selbst zu ihnen hinabgeschwebt, habe sie geherzt und geküßt und schöne Spiele mit ihnen gespielt; sie kennen mich auch wohl, sie wissen zwar meinen Namen nicht, aber ich habe schon oft bemerkt, wie sie nachts zu meinen Sternen heraufächeln und morgens, wenn meine glänzenden Lämmer am Himmel ziehen, vor Freuden die Hände zusammenschlagen. Auch wenn sie größer werden, lieben sie mich noch, ich helfe dann den lieblichen Mädchen bunte Kränze flechten, und die wilden Knaben werden stiller, wenn ich auf hoher Felsenspitze mich zu ihnen setze, aus der Nebelwelt der fernen, blauen Berge hohe Burgen und glänzende Paläste auftauchen lasse und aus den rötlichen Wolken des Abends kühne Reiterscharen und wunderliche Wallfahrtszüge bilde.«

»O die guten Kinder!« rief Märchen bewegt aus. »Ja, es sei! Mit ihnen will ich es noch einmal versuchen.«

»Ja, du gute Tochter«, sprach die Königin, »gehe zu ihnen; aber ich will dich auch ein wenig ordentlich ankleiden, daß du den Kleinen gefällst und die Großen dich nicht zurückstoßen; siehe, das Gewand eines Almanachs will ich dir geben.«

»Eines Almanachs, Mutter? Ach! – Ich schäme mich, so vor den Leuten zu prangen.«

Die Königin winkte, und die Dienerinnen brachten das zierliche Gewand eines Almanachs. Es war von glänzenden Farben und schönen Figuren eingewoben.

Die Zofen flochten dem schönen Mädchen das lange Haar; sie

banden ihr goldene Sandalen unter die Füße und hingen ihr dann das Gewand um.

Das bescheidene Märchen wagte nicht aufzublicken, die Mutter aber betrachtete es mit Wohlgefallen und schloß es in ihre Arme. »Gehe hin«, sprach sie zu der Kleinen, »mein Segen sei mit dir. Und wenn sie dich verachten und höhnen, so kehre zurück zu mir, vielleicht, daß spätere Geschlechter, getreuer der Natur, ihr Herz dir wieder zuwenden.«

Also sprach die Königin Phantasie. Märchen aber stieg hinab auf die Erde. Mit pochendem Herzen nahte sie dem Ort, wo die klugen Wächter hausen; sie senkte das Köpfchen zur Erde, sie zog das schöne Gewand enger um sich her, und mit zagendem Schritt nahte sie dem Tor.

»Halt!« rief eine tiefe, rauhe Stimme. »Wache heraus! Da kommt ein neuer Almanach!«

Märchen zitterte, als sie dies hörte; viele ältliche Männer von finsterem Aussehen stürzten hervor; sie hatten spitzige Federn in der Faust und hielten sie dem Märchen entgegen. Einer aus der Schar schritt auf sie zu und packte sie mit rauher Hand am Kinn. »Nur auch den Kopf aufgerichtet, Herr Almanach«, schrie er, »daß man Ihm in den Augen ansiehet, ob er was Rechtes ist oder nicht!«

Errötend richtete Märchen das Köpfchen in die Höhe und schlug das dunkle Auge auf.

»Das Märchen!« riefen die Wächter und lachten aus vollem Hals, »das Märchen! Haben wunder gemeint, was da käme! Wie kommst du nur in diesen Rock?«

»Die Mutter hat ihn mir angezogen«, antwortete Märchen.

»So? Sie will dich bei uns einschwärzen? Nichts da! Hebe dich weg, mach, daß du fortkommst!« riefen die Wächter untereinander und erhoben die scharfen Federn.

»Aber ich will ja nur zu den Kindern«, bat Märchen, »dies könnt ihr mir ja doch erlauben.«

»Läuft nicht schon genug solches Gesindel im Land umher?« rief einer der Wächter. »Sie schwatzen nur unseren Kindern dummes Zeug vor.«

»Laßt uns sehen, was sie diesmal weiß!« sprach ein anderer.

»Nun ja«, riefen sie, »sag an, was du weißt, aber beeile dich, denn wir haben nicht viele Zeit für dich!«

Märchen streckte die Hand aus und schrieb mit dem Zeigefinger viele Zeichen in die Luft. Da sah man bunte Gestalten vorüberziehen; Karawanen mit schönen Rossen, geschmückte Reiter, viele Zelte im Sand der Wüste; Vögel und Schiffe auf stürmischen Meeren; stille Wälder und volkreiche Plätze und Straßen; Schlachten und friedliche Nomaden, sie alle schwebten in belebten Bildern, in buntem Gewimmel vorüber.

Märchen hatte in dem Eifer, mit welchem sie die Bilder aufsteigen ließ, nicht bemerkt, wie die Wächter des Tores nach und nach eingeschlafen waren. Eben wollte sie neue Zeichen schreiben, als ein freundlicher Mann auf sie zutrat und ihre Hand ergriff. »Siehe her, gutes Märchen«, sagte er, indem er auf die Schlafenden zeigte, »für diese sind deine bunten Sachen nichts; schlüpfe schnell durch das Tor; sie ahnen dann nicht, daß du im Lande bist, und du kannst friedlich und unbemerkt deine Straße ziehen. Ich will dich zu meinen Kindern führen; in meinem Hause geb' ich dir ein stilles, freundliches Plätzchen; dort kannst du wohnen und für dich leben; wenn dann meine Söhne und Töchter gut gelernt haben, dürfen sie mit ihren Gespielen zu dir kommen und dir zuhören. Willst du so?«

»Oh, wie gerne folge ich dir zu deinen lieben Kleinen; wie will ich mich befleißen, ihnen zuweilen ein heiteres Stündchen zu machen!«

Der gute Mann nickte ihr freundlich zu und half ihr, über die Füße der schlafenden Wächter hinüberzusteigen. Lächelnd sah sich Märchen um, als sie hinüber war, und schlüpfte dann schnell in das Tor.

Worauf kommt es Hauff an? Märchen, so heißt es am Anfang und am Ende, befreien, stimmen die Menschen »fröhlich bei der Arbeit, heiter in ihrem Ernst«; sie fügen zusammen, was der Alltag zu trennen droht. Noch wichtiger: Wenn »Grenzwächter« mit »spitzige(n) Federn« das Oben und Unten, das Innen und Außen, Unsichtbares und Sichtbares zu scheiden versuchen, kann Märchen zumindest im kleinen Kreise die Seele ins Gleichgewicht bringen; es kann Phantasie noch am Leben erhalten, wenn der kalte, der scheinbar aufgeklärte Verstand den Menschen, besonders Kinder zerstören will. Hauff ist, das macht diese Einleitung so überzeugend, auch Realist: Er weiß, daß die »Grenzwächter« nötig sind, da sich »so mancher windige Geselle« den Menschen nähert und zu täuschen sucht mit oberflächlicher Befriedigung, mit Ersatz. Solche Geister machen Mode, lenken ab vom Wesentlichen. Das königliche Märchen muß daher rastlos wirken, Gutes schaffen und, fast inkonsequent, sich ordentlich kleiden (nicht aufputzen), damit es noch in die Herzen eindringe.

Vertieft werden diese Gedanken im Mittelteil der Rahmenhandlung: Ein alter Mann, der weise Mustapha, hat junge Männer in das Haus des Scheiks Ali Banu eingeführt. Bevor sie fortfahren, ihre Geschichten zu erzählen, bewerten sie diesen Brauch. Man dürfe sich, so leitet der Derwisch ein, nicht zum trägen Leben verführen lassen, wenn man, eine große Wasserpfeife in der Hand, sich dem Reiz der Erzählung öffnet und den Alltag vergißt. Ein junger Mensch müsse arbeiten. Dennoch gebe es genügend Gelegenheiten, dem Zauber eines Geschichtenerzählers zu folgen. Er macht ruhig, geduldig, verbindet mit wundervollen Geistern, die uns helfen, wenn wir durch die Wüste reisen. In allen guten Geschichten findet sich nämlich ein Kern der Weisheit bedeutender Männer:

»… der menschliche Geist ist noch leichter und beweglicher als das Wasser, das doch in allen Formen sich schmiegt und nach und nach auch die dichtesten Gegenstände durchdringt. Er ist leicht und frei wie die Luft und wird, wie diese, je höher er sich von der Erde hebt, desto leichter und reiner. Daher ist ein Drang in jedem Menschen, sich hinauf über das Gewöhnliche zu erheben …«

Das Märchen erschafft eine Doppelwelt, in der sich Himmel und Erde gegenseitig durchdringen; es bildet Figuren, die uns bekannt und dennoch ungewöhnlich sind. Das Außergewöhnliche des Märchens, das ist des weisen Derwischs Schluß, liege »in jener Einmischung eines fabelhaften Zaubers in das gewöhnliche Menschenleben«.

Das Märchen wird zum Schlüssel, der Geheimnisse öffnet, zum scheinbar verlorenen Schlüssel, den es zu suchen und zu finden gilt; es ist der goldene Schlüssel im letzten Märchen der Brüder Grimm.

Der Zwerg Nase

Original

In einer bedeutenden Stadt meines lieben Vaterlandes Deutschland lebte vor vielen Jahren ein Schuster mit seiner Frau schlicht und recht. Er saß bei Tag an der Ecke der Straße und flickte Schuhe und Pantoffeln und machte wohl auch neue, wenn ihm einer welche anvertrauen mochte; doch mußte er dann das Leder erst einkaufen, denn er war arm und hatte keine Vorräte. Seine Frau verkaufte Gemüse und Früchte, die sie in einem kleinen Gärtchen vor dem Tore pflanzte, und viele Leute kauften gerne bei ihr, weil sie reinlich und sauber gekleidet war und ihr Gemüse auf gefällige Art auszubreiten wußte.

Die beiden Leutchen hatten einen schönen Knaben, angenehm von Gesicht, wohlgestaltet und für das Alter von zwölf Jahren schon ziemlich groß. Er pflegte gewöhnlich bei der Mutter auf dem Gemüsemarkt zu sitzen, und den Weibern oder Köchen, die viel bei der Schustersfrau eingekauft hatten, trug er wohl auch einen Teil der Früchte nach Hause, und selten kam er von einem solchen Gang zurück ohne eine schöne Blume oder ein Stückchen Geld oder Kuchen; denn die Herrschaften dieser Köche sahen es gerne, wenn man den schönen Knaben mit nach Hause brachte, und beschenkten ihn immer reichlich.

Eines Tages saß die Frau des Schusters wieder wie gewöhnlich auf dem Markte, sie hatte vor sich einige Körbe mit Kohl und anderm Gemüse, allerlei Kräuter und Sämereien, auch in einem kleineren Körbchen frühe Birnen, Äpfel und Aprikosen. Der kleine Jakob, so hieß der Knabe, saß neben ihr und rief mit heller Stimme die Waren aus: »Hierher, ihr Herren, seht, welch schöner Kohl, wie wohlriechend diese Kräuter; frühe Birnen, ihr Frauen, frühe Äpfel und Aprikosen, wer kauft? Meine Mutter gibt es wohlfeil.« So rief der Knabe. Da kam ein altes Weib über den Markt her; sie sah etwas zerrissen und zerlumpt aus, hatte ein kleines, spitziges Gesicht, vom Alter ganz eingefurcht, rote Augen und eine spitzige, gebogene Nase, die gegen das Kinn hinabstrebte; sie ging an einem langen Stock, und doch konnte man nicht sagen, wie sie ging; denn sie hinkte und rutschte und wankte; es war, als habe sie Räder in den Beinen und könne alle Augenblicke umstülpen und mit der spitzigen Nase aufs Pflaster fallen.

Die Frau des Schusters betrachtete dieses Weib aufmerksam. Es waren jetzt doch schon sechzehn Jahre, daß sie täglich auf dem Markte saß, und nie hatte sie diese sonderbare Gestalt bemerkt. Aber sie erschrak unwillkürlich, als die Alte auf sie zuhinkte und an ihren Körben stillstand.

»Seid Ihr Hanne, die Gemüsehändlerin?« fragte das alte Weib mit unangenehmer, krächzender Stimme, indem sie beständig den Kopf hin und her schüttelte.

»Ja, die bin ich«, antwortete die Schustersfrau, »ist Euch etwas gefällig?«

»Wollen sehen, wollen sehen! Kräutlein schauen, Kräutlein schauen, ob du hast, was ich brauche«, antwortete die Alte, beugte sich nieder vor den Körben und fuhr mit ein Paar dunkelbraunen, häßlichen Händen in den Kräuterkorb hinein, packte die Kräutlein, die so schön und zierlich ausgebreitet waren, mit ihren langen Spinnenfingern, brachte sie dann eins um das andere hinauf an die lange Nase und beroch sie hin und her. Der Frau des Schusters wollte es fast das Herz abdrücken, wie sie das alte Weib also mit ihren seltenen Kräutern hantieren sah; aber sie wagte nichts zu sagen; denn es war das Recht des Käufers, die Ware zu prüfen, und überdies empfand sie ein sonderbares Grauen vor dem Weibe. Als jene den ganzen Korb durchgemustert hatte, murmelte sie: »Schlechtes Zeug, schlechtes Kraut, nichts von allem, was ich will, war viel besser vor fünfzig Jahren; schlechtes Zeug, schlechtes Zeug!«

Solche Reden verdrossen nun den kleinen Jakob. »Höre, du bist ein unverschämtes, altes Weib«, rief er unmutig, »erst fährst du mit deinen garstigen, braunen Fingern in die schönen Kräuter hinein und drückst sie zusammen, dann hältst du sie an deine lange Nase, daß sie niemand mehr kaufen mag, wer zugesehen, und jetzt schimpfst du noch unsere Ware schlechtes Zeug, und doch kauft selbst der Koch des Herzogs alles bei uns!«

Das alte Weib schielte den mutigen Knaben an, lachte widerlich und sprach mit heiserer Stimme: »Söhnchen, Söhnchen! Also gefällt dir meine Nase, meine schöne lange Nase? Sollst auch eine haben mitten im Gesicht bis übers Kinn herab.« Während sie so sprach, rutschte sie an den andern Korb, in welchem Kohl ausgelegt war. Sie nahm die herrlichsten weißen Kohlhäupter in die Hand, drückte sie zusammen, daß sie ächzten, warf sie dann wieder unordentlich in den Korb und sprach auch hier: »Schlechte Ware, schlechter Kohl!«

»Wackle nur nicht so garstig mit dem Kopf hin und her!« rief der Kleine ängstlich. »Dein Hals ist ja so dünne wie ein Kohlstengel, der könnte leicht abbrechen, und dann fiele dein Kopf hinein in den Korb; wer wollte dann noch kaufen!«

»Gefallen sie dir nicht, die dünnen Hälse?« murmelte die Alte lachend. »Sollst gar keinen haben, Kopf muß in den Schultern stecken, daß er nicht herabfällt vom kleinen Körperlein!«

»Schwatzt doch nicht so unnützes Zeug mit dem Kleinen da«, sagte endlich die Frau des Schusters im Unmut über das lange Prüfen, Mustern und Beriechen, »wenn Ihr etwas kaufen wollt, so sputet Euch, Ihr verscheucht mir ja die anderen Kunden.«

»Gut, es sei, wie du sagst«, rief die Alte mit grimmigem Blick. »Ich will dir diese sechs Kohlhäupter abkaufen; aber siehe, ich muß mich auf den Stab stützen und kann nichts tragen; erlaube deinem Söhnlein, daß es mir die Ware nach Hause bringt, ich will es dafür belohnen.«

Der Kleine wollte nicht mitgehen und weinte; denn ihm graute vor der häßlichen Frau, aber die Mutter befahl es ihm ernstlich, weil sie es doch für eine Sünde hielt, der alten, schwächlichen Frau diese Last allein aufzubürden; halb weinend tat er, wie sie befohlen, raffte die Kohlhäupter in ein Tuch zusammen und folgte dem alten Weibe über den Markt hin.

Es ging nicht sehr schnell bei ihr, und sie brauchte beinahe drei Viertelstunden, bis sie in einen ganz entlegenen Teil der Stadt kam und endlich vor einem kleinen, baufälligen Hause stillhielt. Dort zog sie einen alten, rostigen Haken aus der Tasche, fuhr damit geschickt in ein kleines Loch in der Türe, und plötzlich sprang diese krachend auf. Aber wie war der kleine Jakob überrascht, als er eintrat! Das Innere des Hauses war prachtvoll ausgeschmückt, von Marmor waren die Decke und die Wände, die Gerätschaften vom schönsten Ebenholz, mit Gold und geschliffenen Steinen eingelegt, der Boden aber war von Glas und so glatt, daß der Kleine einigemal ausglitt und umfiel. Die Alte aber zog ein silbernes Pfeifchen aus der Tasche und pfiff eine Weise darauf, die gellend durch das Haus tönte. Da kamen sogleich einige Meerschweinchen die Treppe herab; dem Jakob wollte es aber ganz sonderbar dünken, daß sie aufrecht auf zwei Beinen gingen, Nußschalen statt Schuhen an den Pfoten trugen, menschliche Kleider angelegt und sogar Hüte nach der neuesten Mode auf die Köpfe gesetzt hatten. »Wo habt ihr meine Pantoffeln, schlechtes Gesindel?« rief die Alte und schlug mit dem Stock nach ihnen, daß sie jammernd in die Höhe sprangen. »Wie lange soll ich noch so dastehen?«

Sie sprangen schnell die Treppe hinauf und kamen wieder mit ein Paar Schalen von Kokosnuß, mit Leder gefüttert, welche sie der Alten geschickt an die Füße steckten.

Jetzt war alles Hinken und Rutschen vorbei. Sie warf den Stab von sich und glitt mit großer Schnelligkeit über den Glasboden hin, indem sie den kleinen Jakob an der Hand mit fortzog. Endlich hielt sie in einem Zimmer stille, das, mit allerlei Gerätschaften ausgeputzt, beinahe einer Küche glich, obgleich die Tische von Mahagoniholz und die Sofas, mit reichen Teppichen behängt, mehr zu einem Prunkgemach paßten. »Setze dich, Söhnchen«, sagte die Alte recht freundlich, indem sie ihn in die Ecke eines Sofas drückte und einen Tisch also vor ihn hinstellte, daß er nicht mehr hervorkommen konnte . »Setze dich, du hast gar schwer zu tragen gehabt, die Menschenköpfe sind nicht so leicht, nicht so leicht.«

»Aber, Frau, was sprechet Ihr so wunderlich«, rief der Kleine. »Müde bin ich zwar, aber es waren ja Kohlköpfe, die ich getragen, Ihr habt sie meiner Mutter abgekauft.«

»Ei, das weißt du falsch«, lachte das Weib, deckte den Deckel des Korbes auf und brachte einen Menschenkopf hervor, den sie am Schopf gefaßt hatte. Der Kleine war vor Schrecken außer sich; er konnte nicht fassen, wie dies alles zuging; aber er dachte an seine Mutter; wenn jemand von diesen Menschenköpfen etwas erfahren würde, dachte er bei sich, da würde man gewiß meine Mutter dafür anklagen.

»Muß dir nun auch etwas geben zum Lohn, weil du so artig bist«, murmelte die Alte, »gedulde dich nur ein Weilchen, will dir ein Süppchen einbrocken, an das du dein Leben lang denken wirst.« So sprach sie und pfiff wieder. Da kamen zuerst viele Meerschweinchen in menschlichen Kleidern; sie hatten Küchenschürzen umgebunden und im Gürtel Rührlöffel und Tranchiermesser; nach diesen kam eine Menge Eichhörnchen hereingehüpft; sie hatten weite türkische Beinkleider an, gingen aufrecht, und auf dem Kopf trugen sie grüne Mützchen von Samt. Diese schienen die Küchenjungen zu sein; denn sie kletterten mit großer Geschwindigkeit an den Wänden hinauf und brachten Pfannen und Schüsseln, Eier und Butter, Kräuter und Mehl herab und trugen es auf den Herd; dort aber fuhr die alte Frau auf ihren Pantoffeln von Kokosschalen beständig hin und her, und der Kleine sah, daß sie es sich recht angelegen sein lasse, ihm etwas Gutes zu kochen. Jetzt knisterte das Feuer höher empor, jetzt rauchte und sott es in der Pfanne, ein angenehmer Geruch verbreitete sich im Zimmer; die Alte aber rannte auf und ab, die Eichhörnchen und Meerschweinchen ihr nach, und so oft sie am Herde vorbeikam, guckte sie mit ihrer langen Nase in den Topf. Endlich fing es an zu sprudeln und zu zischen, Dampf stieg aus dem Topf hervor, und der Schaum floß herab ins Feuer. Da nahm sie ihn weg, goß davon in eine silberne Schale und setzte sie dem kleinen Jakob vor.

»So, Söhnchen, so«, sprach sie, »iß nur dieses Süppchen, dann hast du alles, was dir an mir so gefallen! Sollst auch ein geschickter Koch werden, daß du doch etwas bist; aber Kräutlein, nein, das Kräutlein sollst du nimmer finden. Warum hat es deine Mutter nicht in ihrem Korb gehabt?« Der Kleine verstand nicht recht, was

sie sprach, desto aufmerksamer behandelte er die Suppe, die ihm
ganz trefflich schmeckte. Seine Mutter hatte ihm manche schmack-
hafte Speise bereitet; aber so gut war ihm noch nichts geworden.
Der Duft von feinen Kräutern und Gewürzen stieg aus der Suppe
auf, dabei war sie süß und säuerlich zugleich und sehr stark.
Während er noch die letzten Tropfen der köstlichen Speise aus-
trank, zündeten die Meerschweinchen arabischen Weihrauch an,
der in bläulichen Wolken durch das Zimmer schwebte; dichter und
immer dichter wurden diese Wolken und sanken herab, der Geruch des Weihrauchs wirkte betäubend auf den Kleinen, er mochte
sich zurufen, so oft er wollte, daß er zu seiner Mutter zurückkehren
müsse; wenn er sich ermannte, sank er immer wieder von neuem in
den Schlummer zurück und schlief endlich wirklich auf dem Sofa
des alten Weibes ein.

Sonderbare Träume kamen über ihn. Es war ihm, als ziehe ihm
die Alte seine Kleider aus und umhülle ihn dafür mit einem Eichhörnchenbalg. Jetzt konnte er Sprünge machen und klettern wie
ein Eichhörnchen; er ging mit den übrigen Eichhörnchen und
Meerschweinchen, die sehr artige, gesittete Leute waren, um und
hatte mit ihnen den Dienst bei der alten Frau. Zuerst wurde er nur
zu den Diensten eines Schuhputzers gebraucht, d. h. er mußte die
Kokosnüsse, welche die Frau statt der Pantoffeln trug, mit Öl salben
und durch Reiben glänzend machen. Da er nun in seines Vaters
Hause zu ähnlichen Geschäften oft angehalten worden war, so ging
es ihm flink von der Hand; etwa nach einem Jahre, träumte er weiter, wurde er zu einem feineren Geschäft gebraucht; er mußte nämlich mit noch einigen Eichhörnchen Sonnenstäubchen fangen
und, wenn sie genug hatten, solche durch das feinste Haarsieb sieben. Die Frau hielt nämlich die Sonnenstäubchen für das Aller-
feinste, und weil sie nicht gut beißen konnte, denn sie hatte keinen
Zahn mehr, so ließ sie sich ihr Brot aus Sonnenstäubchen zuberei-
ten.

Wiederum nach einem Jahre wurde er zu den Dienern versetzt,
die das Trinkwasser für die Alte sammelten. Man denke nicht, daß
sie sich hierzu etwa eine Zisterne hätte graben lassen oder ein Faß
in den Hof stellte, um das Regenwasser darin aufzufangen; da ging
es viel feiner zu; die Eichhörnchen, und Jakob mit ihnen, mußten
mit Haselnußschalen den Tau aus den Rosen schöpfen, und das war
das Trinkwasser der Alten. Da sie nun bedeutend viel trank, so hatten die Wasserträger schwere Arbeit. Nach einem Jahr wurde er
zum inneren Dienst des Hauses bestellt; er hatte nämlich das Amt,
die Böden rein zu machen; da nun diese von Glas waren, worin man
jeden Hauch sah, war das keine geringe Arbeit. Sie mußten sie bür-
sten und altes Tuch an die Füße schnallen und auf diesem künst-
lich im Zimmer umherfahren. Im vierten Jahre ward er endlich zur

Küche versetzt. Es war dies ein Ehrenamt, zu welchem man nur nach langer Prüfung gelangen konnte. Jakob diente dort vom Küchenjungen aufwärts bis zum ersten Pastetenmacher und erreichte eine so ungemeine Geschicklichkeit und Erfahrung in allem, was die Küche betrifft, daß er sich oft über sich selbst wundern mußte; die schwierigsten Sachen, Pasteten von zweihunderterlei Essenzen, Kräutersuppen, von allen Kräutlein der Erde zusammengesetzt, alles lernte er, alles verstand er schnell und kräftig zu machen.

So waren etwa sieben Jahre im Dienste des alten Weibes vergangen, da befahl sie ihm eines Tages, indem sie die Kokosschuhe auszog, Korb und Krückenstock zur Hand nahm, um auszugehen, er sollte ein Hühnlein rupfen, mit Kräutern füllen und solches schön bräunlich und gelb rösten, bis sie wiederkäme. Er tat dies nach den Regeln der Kunst. Er drehte dem Hühnlein den Kragen um, brühte es in heißem Wasser, zog ihm geschickt die Federn aus, schabte ihm nachher die Haut, daß sie glatt und fein wurde, und nahm ihm die Eingeweide heraus. Sodann fing er an, die Kräuter zu sammeln, womit er das Hühnlein füllen sollte. In der Kräuterkammer gewahrte er aber diesmal ein Wandschränkchen, dessen Türe halb geöffnet war und das er sonst nie bemerkt hatte. Er ging neugierig näher, um zu sehen, was es enthalte, und siehe da, es standen viele Körbchen darinnen, von welchen ein starker, angenehmer Geruch ausging. Er öffnete eines dieser Körbchen und fand darin Kräutlein von ganz besonderer Gestalt und Farbe. Die Stengel und Blätter waren blaugrün und trugen oben eine kleine Blume von brennendem Rot, mit Gelb verbrämt; er betrachtete sinnend diese Blume, beroch sie, und sie strömte denselben starken Geruch aus, von dem einst jene Suppe, die ihm die Alte gekocht, geduftet hatte. Aber so stark war der Geruch, daß er zu niesen anfing, immer heftiger niesen mußte und – am Ende niesend erwachte.

Da lag er auf dem Sofa des alten Weibes und blickte verwundert umher. »Nein, wie man aber so lebhaft träumen kann!« sprach er zu sich, »hätte ich jetzt doch schwören wollen, daß ich ein schnödes Eichhörnchen, ein Kamerad von Meerschweinen und anderem Ungeziefer, dabei aber ein großer Koch geworden sei. Wie wird die Mutter lachen, wenn ich ihr alles erzähle! Aber wird sie nicht auch schmälen, daß ich in einem fremden Hause einschlafe, statt ihr zu helfen auf dem Markte?« Mit diesen Gedanken raffte er sich auf, um hinwegzugehen; noch waren seine Glieder vom Schlafe ganz steif, besonders sein Nacken, denn er konnte den Kopf nicht recht hin und her bewegen; er mußte auch selbst über sich lächeln, daß er so schlaftrunken war; denn alle Augenblicke, ehe er es sich versah, stieß er mit der Nase an einen Schrank oder an die Wand oder schlug sie, wenn er sich schnell umwandte, an einen Türpfosten.

Die Eichhörnchen und Meerschweinchen liefen winselnd um ihn her, als wollten sie ihn begleiten, er lud sie auch wirklich ein, als er auf der Schwelle war, denn es waren niedliche Tierchen; aber sie fuhren auf ihren Nußschalen schnell ins Haus zurück, und er hörte sie nur noch in der Ferne heulen.

Es war ein ziemlich entlegener Teil der Stadt, wohin ihn die Alte geführt hatte, und er konnte sich kaum aus den engen Gassen herausfinden, auch war dort ein großes Gedränge; denn es mußte sich, wie ihm dünkte, gerade in der Nähe ein Zwerg sehen lassen; überall hörte er rufen: »Ei, sehet den häßlichen Zwerg! Wo kommt der Zwerg her? Ei, was hat er doch für eine lange Nase, und wie ihm der Kopf in den Schultern steckt, und die braunen, häßlichen Hände!« Zu einer andern Zeit wäre er wohl auch nachgelaufen, denn er sah für sein Leben gern Riesen oder Zwerge oder seltsame fremde Trachten, aber so mußte er sich sputen, um zur Mutter zu kommen.

Es war ihm ganz ängstlich zumute, als er auf den Markt kam. Die Mutter saß noch da und hatte noch ziemlich viele Früchte im Korb, lange konnte er also nicht geschlafen haben; aber doch kam es ihm von weitem schon vor, als sei sie sehr traurig; denn sie rief die Vorübergehenden nicht an, einzukaufen, sondern hatte den Kopf in die Hand gestützt, und als er näher kam, glaubte er auch, sie sei bleicher als sonst. Er zauderte, was er tun sollte; endlich faßte er sich ein Herz, schlich sich hinter sie hin, legte traulich seine Hand auf ihren Arm und sprach: »Mütterchen, was fehlt dir? Bist du böse auf mich?«

Die Frau wandte sich um nach ihm, fuhr aber mit einem Schrei des Entsetzens zurück.

»Was willst du von mir, häßlicher Zwerg?« rief sie. »Fort, fort! Ich kann dergleichen Possenspiele nicht leiden.«

»Aber, Mutter, was hast du denn?« fragte Jakob ganz erschrocken. »Dir ist gewiß nicht wohl; warum willst du denn deinen Sohn von dir jagen?«

»Ich habe dir schon gesagt, gehe deines Weges!« entgegnete Frau Hanne zürnend. »Bei mir verdienst du kein Geld durch deine Gaukeleien, häßliche Mißgeburt!«

»Wahrhaftig, Gott hat ihr das Licht des Verstandes geraubt!« sprach der Kleine bekümmert zu sich. »Was fange ich nur an, um sie nach Haus zu bringen? Lieb Mütterchen, so sei doch nur vernünftig; sieh mich doch nur recht an; ich bin ja dein Sohn, dein Jakob.«

»Nein, jetzt wird mir der Spaß zu unverschämt«, rief Hanne ihrer Nachbarin zu, »seht nur den häßlichen Zwerg da; da steht er und vertreibt mir gewiß alle Käufer, und mit meinem Unglück wagt er zu spotten. Spricht zu mir: Ich bin ja dein Sohn, dein Jakob! Der Unverschämte!«

Da erhoben sich die Nachbarinnen und fingen an zu schimpfen, so arg sie konnten – und Marktweiber, wisset ihr wohl, verstehen es, und schalten ihn, daß er des Unglücks der armen Hanne spotte, der vor sieben Jahren ihr bildschöner Knabe gestohlen worden sei, und drohten, insgesamt über ihn herzufallen und ihn zu zerkratzen, wenn er nicht alsobald ginge.

Der arme Jakob wußte nicht, was er von diesem allem denken sollte. War er doch, wie er glaubte, heute früh wie gewöhnlich mit der Mutter auf den Markt gegangen, hatte ihr die Früchte aufstellen helfen, war nachher mit dem alten Weib in ihr Haus gekommen, hatte ein Süppchen verzehrt, ein kleines Schläfchen gemacht und war jetzt wieder da, und doch sprachen die Mutter und die Nachbarinnen von sieben Jahren! Und sie nannten ihn einen garstigen Zwerg! Was war denn nun mit ihm vorgegangen? – Als er sah, daß die Mutter gar nichts mehr von ihm hören wollte, traten ihm die Tränen in die Augen, und er ging trauernd die Straße hinab nach der Bude, wo sein Vater den Tag über Schuhe flickte. »Ich will doch sehen«, dachte er bei sich, »ob er mich auch nicht kennen will, unter die Türe will ich mich stellen und mit ihm sprechen.« Als er an der Bude des Schusters angekommen war, stellte er sich unter die Türe und schaute hinein. Der Meister war so emsig mit seiner Arbeit beschäftigt, daß er ihn gar nicht sah; als er aber zufällig einen Blick nach der Türe warf, ließ er Schuhe, Draht und Pfriem auf die Erde fallen und rief mit Entsetzen: »Um Gottes willen, was ist das, was ist das!«

»Guten Abend, Meister!« sprach der Kleine, indem er vollends in den Laden trat. »Wie geht es Euch?«

»Schlecht, schlecht, kleiner Herr!« antwortete der Vater zu Jakobs großer Verwunderung; denn er schien ihn auch nicht zu kennen. »Das Geschäft will mir nicht von der Hand. Bin so allein und werde jetzt alt; doch ist mir ein Geselle zu teuer.«

»Aber habt Ihr denn kein Söhnlein, das Euch nach und nach an die Hand gehen könnte bei der Arbeit?« forschte der Kleine weiter.

»Ich hatte einen, er hieß Jakob und müßte jetzt ein schlanker, gewandter Bursche von zwanzig Jahren sein, der mir tüchtig unter die Arme greifen könnte. Ha, das müßte ein Leben sein! Schon als er zwölf Jahre alt war, zeigte er sich so anstellig und geschickt und verstand schon manches vom Handwerk, und hübsch und angenehm war er auch; der hätte mir eine Kundschaft hergelockt, daß ich bald nicht mehr geflickt, sondern nichts als Neues geliefert hätte! Aber so geht's in der Welt!«

»Wo ist denn aber Euer Sohn?« fragte Jakob mit zitternder Stimme seinen Vater.

»Das weiß Gott«, antwortete er, »vor sieben Jahren, ja, so lange ist's jetzt her, wurde er uns vom Markte weg gestohlen.«

»Vor sieben Jahren!« rief Jakob mit Entsetzen.

»Ja, kleiner Herr, vor sieben Jahren; ich weiß noch wie heute, wie mein Weib nach Hause kam, heulend und schreiend, das Kind sei den ganzen Tag nicht zurückgekommen, sie habe überall geforscht und gesucht und es nicht gefunden. Ich habe es immer gedacht und gesagt, daß es so kommen würde; der Jakob war ein schönes Kind, das muß man sagen; da war nun meine Frau stolz auf ihn und sah es gerne, wenn ihn die Leute lobten, und schickte ihn oft mit Gemüse und dergleichen in vornehme Häuser. Das war schon recht; er wurde allemal reichlich beschenkt; aber, sagte ich, gib acht! Die Stadt ist groß; viele schlechte Leute wohnen da, gib mir auf den Jakob acht! Und so war es, wie ich sagte. Kommt einmal ein altes, häßliches Weib auf den Markt, feilscht um Früchte und Gemüse und kauft am Ende so viel, daß sie es nicht selbst tragen kann. Mein Weib, die mitleidige Seele, gibt ihr den Jungen mit und – hat ihn von Stund' an nicht mehr gesehen.«

»Und das ist jetzt sieben Jahre, sagt Ihr?«

»Sieben Jahre wird es im Frühling. Wir ließen ihn ausrufen, wir gingen von Haus zu Haus und fragten; manche hatten den hübschen Jungen gekannt und liebgewonnen und suchten jetzt mit uns, alles vergeblich. Auch die Frau, welche das Gemüse gekauft hatte, wollte niemand kennen; aber ein steinaltes Weib, die schon neunzig Jahre gelebt hatte, sagte, es könne wohl die böse Fee Kräuterweis gewesen sein, die alle fünfzig Jahre einmal in die Stadt komme, um sich allerlei einzukaufen.«

So sprach Jakobs Vater und klopfte dabei seine Schuhe weidlich und zog den Draht mit beiden Fäusten weit hinaus. Dem Kleinen aber wurde es nach und nach klar, was mit ihm vorgegangen, daß er nämlich nicht geträumt, sondern daß er sieben Jahre bei der bösen Fee als Eichhörnchen gedient habe. Zorn und Gram erfüllten sein Herz so sehr, daß es beinahe zerspringen wollte. Sieben Jahre seiner Jugend hatte ihm die Alte gestohlen, und was hatte er für Ersatz dafür? Daß er Pantoffeln von Kokosnüssen blank putzen, daß er ein Zimmer mit gläsernem Fußboden reinmachen konnte? Daß er von den Meerschweinchen alle Geheimnisse der Küche gelernt hatte? Er stand eine gute Weile so da und dachte über sein Schicksal nach; da fragte ihn endlich sein Vater: »Ist Euch vielleicht etwas von meiner Arbeit gefällig, junger Herr? Etwa ein Paar neue Pantoffeln oder«, setzte er lächelnd hinzu, »vielleicht ein Futteral für Eure Nase?«

»Was wollt Ihr nur mit meiner Nase?« fragte Jakob, »warum sollte ich denn ein Futteral dazu brauchen?«

»Nun«, entgegnete der Schuster, »jeder nach seinem Geschmack; aber das muß ich Euch sagen, hätte ich diese schreckliche Nase, ein Futteral ließ ich mir darüber machen von rosenfarbigem

Glanzleder. Schaut, da habe ich ein schönes Stückchen zur Hand; freilich würde man eine Elle wenigstens dazu brauchen. Aber wie gut wäret Ihr verwahrt, kleiner Herr; so, weiß ich gewiß, stoßt Ihr Euch an jedem Türpfosten, an jedem Wagen, dem Ihr ausweichen wollet.«

Der Kleine stand stumm vor Schrecken; er betastete seine Nase, sie war dick und wohl zwei Hände lang! So hatte also die Alte auch seine Gestalt verwandelt! Darum kannte ihn also die Mutter nicht, darum schalt man ihn einen häßlichen Zwerg! »Meister!« sprach er halb weinend zu dem Schuster, »habt Ihr keinen Spiegel bei der Hand, worin ich mich beschauen könnte?«

»Junger Herr«, erwiderte der Vater mit Ernst, »Ihr habt nicht gerade eine Gestalt empfangen, die Euch eitel machen könnte, und Ihr habt nicht Ursache, alle Stunden in den Spiegel zu gucken. Gewöhnt es Euch ab, es ist besonders bei Euch eine lächerliche Gewohnheit.«

»Ach, so laßt mich doch in den Spiegel schauen«, rief der Kleine, »gewiß, es ist nicht aus Eitelkeit!«

»Lasset mich in Ruhe, ich hab' keinen im Vermögen; meine Frau hat ein Spiegelchen, ich weiß aber nicht, wo sie es verborgen. Müßt Ihr aber durchaus in den Spiegel gucken, nun, über der Straße hin wohnt Urban, der Barbier, der hat einen Spiegel, zweimal so groß als Euer Kopf; gucket dort hinein, und indessen guten Morgen!«

Mit diesen Worten schob ihn der Vater ganz gelinde zur Bude hinaus, schloß die Tür hinter ihm zu und setzte sich wieder zur Arbeit. Der Kleine aber ging sehr niedergeschlagen über die Straße zu Urban, dem Barbier, den er noch aus früheren Zeiten wohl kannte. »Guten Morgen, Urban«, sprach er zu ihm, »ich komme, Euch um eine Gefälligkeit zu bitten; seid so gut und lasset mich ein wenig in Euren Spiegel schauen!«

»Mit Vergnügen, dort steht er«, rief der Barbier lachend, und seine Kunden, denen er den Bart scheren sollte, lachten weidlich mit. »Ihr seid ein hübsches Bürschchen, schlank und fein, ein Hälschen wie ein Schwan, Händchen wie eine Königin, und ein Stumpfnäschen, man kann es nicht schöner sehen. Ein wenig eitel seid Ihr darauf, das ist wahr; aber beschauet Euch immer! Man soll nicht von mir sagen, ich habe Euch aus Neid nicht in meinen Spiegel schauen lassen.«

So sprach der Barbier, und wieherndes Gelächter füllte die Baderstube. Der Kleine aber war indes vor den Spiegel getreten und hatte sich beschaut. Tränen traten ihm in die Augen. »Ja, so konntest du freilich deinen Jakob nicht wiedererkennen, liebe Mutter«, sprach er zu sich, »so war er nicht anzuschauen in den Tagen der Freude, wo du gerne mit ihm prangtest vor den Leuten!« Seine Augen waren klein geworden wie die der Schweine, seine Nase war ungeheuer und hing über Mund und Kinn herunter, der Hals schien gänzlich weggenommen worden zu sein; denn sein Kopf stak tief in den Schultern, und nur mit den größten Schmerzen konnte er ihn rechts und links bewegen. Sein Körper war noch so groß als vor sieben Jahren, da er zwölf Jahre alt war; aber wenn andere vom zwölften bis ins zwanzigste in die Höhe wachsen, so wuchs er in die Breite, der Rücken und die Brust waren weit ausgebogen und waren anzusehen wie ein kleiner, aber sehr dick gefüllter Sack; dieser dicke Oberleib saß auf kleinen, schwachen Beinchen, die dieser Last nicht gewachsen schienen, aber um so größer waren die Arme, die ihm am Leib herabhingen, sie hatten die Größe wie die eines wohlgewachsenen Mannes, seine Hände waren grob und braungelb, seine Finger lang und spinnenartig, und wenn er sie recht ausstreckte, konnte er damit auf den Boden reichen, ohne daß er sich bückte. So sah er aus, der kleine Jakob, zum mißgestalteten Zwerg war er geworden.

Jetzt gedachte er auch jenes Morgens, an welchem das alte Weib an die Körbe seiner Mutter getreten war. Alles, was er damals an ihr getadelt hatte, die lange Nase, die häßlichen Finger, alles hatte sie ihm angetan, und nur den langen, zitternden Hals hatte sie gänzlich weggelassen.

»Nun, habt Ihr Euch jetzt genug beschaut, mein Prinz?« sagte der Barbier, indem er zu ihm trat und ihn lachend betrachtete. »Wahrlich, wenn man sich dergleichen träumen lassen wollte, so komisch könnte es einem im Traume nicht vorkommen. Doch ich will Euch einen Vorschlag machen, kleiner Mann. Mein Barbierzimmer ist zwar sehr besucht, aber doch seit neuerer Zeit nicht so, wie ich wünsche. Das kommt daher, weil mein Nachbar, der Barbier Schaum, irgendwo einen Riesen aufgefunden hat, der ihm die Kunden ins Haus lockt. Nun, ein Riese zu werden, ist gerade keine Kunst, aber so ein Männchen wie Ihr, ja, das ist schon ein ander Ding. Tretet bei mir in Dienste, kleiner Mann, Ihr sollt Wohnung, Essen, Trinken, Kleider, alles sollt Ihr haben; dafür stellt Ihr Euch morgens unter meine Türe und ladet die Leute ein, hereinzukommen. Ihr schlaget den Seifenschaum, reichet den Kunden das Handtuch und seid versichert, wir stehen uns beide gut dabei; ich bekomme mehr Kunden als jener mit dem Riesen, und jeder gibt Euch gerne noch ein Trinkgeld.«

Der Kleine war in seinem Innern empört über den Vorschlag, als Lockvogel für einen Barbier zu dienen. Aber mußte er sich nicht diesen Schimpf geduldig gefallen lassen? Er sagte dem Barbier daher ganz ruhig, daß er nicht Zeit habe zu dergleichen Diensten, und ging weiter.

Hatte das böse alte Weib seine Gestalt unterdrückt, so hatte sie doch seinem Geist nichts anhaben können, das fühlte er wohl; denn er dachte und fühlte nicht mehr, wie er vor sieben Jahren getan; nein, er glaubte in diesem Zeitraum weiser, verständiger geworden zu sein; er trauerte nicht um seine verlorene Schönheit, nicht über diese häßliche Gestalt, sondern nur darüber, daß er wie ein Hund von der Türe seines Vaters gejagt werde. Darum beschloß er, noch einen Versuch bei seiner Mutter zu machen.

Er trat zu ihr auf den Markt und bat sie, ihm ruhig zuzuhören. Er erinnerte sie an jenen Tag, an welchem er mit dem alten Weibe gegangen, er erinnerte sie an alle einzelnen Vorfälle seiner Kindheit, erzählte ihr dann, wie er sieben Jahre als Eichhörnchen gedient habe bei der Fee und wie sie ihn verwandelte, weil sie ihn damals getadelt. Die Frau des Schusters wußte nicht, was sie denken sollte. Alles traf zu, was er ihr von seiner Kindheit erzählte, aber wenn er davon sprach, daß er sieben Jahre lang ein Eichhörnchen gewesen sei, da sprach sie: »Es ist unmöglich, und es gibt keine Feen«, und wenn sie ihn ansah, so verabscheute sie den häßlichen Zwerg und glaubte nicht, daß dies ihr Sohn sein könne. Endlich hielt sie es fürs beste, mit ihrem Manne darüber zu sprechen. Sie raffte also ihre Körbe zusammen und hieß ihn mitgehen. So kamen sie zu der Bude des Schusters.

»Sieh einmal«, sprach sie zu diesem, »der Mensch da will unser verlorener Jakob sein. Er hat mir alles erzählt, wie er uns vor sieben Jahren gestohlen wurde und wie er von einer Fee verzaubert worden sei.«

»So?« unterbrach sie der Schuster mit Zorn, »hat er dir dies erzählt? Warte, du Range! Ich habe ihm alles erzählt noch vor einer Stunde, und jetzt geht er hin, dich so zu foppen! Verzaubert bist du worden, mein Söhnchen? Warte doch, ich will dich wieder entzaubern.« Dabei nahm er ein Bündel Riemen, die er eben zugeschnitten hatte, sprang auf den Kleinen zu und schlug ihn auf den hohen Rücken und auf die langen Arme, daß der Kleine vor Schmerz aufschrie und weinend davonlief.

In jener Stadt gibt es, wie überall, wenige mitleidige Seelen, die einen Unglücklichen, der zugleich etwas Lächerliches an sich trägt, unterstützen. Daher kam es, daß der unglückliche Zwerg den ganzen Tag ohne Speise und Trank blieb und abends die Treppen einer Kirche, so hart und kalt sie waren, zum Nachtlager wählen mußte.

Als ihn aber am nächsten Morgen die ersten Strahlen der Sonne erweckten, da dachte er ernstlich darüber nach, wie er sein Leben fristen könne, da ihn Vater und Mutter verstoßen. Er fühlte sich zu stolz, um als Aushängeschild eines Barbiers zu dienen, er wollte nicht zu einem Possenreißer sich verdingen und sich um Geld sehen lassen. Was sollte er anfangen? Da fiel ihm bei, daß er als Eichhörnchen große Fortschritte in der Kochkunst gemacht habe; er glaubte nicht mit Unrecht, hoffen zu dürfen, daß er es mit manchem Koch aufnehmen könne; er beschloß, seine Kunst zu benützen.

Sobald es daher lebhafter wurde auf den Straßen und der Morgen ganz heraufgekommen war, trat er zuerst in die Kirche und verrichtete sein Gebet. Dann trat er seinen Weg an. Der Herzog, der Herr des Landes, war ein bekannter Schlemmer und Lecker, der eine gute Tafel liebte und seine Köche in allen Weltteilen aufsuchte. Zu seinem Palast begab sich der Kleine. Als er an die äußerste Pforte kam, fragten die Türhüter nach seinem Begehr und hatten ihren Spott mit ihm; er aber verlangte nach dem Oberküchenmeister. Sie lachten und führten ihn durch die Vorhöfe, und wo er hinkam, blieben die Diener stehen, schauten nach ihm, lachten weidlich und schlossen sich an, so daß nach und nach ein ungeheurer Zug von Dienern aller Art sich die Treppe des Palastes hinaufbewegte; die Stallknechte warfen ihre Striegel weg, die Läufer liefen, was sie konnten, die Teppichbreiter vergaßen, die Teppiche auszuklopfen, alles drängte und trieb sich, es war ein Gefühl, als sei der Feind vor den Toren, und das Geschrei: »Ein Zwerg, ein Zwerg! Habt ihr den Zwerg gesehen?« füllte die Lüfte.

Da erschien der Aufseher des Hauses mit grimmigem Gesicht, eine ungeheure Peitsche in der Hand, in der Türe. »Um des Himmels willen, ihr Hunde, was macht ihr solchen Lärm! Wisset ihr nicht, daß der Herr noch schläft?« Und dabei schwang er die Geißel und ließ sie unsanft auf den Rücken einiger Stallknechte und Türhalter niederfallen.

»Ach, Herr!« riefen sie, »seht Ihr denn nicht? Da bringen wir einen Zwerg, einen Zwerg, wie Ihr noch keinen gesehen.«

Der Aufseher des Palastes zwang sich mit Mühe, nicht laut aufzulachen, als er des Kleinen ansichtig wurde; denn er fürchtete, durch Lachen seiner Würde zu schaden. Er trieb daher mit der Peitsche die übrigen hinweg, führte den Kleinen ins Haus und fragte nach seinem Begehr. Als er hörte, jener wolle zum Küchenmeister, erwiderte er: »Du irrst dich, mein Söhnchen; zu mir, dem Aufseher des Hauses, willst du; du willst Leibzwerg werden beim Herzog; ist es nicht also?«

»Nein, Herr!« antwortete der Zwerg. »Ich bin ein geschickter Koch und erfahren in allerlei seltenen Speisen; wollet mich zum Oberküchenmeister bringen; vielleicht kann er meine Kunst brauchen.«

»Jeder nach seinem Willen, kleiner Mann; übrigens bist du doch ein unbesonnener Junge. In die Küche! Als Leibzwerg hättest du keine Arbeit gehabt und Essen und Trinken nach Herzenslust und schöne Kleider. Doch, wir wollen sehen, deine Kochkunst wird schwerlich so weit reichen, als ein Mundkoch des Herren nötig hat, und zum Küchenjungen bist du zu gut.« Bei diesen Worten nahm ihn der Aufseher des Palastes bei der Hand und führte ihn in die Gemächer des Oberküchenmeisters.

»Gnädiger Herr«, sprach dort der Zwerg und verbeugte sich so tief, daß er mit der Nase den Fußteppich berührte, »brauchet Ihr keinen geschickten Koch?«

Der Oberküchenmeister betrachtete ihn vom Kopf bis zu den Füßen, brach dann in lautes Lachen aus und sprach: »Wie?« rief er, »du ein Koch? Meinst du, unsere Herde seien so niedrig, daß du nur auf einen hinaufschauen kannst, wenn du dich auch auf die Zehen stellst und den Kopf recht aus den Schultern herausarbeitest? O lieber Kleiner! Wer dich zu mir geschickt hat, um dich als Koch zu verdingen, der hat dich zum Narren gehabt.« So sprach der Oberküchenmeister und lachte weidlich, und mit ihm lachten der Aufseher des Palastes und alle Diener, die im Zimmer waren.

Der Zwerg aber ließ sich nicht aus der Fassung bringen. »Was liegt an einem Ei oder zweien, an ein wenig Sirup und Wein, an Mehl und Gewürze in einem Hause, wo man dessen genug hat?« sprach er. »Gebet mir irgendeine leckerhafte Speise zu bereiten auf, schaffet mir, was ich dazu brauche, und sie soll vor Euren Augen schnell bereitet sein, und Ihr sollet sagen müssen, er ist ein Koch nach Regel und Recht.« Solche und ähnliche Reden führte der Kleine, und es war wunderlich anzuschauen, wie es dabei aus seinen kleinen Äuglein hervorblitzte, wie seine lange Nase sich hin und her schlängelte und seine dünnen Spinnenfinger seine Rede begleiteten.

»Wohlan!« rief der Küchenmeister und nahm den Aufseher des Palastes unter dem Arme, »wohlan, es sei um des Spaßes willen; lasset uns zur Küche gehen!« Sie gingen durch mehrere Säle und Gänge und kamen endlich in die Küche. Es war dies ein großes, weitläufiges Gebäude, herrlich eingerichtet; auf zwanzig Herden brannten beständig Feuer; ein klares Wasser, das zugleich zum Fischbehälter diente, floß mitten durch sie, in Schränken von Marmor und köstlichem Holz waren die Vorräte aufgestellt, die man immer zur Hand haben mußte, und zur Rechten und Linken waren zehn Säle, in welchen alles aufgespeichert war, was man in allen Ländern von Frankistan und selbst im Morgenlande Köstliches und Leckeres für den Gaumen erfunden. Küchenbedienstete aller Art liefen umher und rasselten und hantierten mit Kesseln und Pfannen, mit Gabeln und Schaumlöffeln; als aber der Oberküchenmeister in die Küche eintrat, blieben sie alle regungslos stehen, und nur das Feuer hörte man noch knistern und das Bächlein rieseln.

»Was hat der Herr heute zum Frühstück befohlen?« fragte der Meister den ersten Frühstücksmacher, einen alten Koch.

»Herr, die dänische Suppe hat er geruht zu befehlen und rote Hamburger Klößchen.«

»Gut«, sprach der Küchenmeister weiter, »hast du gehört, was der Herr speisen will? Getraust du dich, diese schwierigen Speisen zu bereiten? Die Klößchen bringst du auf keinen Fall heraus, das ist ein Geheimnis.«

»Nichts leichter als dies«, erwiderte zu allgemeinem Erstaunen der Zwerg; denn er hatte diese Speisen als Eichhörnchen oft gemacht; »nichts leichter! Man gebe mir zu der Suppe die und die Kräuter, dies und jenes Gewürz, Fett von einem wilden Schwein, Wurzeln und Eier; zu den Klößchen aber«, sprach er leiser, daß es nur der Küchenmeister und der Frühstücksmacher hören konnten, »zu den Klößchen brauche ich viererlei Fleisch, etwas Wein, Entenschmalz, Ingwer und ein gewisses Kraut, das man Magentrost heißt.«

»Ha! Bei St. Benedikt! Bei welchem Zauberer hast du gelernt?« rief der Koch mit Staunen. »Alles bis auf ein Haar hat er gesagt, und das Kräutlein Magentrost haben wir selbst nicht gewußt; ja, das muß es noch angenehmer machen. O du Wunder von einem Koch!«

»Das hätte ich nicht gedacht«, sagte der Oberküchenmeister, »doch lassen wir ihn die Probe machen; gebt ihm die Sachen, die er verlangt, Geschirr und alles, und lasset ihn das Frühstück bereiten.«

Man tat, wie er befohlen, und rüstete alles auf dem Herde zu; aber da fand es sich, daß der Zwerg kaum mit der Nase bis an den Herd reichen konnte. Man setzte daher ein paar Stühle zusammen, legte eine Marmorplatte darüber und lud den kleinen Wundermann ein, sein Kunststück zu beginnen. In einem großen Kreise standen die Köche, Küchenjungen, Diener und allerlei Volk umher und sahen zu und staunten, wie ihm alles so flink und fertig von der Hand ging, wie er alles so reinlich und niedlich bereitete. Als er mit der Zubereitung fertig war, befahl er, beide Schüsseln ans Feuer zu setzen und genau so lange kochen zu lassen, bis er rufen werde; dann fing er an zu zählen, eins, zwei drei und so fort, und gerade als er fünfhundert gezählt hatte, rief er: »Halt!« Die Töpfe wurden weggesetzt, und der Kleine lud den Küchenmeister ein, zu kosten.

Der Mundkoch ließ sich von einem Küchenjungen einen goldenen Löffel reichen, spülte ihn im Bach und überreichte ihn dem Oberküchenmeister. Dieser trat mit feierlicher Miene an den Herd, nahm von den Speisen, kostete, drückte die Augen zu, schnalzte vor Vergnügen mit der Zunge und sprach dann: »Köstlich, bei des Herzogs Leben, köstlich! Wollet Ihr nicht auch ein Löffelchen zu Euch nehmen, Aufseher des Palastes?«

Dieser verbeugte sich, nahm den Löffel, versuchte und war vor Vergnügen und Lust außer sich. »Eure Kunst in Ehren, lieber Frühstücksmacher, Ihr seid ein erfahrener Koch; aber so herrlich habt Ihr weder die Suppe noch die Hamburger Klöße machen können!« Auch der Koch kostete jetzt, schüttelte dann dem Zwerg ehrfurchtsvoll die Hand und sagte:»Kleiner! Du bist Meister in der Kunst, ja, das Kräutlein Magentrost, das gibt allem einen ganz eigenen Reiz.«

In diesem Augenblick kam der Kammerdiener des Herzogs in die Küche und berichtete, daß der Herr das Frühstück verlange. Die Speisen wurden nun auf silberne Platten gelegt und dem Herzog zugeschickt; der Oberküchenmeister aber nahm den Kleinen in sein Zimmer und unterhielt sich mit ihm. Kaum waren sie aber halb so lange da, als man ein Paternoster spricht, so kam schon ein Bote und rief den Oberküchenmeister zum Herrn. Er kleidete sich schnell in sein Festkleid und folgte dem Boten.

Der Herzog sah sehr vergnügt aus. Er hatte alles aufgezehrt, was auf den silbernen Platten gewesen war, und wischte sich eben den Bart ab, als der Oberküchenmeister zu ihm eintrat.»Höre, Küchenmeister«, sprach er,»ich bin mit deinen Köchen bisher immer sehr zufrieden gewesen; aber sage mir, wer hat heute mein Frühstück bereitet? So köstlich war es nie, seit ich auf dem Thron meiner Väter sitze; sage an, wie er heißt, der Koch, daß wir ihm einige Dukaten zum Geschenk schicken.«

»Herr, das ist eine wunderbare Geschichte«, antwortete der Oberküchenmeister und erzählte, wie man ihm heute früh einen Zwerg gebracht, der durchaus Koch werden wollte und wie sich dies alles begeben. Der Herzog verwunderte sich höchlich, ließ den Zwerg vor sich rufen und fragte ihn aus, wer er sei und woher er komme. Da konnte nun der arme Jakob freilich nicht sagen, daß er verzaubert worden sei und früher als Eichhörnchen gedient habe; doch blieb er bei der Wahrheit, indem er erzählte, er sei jetzt ohne Vater und Mutter und habe bei einer alten Frau kochen gelernt. Der Herzog fragte nicht weiter, sondern ergötzte sich an der sonderbaren Gestalt seines neuen Kochs.

»Willst du bei mir bleiben«, sprach er,»so will ich dir jährlich fünfzig Dukaten, ein Festkleid und noch überdies zwei Paar Beinkleider reichen lassen. Dafür mußt du aber täglich mein Frühstück selbst bereiten, mußt angeben, wie das Mittagessen gemacht werden soll, und überhaupt dich meiner Küche annehmen. Da jeder in meinem Palast seinen eigenen Namen von mir empfängt, so sollst du Nase heißen und die Würde eines Unterküchenmeisters bekleiden.«

Der Zwerg Nase fiel nieder vor dem mächtigen Herzog, küßte ihm die Füße und versprach, ihm treu zu dienen.

So war nun der Kleine fürs erste versorgt, und er machte seinem Amt Ehre. Denn man kann sagen, daß der Herzog ein ganz anderer Mann war, während der Zwerg Nase sich in seinem Hause aufhielt. Sonst hatte es ihm oft beliebt, die Schüsseln oder Platten, die man ihm auftrug, den Köchen an den Kopf zu werfen; ja, dem Oberküchenmeister selbst warf er im Zorn einmal einen gebackenen Kalbsfuß, der nicht weich genug geworden war, so heftig an die Stirne, daß er umfiel und drei Tage zu Bett liegen mußte. Der Herzog machte zwar, was er im Zorn getan, durch einige Hände voll Dukaten wieder gut, aber dennoch war nie ein Koch ohne Zittern und Zagen mit den Speisen zu ihm gekommen. Seit der Zwerg im Hause war, schien alles wie durch Zauber umgewandelt. Der Herr aß jetzt statt dreimal des Tages fünfmal, um sich an der Kunst seines kleinsten Dieners recht zu laben, und dennoch verzog er nie eine Miene zum Unmut. Nein, er fand alles neu, trefflich, war leutselig und angenehm und wurde von Tag zu Tag fetter.

Oft ließ er mitten unter der Tafel den Küchenmeister und den Zwerg Nase rufen, setzte den einen rechts, den anderen links zu sich und schob ihnen mit seinen eigenen Fingern einige Bissen der köstlichsten Speisen in den Mund, eine Gnade, welche sie beide wohl zu schätzen wußten.

Der Zwerg war das Wunder der Stadt. Man erbat sich flehentlich Erlaubnis vom Oberküchenmeister, den Zwerg kochen zu sehen, und einige der vornehmsten Männer hatten es so weit gebracht beim Herzog, daß ihre Diener in der Küche beim Zwerg Unterrichtsstunden genießen durften, was nicht wenig Geld eintrug; denn jeder zahlte täglich einen halben Dukaten. Und um die übrigen Köche bei guter Laune zu erhalten und sie nicht neidisch auf ihn zu machen, überließ ihnen Nase dieses Geld, das die Herren für den Unterricht ihrer Köche zahlen mußten.

So lebte Nase beinahe zwei Jahre in äußerlichem Wohlleben und Ehre, und nur der Gedanke an seine Eltern betrübte ihn; so lebte er, ohne etwas Merkwürdiges zu erfahren, bis sich folgender Vorfall ereignete. Der Zwerg Nase war besonders geschickt und glücklich in seinen Einkäufen. Daher ging er, so oft es ihm die Zeit erlaubte, immer selbst auf den Markt, um Geflügel und Früchte einzukaufen. Eines Morgens ging er auch auf den Gänsemarkt und forschte nach schweren, fetten Gänsen, wie sie der Herr liebte. Er war musternd schon einigemal auf und ab gegangen. Seine Gestalt, weit entfernt, hier Lachen und Spott zu erregen, gebot Ehrfurcht; denn man erkannte ihn als den berühmten Mundkoch des Herzogs, und jede Gänsefrau fühlte sich glücklich, wenn er ihr die Nase zuwandte.

Da sah er ganz am Ende einer Reihe in einer Ecke eine Frau sitzen, die auch Gänse feil hatte, aber nicht wie die übrigen ihre Ware anpries; zu dieser trat er und maß und wog ihre Gänse. Sie waren, wie er sie wünschte, und er kaufte drei samt dem Käfig, lud sie auf seine breiten Schultern und trat den Rückweg an. Da kam es ihm sonderbar vor, daß nur zwei von diesen Gänsen schnatterten und schrien, wie rechte Gänse zu tun pflegen, die dritte aber ganz still und in sich gekehrt dasaß und Seufzer ausstieß und ächzte wie ein Mensch. »Die ist halbkrank«, sprach er vor sich hin, »ich muß eilen, daß ich sie umbringe und zurichte.« Aber die Gans antwortete ganz deutlich und laut:

> »Stichst du mich,
> So beiß' ich dich.
> Drückst du mir die Kehle ab,
> Bring' ich dich ins frühe Grab.«

Ganz erschrocken setzte der Zwerg Nase seinen Käfig nieder, und die Gans sah ihn mit schönen, klugen Augen an und seufzte. »Ei der Tausend!« rief Nase. »Sie kann sprechen, Jungfer Gans? Das hätte ich nicht gedacht. Na, sei Sie nur nicht ängstlich! Man weiß zu leben und wird einem so seltenen Vogel nicht zu Leibe gehen. Aber ich wollte wetten, Sie ist nicht von jeher in diesen Federn gewesen. War ich ja selbst einmal ein schnödes Eichhörnchen.«

»Du hast recht«, erwiderte die Gans, »wenn du sagst, ich sei nicht in dieser schmachvollen Hülle geboren worden. Ach, an meiner Wiege wurde es mir nicht gesungen, daß Mimi, des großen Wetterbocks Tochter, in der Küche eines Herzogs getötet werden soll!«

»Sei Sie doch ruhig, liebe Jungfer Mimi«, tröstete der Zwerg. »So wahr ich ein ehrlicher Kerl und Unterküchenmeister Seiner Durchlaucht bin, es soll Ihr keiner an die Kehle. Ich will Ihr in meinen eigenen Gemächern einen Stall anweisen, Futter soll Sie genug haben, und meine freie Zeit werde ich Ihrer Unterhaltung widmen; den übrigen Küchenmenschen werde ich sagen, daß ich eine Gans mit allerlei besonderen Kräutern für den Herzog mäste, und sobald sich Gelegenheit findet, setze ich Sie in Freiheit.«

Die Gans dankte ihm mit Tränen; der Zwerg aber tat, wie er versprochen, schlachtete die zwei anderen Gänse, für Mimi aber baute er einen eigenen Stall unter dem Vorwande, sie für den Herzog ganz besonders zuzurichten. Er gab ihr auch kein gewöhnliches Gänsefutter, sondern versah sie mit Backwerk und süßen Speisen.

So oft er freie Zeit hatte, ging er hin, sich mit ihr zu unterhalten und sie zu trösten. Sie erzählten sich auch gegenseitig ihre Geschichten, und Nase erfuhr auf diesem Wege, daß die Gans eine Tochter des Zauberers Wetterbock sei, der auf der Insel Gotland lebe. Er sei in Streit geraten mit einer alten Fee, die ihn durch Ränke und List überwunden und sie zur Rache in eine Gans verwandelt und weit hinweg bis hierher gebracht habe. Als der Zwerg Nase ihr seine Geschichte ebenfalls erzählt hatte, sprach sie: »Ich bin nicht unerfahren in diesen Sachen. Mein Vater hat mir und meinen Schwestern einige Anleitung gegeben, so viel er nämlich davon mitteilen durfte. Die Geschichte mit dem Streit am Kräuterkorb, deine plötzliche Verwandlung, als du an jenem Kräutlein rochst, auch einige Worte der Alten, die du mir sagtest, beweisen mir, daß du auf Kräuter verzaubert bist, das heißt, wenn du das Kraut auffindest, das sich die Fee bei deiner Verzauberung gedacht hat, so kannst du erlöst werden.« Es war dies ein geringer Trost für den Kleinen; denn wo sollte er das Kraut auffinden? Doch dankte er ihr und schöpfte einige Hoffnung.

Um diese Zeit bekam der Herzog einen Besuch von einem benachbarten Fürsten, seinem Freunde. Er ließ daher seinen Zwerg Nase vor sich kommen und sprach zu ihm:»Jetzt ist die Zeit gekommen, wo du mir zeigen mußt, ob du mir treu dienst und Meister deiner Kunst bist. Dieser Fürst, der bei mir zu Besuch ist, speist bekanntlich außer mir am besten und ist ein großer Kenner einer feinen Küche und ein weiser Mann. Sorge nun dafür, daß meine Tafel täglich also besorgt werde, daß er immer mehr in Erstaunen gerät. Dabei darfst du, bei meiner Ungnade, so lange er da ist, keine Speise zweimal bringen. Dafür kannst du dir von meinem Schatzmeister alles reichen lassen, was du nur brauchst. Und wenn du Gold und Diamanten in Schmalz baden mußt, so tu es! Ich will lieber ein armer Mann werden, als erröten vor ihm.«

So sprach der Herzog. Der Zwerg aber sagte, indem er sich anständig verbeugte:»Es sei, wie du sagst, o Herr! So es Gott gefällt, werde ich alles so machen, daß es diesem Fürsten der Gutschmecker wohlgefällt.«

Der kleine Koch suchte nun seine ganze Kunst hervor. Er schonte die Schätze seines Herrn nicht, noch weniger aber sich selbst. Denn man sah ihn den ganzen Tag in eine Wolke von Rauch und Feuer eingehüllt, und seine Stimme hallte beständig durch das Gewölbe der Küche; denn er befahl als Herrscher den Küchenjungen und niederen Köchen.

Der fremde Fürst war schon vierzehn Tage beim Herzog und lebte herrlich und in Freuden. Sie speisten des Tages nicht weniger als fünfmal, und der Herzog war zufrieden mit der Kunst des Zwerges; denn er sah Zufriedenheit auf der Stirne seines Gastes. Am fünfzehnten Tage aber begab es sich, daß der Herzog den Zwerg zur Tafel rufen ließ, ihn seinem Gast, dem Fürsten, vorstellte und diesen fragte, wie er mit dem Zwerg zufrieden sei.

»Du bist ein wunderbarer Koch«, antwortete der fremde Fürst, »und weißt, was anständig essen heißt. Du hast in der ganzen Zeit, da ich hier bin, nicht eine einzige Speise wiederholt und alles trefflich bereitet. Aber sage mir doch, warum bringst du so lange nicht die Königin der Speisen, die Pastete Souzeraine?«

Der Zwerg war sehr erschrocken; denn er hatte von dieser Pastetenkönigin nie gehört; doch faßte er sich und antwortete:»O

Herr! Noch lange, hoffte ich, sollte dein Angesicht leuchten an diesem Hoflager, darum wartete ich mit dieser Speise; denn womit sollte dich denn der Koch begrüßen am Tage des Scheidens als mit der Königin der Pasteten?«

»So?« entgegnete der Herzog lachend. »Und bei mir wolltest du wohl warten bis an meinen Tod, um mich dann noch zu begrüßen? Denn auch mir hast du die Pastete noch nie vorgesetzt. Doch denke auf einen anderen Scheidegruß; denn morgen mußt du die Pastete auf die Tafel setzen.«

»Es sei, wie du sagst, Herr!« antwortete der Zwerg und ging. Aber er ging nicht vergnügt; denn der Tag seiner Schande und seines Unglücks war gekommen. Er wußte nicht, wie er die Pastete machen sollte. Er ging daher in seine Kammer und weinte über sein Schicksal.

Da trat die Gans Mimi, die in seinem Gemach umhergehen durfte, zu ihm und fragte ihn nach der Ursache seines Jammers. »Stille deine Tränen«, antwortete sie, als sie von der Pastete Souzeraine gehört, »dieses Gericht kam oft auf meines Vaters Tisch, und ich weiß ungefähr, was man dazu braucht; du nimmst dies und jenes, so und so viel, und wenn es auch nicht durchaus alles ist, was eigentlich dazu nötig, die Herren werden keinen so feinen Geschmack haben.« So sprach Mimi. Der Zwerg aber sprang auf vor Freuden, segnete den Tag, an welchem er die Gans gekauft hatte, und schickte sich an, die Königin der Pasteten zuzurichten. Er machte zuerst einen kleinen Versuch, und siehe, es schmeckte trefflich, und der Oberküchenmeister, dem er davon zu kosten gab, pries aufs neue seine ausgebreitete Kunst.

Den anderen Tag setzte er die Pastete in größerer Form auf und schickte sie warm, wie sie aus dem Ofen kam, nachdem er sie mit Blumenkränzen geschmückt hatte, auf die Tafel. Er selbst aber zog sein bestes Festkleid an und ging in den Speisesaal. Als er eintrat, war der Obervorschneider gerade damit beschäftigt, die Pastete zu zerschneiden und auf einem silbernen Schäufelein dem Herzog und seinem Gaste hinzureichen. Der Herzog tat einen tüchtigen Biß hinein, schlug die Augen auf zur Decke und sprach, nachdem er geschluckt hatte: »Ah, ah, ah! Mit Recht nennt man dies die Königin der Pasteten; aber mein Zwerg ist auch der König aller Köche! Nicht also, lieber Freund?«

Der Gast nahm einige kleine Bissen zu sich, kostete und prüfte aufmerksam und lächelte dabei höhnisch und geheimnisvoll. »Das Ding ist recht artig gemacht, antwortete er, indem er den Teller hinwegrückte, »aber die Souzeraine ist es denn doch nicht ganz; das habe ich mir wohl gedacht.«

Da runzelte der Herzog vor Unmut die Stirne und errötete vor Beschämung. »Hund von einem Zwerg!« rief er, »wie wagst du es, deinem Herrn dies anzutun? Soll ich dir deinen großen Kopf abhacken lassen zur Strafe für deine schlechte Kocherei?«

»Ach, Herr! Um des Himmels willen, ich habe das Gericht doch zubereitet nach den Regeln der Kunst, es kann gewiß nichts fehlen!« so sprach der Zwerg und zitterte.

»Es ist eine Lüge, du Bube!« erwiderte der Herzog und stieß ihn mit dem Fuße von sich. »Mein Gast würde sonst nicht sagen, es fehlt etwas. Dich selbst will ich zerhacken und backen lassen in eine Pastete!«

»Habt Mitleiden!« rief der Kleine und rutschte auf den Knien zu dem Gast, dessen Füße er umfaßte. »Saget, was fehlt in dieser Speise, daß sie Eurem Gaumen nicht zusagt? Lasset mich nicht sterben wegen einer Handvoll Fleisch und Mehl.«

»Das wird dir wenig helfen, mein lieber Nase«, antwortete der Fremde mit Lachen, »das habe ich mir schon gestern gedacht, daß du diese Speise nicht machen kannst wie mein Koch. Wisse, es fehlt ein Kräutlein, das man hierzulande gar nicht kennt, das Kraut Niesmitlust; ohne dieses bleibt die Pastete ohne Würze, und dein Herr wird sie nie essen wie ich.«

Da geriet der Herrscher in Wut. »Und doch werde ich sie essen«, rief er mit funkelnden Augen, »denn ich schwöre bei meiner fürstlichen Ehre: Entweder zeige ich Euch morgen die Pastete, wie Ihr sie verlanget – oder den Kopf dieses Burschen, aufgespießt auf dem Tor meines Palastes. Gehe, du Hund, noch einmal gebe ich dir vierundzwanzig Stunden Zeit.«

So rief der Herzog; der Zwerg aber ging wieder weinend in sein Kämmerlein und klagte der Gans sein Schicksal und daß er sterben müsse; denn von dem Kraut habe er nie gehört. »Ist es nur dies«, sprach sie, »da kann ich dir schon helfen; denn mein Vater lehrte mich alle Kräuter kennen. Wohl wärest du vielleicht zu einer anderen Zeit des Todes gewesen; aber glücklicherweise ist es gerade Neumond, und um diese Zeit blüht das Kräutlein. Doch, sage an, sind alte Kastanienbäume in der Nähe des Palastes?«

»O ja!« erwiderte Nase mit leichterem Herzen. »Am See, zweihundert Schritte vom Haus, steht eine ganze Gruppe; doch warum diese?«

»Nur am Fuße alter Kastanien blüht das Kräutlein«, sagte Mimi, »darum laß uns keine Zeit versäumen und suchen, was du brauchst; nimm mich auf deinen Arm und setze mich im Freien nieder; ich will dir suchen.«

Er tat, wie sie gesagt, und ging mit ihr zur Pforte des Palastes. Dort aber streckte der Türhüter das Gewehr vor und sprach: »Mein guter Nase, mit dir ist's vorbei; aus dem Hause darfst du nicht, ich habe den strengsten Befehl darüber.«

»Aber in den Garten kann ich doch wohl gehen?« erwiderte der

Zwerg. »Sei so gut und schicke einen deiner Gesellen zum Aufseher des Palastes und frage, ob ich nicht in den Garten gehen und Kräuter suchen dürfe?« Der Türhüter tat also, und es wurde erlaubt; denn der Garten hatte hohe Mauern, und es war an kein Entkommen daraus zu denken. Als aber Nase mit der Gans Mimi ins Freie gekommen war, setzte er sie behutsam nieder, und sie ging schnell vor ihm her dem See zu, wo die Kastanien standen. Er folgte ihr nur mit beklommenem Herzen; denn es war ja seine letzte, einzige Hoffnung; fand sie das Kräutlein nicht, so stand sein Entschluß fest, er stürzte sich dann lieber in den See, als daß er sich köpfen ließ. Die Gans suchte vergebens, sie wandelte unter allen Kastanien, sie wandte mit dem Schnabel jedes Gräschen um, es wollte sich nichts zeigen, und sie fing aus Mitleid und Angst an zu weinen; denn schon wurde der Abend dunkler, und die Gegenstände umher waren schwerer zu erkennen.

Da fielen die Blicke des Zwerges über den See hin, und plötzlich rief er: »Siehe, siehe, dort über dem See steht noch ein großer, alter Baum; laß uns dorthin gehen und suchen, vielleicht blüht dort mein Glück.«

Die Gans hüpfte und flog voran, und er lief nach, so schnell seine kleinen Beine konnten; der Kastanienbaum warf einen großen Schatten, und es war dunkel umher, fast war nichts mehr zu erkennen; aber da blieb plötzlich die Gans stille stehen, schlug vor Freuden mit den Flügeln, fuhr dann schnell mit dem Kopf ins hohe Gras und pflückte etwas ab, das sie dem erstaunten Nase zierlich mit dem Schnabel überreichte und sprach: »Das ist das Kräutlein, und hier wächst eine Menge davon, so daß es dir nie daran fehlen kann.«

Der Zwerg betrachtete das Kraut sinnend; ein süßer Duft strömte ihm daraus entgegen, der ihn unwillkürlich an die Szene seiner Verwandlung erinnerte; die Stengel, die Blätter waren bläulichgrün, sie trugen eine brennend rote Blume mit gelbem Rande.

»Gelobt sei Gott! rief er endlich aus. »Welches Wunder! Wisse, ich glaube, es ist dies dasselbe Kraut, das mich aus einem Eichhörnchen in diese schändliche Gestalt umwandelte; soll ich den Versuch machen?«

»Noch nicht«, bat die Gans. »Nimm von diesem Kraut eine Handvoll mit dir, laß uns auf dein Zimmer gehen und dein Geld, und was du sonst hast, zusammenraffen, und dann wollen wir die Kraft des Krautes versuchen!«

Sie taten also und gingen auf seine Kammer zurück, und das Herz des Zwerges pochte hörbar vor Erwartung. Nachdem er fünfzig oder sechzig Dukaten, die er erspart hatte, einige Kleider und Schuhe zusammen in ein Bündel geknüpft hatte, sprach er: »So es Gott gefällig ist, werde ich diese Bürde loswerden«, steckte seine Nase tief in die Kräuter und sog ihren Duft ein.

Da zog und knackte es in allen seinen Gliedern, er fühlte, wie sich sein Kopf aus den Schultern hob, er schielte herab auf seine Nase und sah sie kleiner und kleiner werden, sein Rücken und seine Brust fingen an, sich zu ebnen, und seine Beine wurden länger.

Die Gans sah mit Erstaunen diesem allem zu. »Ha! Was du groß, was du schön bist!« rief sie. »Gott sei gedankt, es ist nichts mehr an dir von allem, was du vorher warst!«

Da freute sich Jakob sehr, und er faltete die Hände und betete. Aber seine Freude ließ ihn nicht vergessen, welchen Dank er der Gans Mimi schuldig sei; zwar drängte ihn sein Herz, zu seinen Eltern zu gehen; doch besiegte er aus Dankbarkeit diesen Wunsch und sprach: »Wem anders als dir habe ich es zu danken, daß ich mir selbst wiedergeschenkt bin? Ohne dich hätte ich dieses Kraut nimmer gefunden, hätte also ewig in jener Gestalt bleiben oder vielleicht gar unter dem Beile des Henkers sterben müssen. Wohlan, ich will es dir vergelten. Ich will dich zu deinem Vater bringen; er, der erfahren ist in jedem Zauber, wird dich leicht entzaubern können.« Die Gans vergoß Freudentränen und nahm sein Anerbieten an. Jakob kam glücklich und unerkannt mit der Gans aus dem Palast und machte sich auf den Weg nach dem Meeresstrand, Mimis Heimat, zu.

Was soll ich noch weiter erzählen, daß sie ihre Reise glücklich vollendeten, daß Wetterbock seine Tochter entzauberte und den Jakob, mit Geschenken beladen, entließ, daß er in seine Vaterstadt zurückkam und daß seine Eltern in dem schönen jungen Mann mit Vergnügen ihren verlorenen Sohn erkannten, daß er von den Geschenken, die er von Wetterbock mitbrachte, sich einen Laden kaufte und reich und glücklich wurde?

Nur so viel will ich noch sagen, daß nach seiner Entfernung aus dem Palaste des Herzogs große Unruhe entstand; denn als am anderen Tage der Herzog seinen Schwur erfüllen und dem Zwerg, wenn er die Kräuter nicht gefunden hätte, den Kopf abschlagen lassen wollte, war er nirgends zu finden; der Fürst aber behauptete, der Herzog habe ihn heimlich entkommen lassen, um sich nicht seines besten Kochs zu berauben, und klagte ihn an, daß er wortbrüchig sei. Dadurch entstand denn ein großer Krieg zwischen beiden Fürsten, der in der Geschichte unter dem Namen »Kräuterkrieg« wohlbekannt ist; es wurde manche Schlacht geschlagen, aber am Ende doch Friede gemacht, und diesen Frieden nennt man bei uns den »Pastetenfrieden«, weil beim Versöhnungsfest durch den Koch des Fürsten die Souzeraine, die Königin der Pasteten, zubereitet wurde, welche sich der Herr Herzog trefflich schmecken ließ.

So führen oft die kleinsten Ursachen zu großen Folgen; und dies ist die Geschichte des Zwerges Nase.

Der Zwerg Nase

Deutung

Je öfter man dieses Märchen liest, desto nachhaltiger wirkt es hinsichtlich seines rätselhaften Auftakts, seiner Bildhaftigkeit und Fabulierkunst, seiner unverhohlenen Gesellschaftskritik und seines unkonventionellen Schlusses, insbesondere aber hinsichtlich der seelischen Entwicklung. Behandelt wird das Thema der Verwandlung, ein Lieblingsthema des Dichters, wie sich noch zeigen wird, hier in einer seltenen, seltsamen Mischung aus Groteske, Satire, hohem Ethos und sachlichem Optimismus. Es ist keine »Märchenhumoreske«, wie Schwarz meint, sondern eine ernste, teilweise sogar bittere Auseinandersetzung eines Ausgestoßenen mit seinem Schicksal und den Mitmenschen, bei der dem Leser das Lachen sehr schnell vergeht, bei der er aber mehr und mehr darüber staunt, welche Kräfte der Held trotz seiner Häßlichkeit und Isolation freisetzt und welches positive Ende Hauff schließlich doch findet, dies – zugestandenermaßen – nicht ohne Humor, wenn er von der Rückverwandlung Jakobs oder vom »Kräuterkrieg« und »Pastetenfrieden« des Herzogs erzählt. Der Anfang kann kaum positiver gestaltet werden: Im »lieben Vaterland Deutschland« lebt eine ehrsame und fleißige Familie mit einem »schönen Knaben, angenehm von Gesicht, wohlgestaltet, und für das Alter von zwölf Jahren schon ziemlich groß«. Wiederholt wird eingangs und im Rückblick auf die Schönheit des Jungen verwiesen, wenn z. B. die Mutter Hanne verspottet wird, »der vor sieben Jahren ihr bildschöner Knabe gestohlen worden sei«, oder wenn der Vater auf die forschende Frage seines entstellten Sohnes anwortet: »Ich hatte einen, der hieß Jakob, und müßte jetzt ein schlanker, gewandter Bursche von zwanzig Jahren sein …, und hübsch und angenehm war er auch.« Durch ein kleine Ursache (Hauff verwendet im Schlußsatz sogar den Superlativ) wird diese strahlende Gestalt ins häßlichste Gegenteil, in ein Monster verwandelt, in mehreren Anläufen vorgestellt, als könne der Dichter das Gräßlich-Groteske des schneidenden Gegensatzes nicht gleich fassen oder nicht gleich in seiner ganzen Brutalität zumuten. Genau in der Mitte des Textes erscheint die ausführliche Darstellung:

> »Seine Augen waren klein geworden, wie die der Schweine, seine Nase war ungeheuer und hing über Mund und Kinn herunter, der Hals schien gänzlich weggenommen worden zu sein, denn sein Kopf stak tief in den Schultern, und nur mit den größten Schmerzen konnte er ihn rechts und links bewegen; sein Körper war noch so groß als vor sieben Jahren, da er zwölf Jahre alt war, aber wenn andere vom zwölften bis ins zwanzigste in die Höhe wachsen, so wuchs er in die Breite, der Rücken und die Brust waren weit ausgebogen und waren anzusehen wie ein kleiner, aber sehr dick gefüllter Sack; dieser dicke Oberleib saß auf kleinen, schwachen Beinchen, die dieser Last nicht gewachsen schienen, aber um so größer waren die Arme, die ihm am Leib herabhingen, sie hatten die Größe wie die eines wohlgewachsenen Mannes, seine Hände waren grob und braungelb, seine Finger lang und spinnenartig, und wenn er sie recht ausstreckte, konnte er damit auf den Boden reichen, ohne daß er sich bückte.«

Versteht man unter »Groteske« die Gestaltung des grausam Verzerrten bis zum äußersten gesteigerten Disharmonischen, so läßt sich kaum ein krasseres Beispiel finden, auch nicht bei E. T. A. Hoffmann, Kafka oder Ionesco.

Wo denn ist die kleinste Ursache mit den großen Folgen zu suchen? Die Mutter verkauft wie gewöhnlich Gemüse und Kräuter auf dem Markt, der kleine Jakob hilft ihr dabei. Da kommt ein zerlumptes altes Weib daher, mit spitzem Gesicht, roten Augen, langer gebogener Nase, schon sie ins Groteske gezogen durch einen entsprechenden Vergleich:

»… sie hinkte und rutschte und wankte, es war, als habe sie Räder in den Beinen und könne alle Augenblicke umstülpen und mit der spitzigen Nase aufs Pflaster fallen.«

Diese sonderbare Gestalt mit der krächzenden Stimme beginnt mit ihren häßlichen dunkelbraunen Händen im Korb zu wühlen und am Ende die vorzügliche Ware auf gehässigste Weise schlechtzumachen. Wen wundert es, wenn das den Jungen verdrießt und er das unverschämte Weib zurechtweist? Er hat recht, zeigt sogar ungeheuren Mut, wenn er der häßlichen und garstigen Alten energisch entgegentritt. Hauff scheint das ebenso aufgefaßt zu haben, denn er sagt: »Das alte Weib schielte den mutigen Knaben an …« Man wird also die Ursache für diese ungeheuerliche Verwandlung weder in Zeittendenzen noch in pädagogischen Bestrebungen des jungen Dichters suchen dürfen, selbst wenn man unterstellt, daß man damals von Jugendlichen Respekt Erwachsenen gegenüber erwarten konnte. Hat sich der Junge ganz einfach in der Diktion, im Ton vergriffen, wurde er zu aggressiv? Den Verweis müßte sich die Alte wohl gefallen lassen, gerade auch in Gegenwart der Mutter und anderer Erwachsener. Muß sie sich jedoch im Zusammenhang damit alle ihre unschönen Körperteile aufzählen lassen, ihre »garstigen braunen Finger«, ihre »lange Nase«, ihren Hals, »so dünn wie ein Kohlstengel«? Hört man genau hin, reagiert die Alte nämlich konsequent auf diese Aufzählung:

»Söhnchen, Söhnchen! Also gefällt dir meine Nase, meine schöne, lange Nase? Sollst auch eine haben mitten im Gesicht bis übers Kinn herab.« – »Gefallen sie dir nicht, die dünnen Hälse? … Sollst gar keinen haben, Kopf muß in den Schultern stecken, daß er nicht herabfällt vom kleinen Körperlein!«

Das Schöne provoziert das Häßliche und muß dafür büßen. Nicht also der Inhalt schafft die Zerstörung, sondern der Ton, dem Sprichwort folgend: »Wie man in den Wald hineinruft, so tönt es wieder heraus« oder »Wie du mir, so ich dir«. »Alles, was er damals an ihr getadelt hatte«, kommentiert Hauff später, »die lange Nase, die häßlichen Finger, alles hatte sie ihm angetan, und nur den langen, zitternden Hals hatte sie gänzlich weggelassen«. Und wenig später erkennt der Betroffene, als er noch einmal zu seiner Mutter geht, selbst: »... erzählte ihr dann, wie er sieben Jahre als Eichhörnchen gedient habe bei der Fee und wie sie ihn verwandelte, weil er sie damals getadelt.« Da er sie also tadelte, wofür sie nichts kann, sie bloßstellte und beleidigte, reagierte sie elementar und bösartig.

Das jugendliche Alter dient im Falle einer solchen Provokation nicht als Entschuldigung, sondern muß für die Entgleisungen entsprechend büßen. Das heißt also, daß ein Junge wie Jakob, nicht nur schön, sondern auch klug, die Folgen seiner Handlungen abschätzen können muß (übrigens durchaus im Einklang mit dem BGB). Tut er es nicht, muß er mit Strafe rechnen, die natürlich umso härter ausfällt, je garstiger der Gegner ist. Bild für die Bestrafung ist die vorübergehende Entfernung aus der menschlichen Gesellschaft, die Verwandlung in ein Tier. Mit dieser Feststellung könnte man sich begnügen und fragen, wie dem Verwandelten gelingt, seine frühere Gestalt wiederzuerlangen. Doch Hauff hat einige Wendungen eingebaut, die man nicht einfach übergehen sollte. Es ist die Rede von sonderbaren Träumen, in denen Jakob ist, »als ziehe ihm die Alte seine Kleider aus und umhülle ihn dafür mit einem Eichhörnchenbalg«; ist die Rede von sieben Jahren, die im Dienste der alten Frau vergangen sind, und schließlich von dem Gefühl des zurückkehrenden Sohnes, er habe bloß »ein kleines Schläfchen gemacht und war jetzt wieder da ...« Dieses zeitliche Phänomen muß man nicht als bloßes erzählerisches Beiwerk oder symbolische Aussage sehen, sondern kann man noch besser verstehen, wenn man es in Verbindung bringt mit der Lehre von der Wiedergeburt, die nicht nur von Kant, Lessing, Goethe und Novalis ganz wörtlich genommen wurde, sondern von Anthroposophen, Rosenkreuzern, im Grunde von zwei Dritteln der

Menschheit bis heute vertreten wird, und zwar im Einklang mit den Naturgesetzen. Dieser Gedanke mag manchem unchristlich erscheinen; er ist es nicht. Wir sollten uns nur daran erinnern, daß diese Lehre erst im Jahre 869 n. Chr. auf dem 8. ökumenischen Konzil zu Konstantinopel als Ketzerei verdammt wurde und gewisse Gelehrte, Correctores genannt, im Auftrage der Kirche schon seit dem Konzil von Nicäa 325 n. Chr. den biblischen Text auch in dieser Hinsicht abgeändert bzw. gekürzt haben, wie z. B. aus dem Bericht über die Heilung des Blindgeborenen (Joh. 9) leicht zu erkennen ist.

Um Reinkarnation nicht falsch zu verstehen, sei wenigstens kurz erläutert: Die menschliche Seele ist das Unsterbliche, ist der Kern des Menschen, der Geburt und Tod in fortlaufendem Wechsel durchläuft und dadurch seiner Vervollkommnung Schritt für Schritt näherkommt wie ein Schüler, der mehrere Schulen und in jeder Schule aufsteigende Klassen bewältigen muß, bis er sein Ziel erreicht hat. Der Tod ist dabei nichts anderes als ein Kleiderwechsel am Abend, die erneute Geburt eine Fortsetzung der Tätigkeit am nächsten Morgen. Alle Anlagen und Erfahrungen aus der Vergangenheit wirken weiter nach dem Wort, daß der Mensch erntet, was er gesät hat.

Die zitierten Wendungen und Bilder von Hauff können analog verstanden werden. Folgt man diesem Gedanken, dann läßt sich Jakobs Bestrafung lesen als ein Auslöschen der jetzigen Existenz, als eine Rückstufung der schönen Seele in eine tierische, weil sie gefehlt hat, und nach einem Lernprozeß als Reinkarnation mit der Aufgabe, das bessere Selbst neu zu gestalten. Nebenbei läßt sich auf diesem Weg auch viel besser verstehen, warum sogar die Eltern ihren Sohn nicht wiedererkennen, da er doch in einem neuen Kleid, in einer neuen Gestalt erscheint.

Die Zahl sieben unterstützt diese These. Auch sie – nicht allein naturrhythmischer Spiegel – verweist auf ein mystisches Geheimnis, am besten veranschaulicht durch die

Freimaurerschürze, ein Quadrat, über dem sich ein Dreieck befindet, das Himmlische über dem Irdischen, das Oben verbunden mit dem Unten, ein enges Zusammenspiel zweier Ebenen, beispielsweise auch des Stirb und Werde.

Ob man nun die Verwandlung, die Isolation und Abstufung bedeutet, als Inhaftierung im Sinne eines öffentlichen Strafvollzugs betrachtet, psychoanalytisch als Bild negativen menschlichen Verhaltens mit katastrophalen Folgen, die korrigiert werden müssen, oder als bloß geistige oder wörtlich genommene Wiedergeburt sieht, ist letztlich für den Lernprozeß, der sich grundsätzlich hinter allen angesprochenen Möglichkeiten verbirgt, nicht ausschlaggebend; das hängt ab von der Perspektive, die man wählt. Die Komplexität des vorliegenden Märchens und die Tradition, in der Hauff noch stand, erlauben jedenfalls unterschiedliche Sehweisen.

Bedeutender für die Untersuchung – gerade für den modernen Betrachter – sind die beiden folgenden Fragenkomplexe: Wie reagiert die Gesellschaft auf einen Außenseiter? Wie reagiert Jakob, wie bewältigt er sein Schicksal?

In drei Schichten erleben wir Zwerg Nases Umwelt: Zuerst die Eltern, dann den Barbier, schließlich den Herzog, am Rande des Volkes Stimme. Alle reagieren negativ, lassen sich von der äußeren Erscheinung leiten, keiner sieht den Kern, keiner die Verzweiflung. Sensationslust und Herzlosigkeit bestimmen:

>Ei, sehet den häßlichen Zwerg! Wo kommt der Zwerg her? Ei, was hat er doch für eine lange Nase, und wie ihm der Kopf in den Schultern steckt, und die braunen, häßlichen Hände!«

Nicht anders reagiert die Mutter. Dreimal stößt sie ihn mit einem Schrei des Entsetzens von sich: »Was willst du von mir, häßlicher Zwerg?« gesteigert zum Ausruf »häßliche Mißgeburt«. Das muß Jakob besonders deshalb treffen, weil er zu diesem Zeitpunkt von seiner Häßlichkeit noch gar nicht weiß. Er beschwört seine Mutter, er versucht ihr zu erklären; es hilft nicht, weil sie nicht richtig hinhört. Selbst wenn man einräumt, daß auch ein Mutterherz bei einer solchen extremen Erscheinung versagen kann, bleibt der Vorwurf der Ignoranz und Härte, der ungeheuren Aggressivität, die ja bereits dem kleinen Jakob zum Verhängnis wurde.

Traurig geht der Kleine zum Vater; er wendet sich, verunsichert, höflich und behutsam fragend an ihn, geradezu distanziert: »Guten Abend, Meister! … Wie geht es Euch?« Die Szene entwickelt sich wesentlich angenehmer, findet ihren ersten Höhepunkt im melancholischen Rückblick des Vaters, doch auch hier mit einem ungewollten Stich ins Herz, wenn er das Präteritum benutzt: »Ich hatte einen (Sohn), der hieß Jakob«. Der Ton wird trotzdem immer freundlicher, durch das wiederholte »kleiner Herr« auch immer verbindlicher. In einem ruhigen Dialog erhält der Kleine allmählich Klarheit über seine Vergangenheit und seinen jetzigen Zustand, bis auch dieses Treffen erfolglos und herzlos endet, wenn der Vater in beißender Ironie fragt, ob er vielleicht ein Futteral für die lange Nase fertigen solle. Nicht genug: Als der Junge nachfragt, ergänzt der wohl auch ans Geld denkende Schuster:

»… aber das muß ich Euch sagen, hätte ich diese schreckliche Nase, ein Futteral ließe ich mir darüber machen von rosenfarbigem Glanzleder.«

Trotz des im ganzen freundlicheren Tones hat sich im Kern nichts geändert, denn die Heimkehr wird auch hier verhindert, und zwar in freundlicher Brutalität:

»Mit diesen Worten schob ihn der Vater ganz gelinde zur Bude hinaus, schloß die Türe hinter ihm zu und setzte sich wieder zur Arbeit.«

Hauff weiß zu steigern. Die nächste Szene spielt beim Barbier, mit schneidender Ironie der beginnt:

»Ihr seid ein hübsches Bürschchen, schlank und fein, ein Hälschen wie ein Schwan, Händchen wie eine Königin, und ein Stumpfnäschen, man kann es nicht schöner sehen.«

Es folgen die erschütternde Erkenntnis Jakobs durch den Spiegel und die ergreifende Rechtfertigung der Mutter:

»Ja, so konntest du freilich deinen Jakob nicht wiedererkennen, liebe Mutter, … so war er nicht anzuschauen in den Tagen der Freude, wo du gerne mit ihm prangtest vor den Leuten!«

Den Höhepunkt bilden die (bereits zitierte) endgültige Beschreibung des Äußeren und die kausale Beziehung zwischen Jakob und der Alten auf dem Markt. Die letzte Steigerung dieser Szene liegt im menschenverachtenden Angebot, den Kleinen als Lockvogel für das Geschäft zu verwenden. Zwerg Nase ist in seinem Innern empört, bleibt aber ruhig und geht noch einmal zur Mutter, im Glauben, sich ihr nun besser, weil wissender mitteilen zu können. Er spürt, daß ihm das böse Weib wohl den Körper, nicht aber die Seele verunstalten konnte. Er trauert nicht um seine verlorene Schönheit, sondern nur darüber, »daß er wie ein Hund von der Türe seines Vaters gejagt« wurde. Er erinnert nun die Mutter in aller Ruhe an alle Einzelheiten seiner Kindheit, erzählt ihr von seiner Verwandlung, die sie rational abweist («es gibt keine Feen«), und wird, als sie den Vater zu Rate zieht, brutal vertrieben, ausgestoßen. Hauff beendet diesen Teil mit der verallgemeinernden Feststellung, ohne zu verabsolutieren:

»In jener Stadt gibt es, wie überall, wenige mitleidige Seelen, die einen Unglücklichen, der zugleich etwas Lächerliches an sich trägt, unterstützen.«

Dieser Zwerg, so schreibt Schwarz, ist ein Vertreter aller, die aus irgendeinem Grund von der Norm abweichen, ihr nicht mehr entsprechen und für die eine gefühllose und inhumane Gesellschaft keine bzw. nur eine entwürdigende Verwendung hat: »Der Mensch ist eine Funktion seines gefälligen Aussehens, seines Reichtums, seiner Macht, seiner Nützlichkeit« (S. 116).

Das Märchen »Der Zwerg Nase« ist die Umkehrung des Gleichnisses vom verlorenen Sohn (Hauff greift diese Wendung im Schlußteil auf): Auch dort wird ein junger Mensch geschildert, der in animalische Tiefen fällt, bereut und heimkehrt, nun aber von einem gütigen Vater freudig empfangen und ohne Umschweife, sogar gegen den Willen des Bruders, in die frühere Gemeinschaft aufgenommen wird. Hauffs Märchen setzt sich wiederum deutlich ab von Kafkas moderner Parabel »Die Heimkehr«, in der erneut ein Sohn wieder Kontakt mit seinem Elternhaus sucht, jedoch in zu großer Passivität verharrt, nicht den Mut zur Schwellenüberschreitung findet und deshalb scheitert. Hauff steht genau im Schnittpunkt: Er zeigt einerseits eine mitleidlose, selbstgefällige Gesellschaft (bis hinauf ins Schloß, worüber noch zu sprechen sein wird), andererseits einen Helden, der nicht resigniert, sich nicht erniedrigen, schon gar nicht zerstören läßt, sondern einen inneren Stolz bewahrt und aufgrund gewonnener Einsichten und Erfahrungen einen konsequenten Weg verfolgt, und zwar über Beruf und harte Arbeit, letztlich also kraft einer Eigeninitiative, die diese Person in besonderem Maße auszeichnet. Sie hat Freiheit gewonnen, wie sie R. Steiner in »Die Philosophie der Freiheit« entwirft: »Wer nur handelt, weil er bestimmte sittliche Normen anerkennt, dessen Handlung ist das Ergebnis der in seinem Moralkodex stehenden Prinzipien. Er ist bloß der Vollstrecker. Er ist ein höherer Automat ... Die Natur macht aus dem Menschen bloß ein Naturwesen; die Gesellschaft ein gesetzmäßig handelndes; ein *freies* Wesen kann er nur *selbst* aus sich machen. Die Natur läßt den Menschen in einem gewissen Stadium seiner Entwicklung aus ihren Fesseln los; die Gesellschaft führt diese Entwicklung bis zu einem weiteren Punkte; den letzten Schliff kann nur der Mensch sich selbst geben« (TB 627, S. 161ff.).

Nicht übersehen werden darf Zwerg Nases tiefe Frömmigkeit: Als er sich endgültig verstoßen weiß und beschließt, seine Kunst zu benutzen, geht er zuerst in die Kirche, um zu beten; und er schließt den langen und schmerzhaften Entwicklungsprozeß dankbar mit einem Gebet ab.

Die entscheidende äußere Wende vollzieht sich am Hofe des Herzogs, auch wenn dieser als absolutistischer Herrscher gezeichnet wird, als schlemmender, launischer und menschenverachtender Gewaltmensch mit Zuckerbrot und Peitsche. Die entscheidende innere Leistung des Zwerges besteht darin, daß er sich durch Willkür und Spott nicht einschüchtern läßt, vor allem darin, daß er der Versuchung widersteht, beim Herzog Leibzwerg zu werden. Er könnte so zwar ein angenehmes Leben führen, aber seine Kunst nicht nutzen. Denn mehr und mehr zeigt sich, daß die sieben Jahre eine harte, aber doch gewinnbringende Lehrzeit waren. Nur auf diesem Weg kann er wieder steigen, aufsteigen bis zum allerseits geachteten Wunderkoch und unbeabsichtigt seiner Erlösung vorarbeiten. Bemerkenswert ist nicht nur, daß sich Zwerg Nase wieder in die soziale Umwelt einzugliedern beginnt, nicht nur, daß er mit Hilfe seiner Kunst von seiner grotesken Erscheinung ablenkt, sondern daß er den Herzog selbst positiv verändert: »Seit der Zwerg im Hause war, schien alles wie durch Zauber umgewandelt.«

Arbeit und Beruf, erfüllt mit Energie und Ausdauer, werden von Hauff (auch in »Das kalte Herz«) gesehen als Katalysator und Erlöser, beim Herzog freilich nur so lange, wie die gute Küche funktioniert. Als ein benachbarter Fürst zu Besuch kommt und ihm nicht letzte kulinarische Genugtuung zuteil wird, verfällt der Gastgeber in alte Gewohnheiten und droht dem Zwerg sogar mit dem Tod. Es zeigt sich am Ende, daß Elternhaus, Stadt und Schloß zwar unterschiedliche soziale Ebenen darstellen, die Menschen darin jedoch erstaunlich ähnlich sind: Ausschließlich auf materielle Werte ausgerichtet, von Äußerlichkeiten gelenkt, einander fremd, aggressiv und lieblos. Gäbe es nicht

den tapferen Zwerg Nase und die hilfsbereite Gans Mimi
(und einige mitfühlende Seelen, nebenbei und abstrakt
vom Dichter erwähnt), verlöre das Leben seinen Sinn.
Durch diese beiden Gestalten und ihre innere Beziehung
gelingt Hauff, das Häßliche und Inhumane zwar nicht auf-
zuheben (die scharfe Gesellschaftskritik bleibt uneinge-
schränkt), ihnen aber Kräfte entgegenzustellen, die gerade
in äußerster Not – vielleicht erst dann – zu wirken beginnen: Freundschaft, Hilfsbereitschaft und Mitleid. Mimi, mit
fast dem gleichen Schicksal wie Jakob, erfahren und überlegen, weiß in äußerster Bedrängnis Rat. Sie stellt keine Be-
dingungen (wie z. B. die Eule in »Kalif Storch«), fordert
keine Belohnung, sondern hilft, weil sie ein Lebewesen in
größter Gefahr sieht, zeigt Mitgefühl, Angst und Trauer, als
die Rettung aussichtslos scheint, handelt entschlossen, als
sich doch noch eine Möglichkeit auftut, und überlegt genau, als es um die Flucht geht. W. Hauff zeigt also noch In-
seln (keine Idyllen), die es zu erobern und zu bewahren
gilt, zeigt Gefährdung und Gewinn, führt aber zu einem
überraschenden Schluß: Die sich gegenseitig erlösten, gehen keine dauerhafte Verbindung ein, wie man sie in einem
Märchen erwarten dürfte. Jakob dankt Mimi aus tiefstem
Herzen, denn sie hat ihm nicht allein das Leben gerettet,
sondern seine ursprüngliche Gestalt ermöglicht. Doch
dann geht alles wie im Winde: Er bringt sie zu ihrem Vater,
der seine Tochter entzaubert und Jakob reich beschenkt, so
daß er sich in seiner Vaterstadt einen Laden kaufen kann
und reich und glücklich wird. Warum diese schnelle Tren-
nung? Sind es noch Standesunterschiede? Hat Liebe in dieser lieblosen Gesellschaft keinen sicheren Platz mehr?
Greift die Macht des Geldes schon so stark in den seelischen Bereich? Oder soll ganz einfach ein gängiges Happy-
End vermieden werden? Hauff gibt keine eindeutige Antwort, wodurch die Wirkung dieses eindrucksvollen Märchens nur noch gesteigert wird.

Die Geschichte vom Kalif Storch

Original

I.

Der Kalif Chasid zu Bagdad saß einmal an einem schönen Nachmittag behaglich auf seinem Sofa; er hatte ein wenig geschlafen,
denn es war ein heißer Tag, und sah nun nach seinem Schläfchen
recht heiter aus. Er rauchte aus einer langen Pfeife von Rosenholz,
trank hier und da ein wenig Kaffee, den ihm ein Sklave ein-
schenkte, und strich sich allemal vergnügt den Bart, wenn es ihm
geschmeckt hatte. Kurz, man sah dem Kalifen an, daß es ihm recht
wohl war. Um diese Stunde konnte man gar gut mit ihm reden, weil
er da immer recht mild und leutselig war, deswegen besuchte ihn
auch sein Großwesir Mansor alle Tage um diese Zeit. An diesem
Nachmittage nun kam er auch, sah aber sehr nachdenklich aus,
ganz gegen seine Gewohnheit. Der Kalif tat die Pfeife ein wenig aus
dem Mund und sprach: »Warum machst du ein so nachdenkliches
Gesicht, Großwesir?«

Der Großwesir schlug seine Arme kreuzweis über die Brust, verneigte sich vor seinem Herrn und antwortete: »Herr, ob ich ein
nachdenkliches Gesicht mache, weiß ich nicht, aber da drunten am
Schloß steht ein Krämer, der hat so schöne Sachen, daß es mich är-
gert, nicht viel überflüssiges Geld zu haben.«

Der Kalif, der seinem Großwesir schon lange gerne eine Freude
gemacht hätte, schickte seinen schwarzen Sklaven hinunter, um
den Krämer heraufzuholen. Bald kam der Sklave mit dem Krämer
zurück. Dieser war ein kleiner, dicker Mann, schwarzbraun im Gesicht und in zerlumptem Anzug. Er trug einen Kasten, in welchem
er allerhand Waren hatte, Perlen und Ringe, reichbeschlagene Pistolen, Becher und Kämme. Der Kalif und sein Wesir musterten alles durch, und der Kalif kaufte endlich für sich und Mansor schöne
Pistolen, für die Frau des Wesirs aber einen Kamm. Als der Krämer
seinen Kasten schon wieder zumachen wollte, sah der Kalif eine
kleine Schublade und fragte, ob da auch noch Waren seien. Der
Krämer zog die Schublade heraus und zeigte darin eine Dose mit
schwärzlichem Pulver und ein Papier mit sonderbarer Schrift, die
weder der Kalif noch Mansor lesen konnte. »Ich bekam einmal
diese zwei Stücke von einem Kaufmanne, der sie in Mekka auf der
Straße fand«, sagte der Krämer. »Ich weiß nicht, was sie enthalten;
euch stehen sie um geringen Preis zu Dienst, ich kann doch nichts
damit anfangen.«

Der Kalif, der in seiner Bibliothek gerne alte Manuskripte hatte, wenn er sie auch nicht lesen konnte, kaufte Schrift und Dose und entließ den Krämer. Der Kalif aber dachte, er möchte gerne wissen, was die Schrift enthalte, und fragte den Wesir, ob er keinen kenne, der es entziffern könnte.

»Gnädigster Herr und Gebieter«, antwortete dieser, »an der großen Moschee wohnt ein Mann, er heißt Selim, der Gelehrte, der versteht alle Sprachen, laß ihn kommen, vielleicht kennt er diese geheimnisvollen Züge.«

Der Gelehrte Selim war bald herbeigeholt. »Selim«, sprach zu ihm der Kalif, »Selim, man sagt, du seiest sehr gelehrt; guck einmal ein wenig in diese Schrift, ob du sie lesen kannst; kannst du sie lesen, so bekommst du ein neues Festkleid von mir, kannst du es nicht, so bekommst du zwölf Backenstreiche und fünfundzwanzig auf die Fußsohlen, weil man dich dann umsonst Selim, den Gelehrten, nennt.«

Selim verneigte sich und sprach: »Dein Wille geschehe, o Herr!« Lange betrachtete er die Schrift, plötzlich aber rief er aus: »Das ist Lateinisch, o Herr, oder ich laß mich hängen.«

»Sag, was drinsteht«, befahl der Kalif, »wenn es Lateinisch ist.«

Selim fing an zu übersetzen: »Mensch, der du dieses findest, preise Allah für seine Gnade. Wer von dem Pulver in dieser Dose schnupft und dazu spricht: Mutabor, der kann sich in jedes Tier verwandeln und versteht auch die Sprache der Tiere.

Will er wieder in seine menschliche Gestalt zurückkehren, so neige er sich dreimal gen Osten und spreche jenes Wort; aber hüte dich, wenn du verwandelt bist, daß du nicht lachest, sonst verschwindet das Zauberwort gänzlich aus deinem Gedächtnis, und du bleibst ein Tier.«

Als Selim, der Gelehrte, also gelesen hatte, war der Kalif über die Maßen vergnügt. Er ließ den Gelehrten schwören, niemandem etwas von dem Geheimnis zu sagen, schenkte ihm ein schönes Kleid und entließ ihn. Zu seinem Großwesir aber sagte er: »Das heiß' ich gut einkaufen, Mansor! Wie freue ich mich, bis ich ein Tier bin. Morgen früh kommst du zu mir; wir gehen dann miteinander aufs Feld, schnupfen etwas Weniges aus meiner Dose und belauschen dann, was in der Luft und im Wasser, im Wald und Feld gesprochen wird!«

II.

Kaum hatte am anderen Morgen der Kalif Chasid gefrühstückt und sich angekleidet, als schon der Großwesir erschien, ihn, wie er befohlen, auf dem Spaziergang zu begleiten. Der Kalif steckte die Dose mit dem Zauberpulver in den Gürtel, und nachdem er seinem

Gefolge befohlen, zurückzubleiben, machte er sich mit dem Großwesir ganz allein auf den Weg. Sie gingen zuerst durch die weiten Gärten des Kalifen, spähten aber vergebens nach etwas Lebendigem, um ihr Kunststück zu probieren. Der Wesir schlug endlich vor, weiter hinaus an einen Teich zu gehen, wo er schon oft viele Tiere, namentlich Störche, gesehen habe, die durch ihr gravitätisches Wesen und ihr Geklapper immer seine Aufmerksamkeit erregt hatten.

Der Kalif billigte den Vorschlag seines Wesirs und ging mit ihm dem Teich zu. Als sie dort angekommen waren, sahen sie einen Storch ernsthaft auf und ab gehen, Frösche suchend und hier und da etwas vor sich hinklappernd. Zugleich sahen sie auch weit oben in der Luft einen anderen Storch dieser Gegend zuschweben.

»Ich wette meinen Bart, gnädigster Herr«, sagte der Großwesir, »wenn nicht diese zwei Langfüßler ein schönes Gespräch miteinander führen werden. Wie wäre es, wenn wir Störche würden?«

»Wohl gesprochen!« antwortete der Kalif. »Aber vorher wollen wir noch einmal betrachten, wie man wieder Mensch wird. – Richtig! Dreimal gen Osten geneigt und Mutabor gesagt, so bin ich wieder Kalif und du Wesir. Aber nur um Himmels willen nicht gelacht, sonst sind wir verloren!«

Während der Kalif also sprach, sah er den anderen Storch über ihrem Haupte schweben und langsam sich zur Erde lassen. Schnell zog er die Dose aus dem Gürtel, nahm eine gute Prise, bot sie dem Großwesir dar, der gleichfalls schnupfte, und beide riefen: Mutabor!

Da schrumpften ihre Beine ein und wurden dünn und rot, die schönen gelben Pantoffeln des Kalifen und seines Begleiters wurden unförmliche Storchfüße, die Arme wurden zu Flügeln, der Hals fuhr aus den Achseln und ward eine Elle lang, der Bart war verschwunden, und den Körper bedeckten weiche Federn.

»Ihr habt einen hübschen Schnabel, Herr Großwesir«, sprach nach langem Erstaunen der Kalif. »Beim Bart des Propheten, so etwas habe ich in meinem Leben nicht gesehen.«

»Danke untertänigst«, erwiderte der Großwesir, indem er sich bückte, »aber wenn ich es wagen darf, möchte ich behaupten, Eure Hoheit sehen als Storch beinahe noch hübscher aus denn als Kalif. Aber kommt, wenn es Euch gefällig ist, daß wir unsere Kameraden dort belauschen und erfahren, ob wir wirklich Storchisch können.«

Indem war der andere Storch auf der Erde angekommen; er putzte sich mit dem Schnabel seine Füße, legte seine Federn zurecht und ging auf den ersten Storch zu. Die beiden neuen Störche aber beeilten sich, in ihre Nähe zu kommen, und vernahmen zu ihrem Erstaunen folgendes Gespräch:

»Guten Morgen, Frau Langbein, so früh schon auf der Wiese?«

»Schönen Dank, lieber Klapperschnabel! Ich habe mir nur ein kleines Frühstück geholt. Ist Euch vielleicht ein Viertelchen Eidechs gefällig oder ein Froschschenkelein?«

»Danke gehorsamst; habe heute gar keinen Appetit. Ich komme auch wegen etwas ganz anderem auf die Wiese. Ich soll heute vor den Gästen meines Vaters tanzen, und da will ich mich im stillen ein wenig üben.«

Zugleich schritt die junge Störchin in wunderlichen Bewegungen durch das Feld. Der Kalif und Mansor sahen ihr verwundert nach; als sie aber in malerischer Stellung auf einem Fuß stand und mit den Flügeln anmutig dazu wedelte, da konnten sich die beiden nicht mehr halten; ein unaufhaltsames Gelächter brach aus ihren Schnäbeln hervor, von dem sie sich erst nach langer Zeit erholten. Der Kalif faßte sich zuerst wieder: »Das war einmal ein Spaß«, rief er, »der nicht mit Gold zu bezahlen ist; schade, daß die Tiere durch unser Gelächter sich haben verscheuchen lassen, sonst hätten sie gewiß auch noch gesungen!«

Aber jetzt fiel es dem Großwesir ein, daß das Lachen während der Verwandlung verboten war. Er teilte seine Angst deswegen dem Kalifen mit. »Potz Mekka und Medina! Das wäre ein schlechter Spaß, wenn ich ein Storch bleiben müßte! Besinne dich doch auf das dumme Wort, ich bring es nicht heraus.«

»Dreimal gen Osten müssen wir uns bücken und dazu sprechen: ›Mu – Mu – Mu –‹.«

Sie stellten sich gegen Osten und bückten sich in einem fort, daß ihre Schnäbel beinahe die Erde berührten; aber, o Jammer! Das Zauberwort war ihnen entfallen, und so oft sich auch der Kalif bückte, so sehnlich auch sein Wesir »Mu – Mu –« dazu rief, jede Erinnerung daran war verschwunden, und der arme Chasid und sein Wesir waren und blieben Störche.

III.

Traurig wandelten die Verzauberten durch die Felder, sie wußten gar nicht, was sie in ihrem Elend anfangen sollten. Aus ihrer Storchenhaut konnten sie nicht heraus, in die Stadt zurück konnten sie auch nicht, um sich zu erkennen zu geben; denn wer hätte einem Storch geglaubt, daß er der Kalif sei, und wenn man es auch geglaubt hätte, würden die Einwohner von Bagdad einen Storch zum Kalif gewollt haben?

So schlichen sie mehrere Tage umher und ernährten sich kümmerlich von Feldfrüchten, die sie aber wegen ihrer langen Schnäbel nicht gut verspeisen konnten. Auf Eidechsen und Frösche hatten sie übrigens keinen Appetit, denn sie befürchteten, mit solchen

Leckerbissen sich den Magen zu verderben. Ihr einziges Vergnügen in dieser traurigen Lage war, daß sie fliegen konnten, und so flogen sie oft auf die Dächer von Bagdad, um zu sehen, was darin vorging.

In den ersten Tagen bemerkten sie große Unruhe und Trauer in den Straßen; aber ungefähr am vierten Tag nach ihrer Verzauberung saßen sie auf dem Palast des Kalifen, da sahen sie unten in der Straße einen prächtigen Aufzug; Trommeln und Pfeifen ertönten, ein Mann in einem goldbestickten Scharlachmantel saß auf einem geschmückten Pferd, umgeben von glänzenden Dienern, halb Bagdad sprang ihm nach, und alle schrien: »Heil Mizra, dem Herrscher von Bagdad!«

Da sahen die beiden Störche auf dem Dache des Palastes einander an, und der Kalif Chasid sprach: »Ahnst du jetzt, warum ich verzaubert bin, Großwesir? Dieser Mizra ist der Sohn meines Todfeindes, des mächtigen Zauberers Kaschnur, der mir in einer bösen Stunde Rache schwur. Aber noch gebe ich die Hoffnung nicht auf. Komm mit mir, du treuer Gefährte meines Elends, wir wollen zum Grabe des Propheten wandern, vielleicht, daß an heiliger Stätte der Zauber gelöst wird.«

Sie erhoben sich vom Dach des Palastes und flogen der Gegend von Medina zu.

Mit dem Fliegen wollte es aber nicht gar gut gehen; denn die beiden Störche hatten noch wenig Übung. »O Herr«, ächzte nach ein paar Stunden der Großwesir, »ich halte es mit Eurer Erlaubnis nicht mehr lange aus; Ihr fliegt gar zu schnell! Auch ist es schon Abend, und wir täten wohl, ein Unterkommen für die Nacht zu suchen.«

Chasid gab der Bitte seines Dieners Gehör; und da er unten im Tale eine Ruine erblickte, die ein Obdach zu gewähren schien, so flogen sie dahin. Der Ort, wo sie sich für diese Nacht niedergelassen hatten, schien ehemals ein Schloß gewesen zu sein. Schöne Säulen ragten unter den Trümmern hervor, mehrere Gemächer, die noch ziemlich erhalten waren, zeugten von der ehemaligen Pracht des Hauses. Chasid und sein Begleiter gingen durch die Gänge umher, um sich ein trockenes Plätzchen zu suchen; plötzlich blieb der Storch Mansor stehen. »Herr und Gebieter«, flüsterte er leise, »wenn es nur nicht töricht für einen Großwesir, noch mehr aber für einen Storch wäre, sich vor Gespenstern zu fürchten! Mir ist ganz unheimlich zumute; denn hier neben hat es ganz vernehmlich geseufzt und gestöhnt.«

Der Kalif blieb nun auch stehen und hörte ganz deutlich ein leises Weinen, das eher einem Menschen als einem Tiere anzugehören schien. Voll Erwartung wollte er der Gegend zugehen, woher die Klagetöne kamen; der Wesir aber packte ihn mit dem Schnabel am Flügel und bat ihn flehentlich, sich nicht in neue, unbekannte Gefahren zu stürzen. Doch vergebens! Der Kalif, dem auch unter dem Storchenflügel ein tapferes Herz schlug, riß sich mit Verlust einiger Federn los und eilte in einen finsteren Gang. Bald war er an einer Tür angelangt, die nur angelehnt schien und woraus er deutliche Seufzer mit ein wenig Geheul vernahm. Er stieß mit dem Schnabel die Türe auf, blieb aber überrascht auf der Schwelle stehen. In dem verfallenen Gemach, das nur durch ein kleines Gitterfenster spärlich erleuchtet war, sah er eine große Nachteule am Boden sitzen. Dicke Tränen rollten ihr aus den großen, runden Augen, und mit heiserer Stimme stieß sie ihre Klagen zu dem krummen Schnabel heraus. Als sie aber den Kalifen und seinen Wesir, der indes auch herbeigeschlichen war, erblickte, erhob sie ein lautes Freudengeschrei. Zierlich wischte sie mit dem braungefleckten Flügel die Tränen aus dem Auge, und zu dem größten Erstaunen der beiden rief sie in gutem menschlichem Arabisch: »Willkommen, ihr Störche! Ihr seid mir ein gutes Zeichen meiner Errettung; denn durch Störche werde mir ein großes Glück kommen, ist mir einst prophezeit worden!«

Als sich der Kalif von seinem Erstaunen erholt hatte, bückte er sich mit seinem langen Hals, brachte seine dünnen Füße in eine zierliche Stellung und sprach: »Nachteule! Deinen Worten nach darf ich glauben, eine Leidensgefährtin in dir zu sehen. Aber ach! Deine Hoffnung, daß durch uns deine Rettung kommen werde, ist vergeblich. Du wirst unsere Hilflosigkeit selbst erkennen, wenn du unsere Geschichte hörst.« Die Nachteule bat ihn zu erzählen, der Kalif fing an und erzählte, was wir bereits wissen.

IV.

Als der Kalif der Eule seine Geschichte vorgetragen hatte, dankte sie ihm und sagte: »Vernimm auch meine Geschichte und höre, wie ich nicht weniger unglücklich bin als du. Mein Vater ist der König von Indien, ich, seine einzige unglückliche Tochter, heiße Lusa. Jener Zauberer Kaschnur, der euch verzauberte, hat auch mich ins Unglück gestürzt. Er kam eines Tages zu meinem Vater und begehrte mich zur Frau für seinen Sohn Mizra. Mein Vater aber, der ein hitziger Mann ist, ließ ihn die Treppe hinunterwerfen. Der Elende wußte sich unter einer anderen Gestalt wieder in meine Nähe zu schleichen, und als ich einst in meinem Garten Erfrischungen zu mir nehmen wollte, brachte er mir, als Sklave verkleidet, einen Trank bei, der mich in diese abscheuliche Gestalt verwandelte. Vor Schrecken ohnmächtig, brachte er mich hierher und rief mir mit schrecklicher Stimme in die Ohren:

»Da sollst du bleiben, häßlich, selbst von den Tieren verachtet, bis an dein Ende, oder bis einer aus freiem Willen dich, selbst in dieser schrecklichen Gestalt, zur Gattin begehrt. So räche ich mich an dir und deinem stolzen Vater.«

»Seitdem sind viele Monate verflossen. Einsam und traurig lebe ich als Einsiedlerin in diesem Gemäuer, verabscheut von der Welt, selbst den Tieren ein Greuel; die schöne Natur ist vor mir verschlossen; denn ich bin blind am Tage, und nur, wenn der Mond sein bleiches Licht über dies Gemäuer ausgießt, fällt der verhüllende Schleier von meinem Auge.«

Die Eule hatte geendet und wischte sich mit dem Flügel wieder die Augen aus, denn die Erzählung ihrer Leiden hatte ihr Tränen entlockt.

Der Kalif war bei der Erzählung der Prinzessin in tiefes Nachdenken versunken. »Wenn mich nicht alles täuscht«, sprach er, »so findet zwischen unserem Unglück ein geheimer Zusammenhang statt; aber wo finde ich den Schlüssel zu diesem Rätsel?«

Die Eule antwortete ihm: »O Herr! Auch mir ahnet dies; denn es ist mir einst in meiner frühesten Jugend von einer weisen Frau prophezeit worden, daß ein Storch mir ein großes Glück bringen werde, und ich wüßte vielleicht, wie wir uns retten könnten.« Der Kalif war sehr erstaunt und fragte, auf welchem Wege sie meine. »Der Zauberer, der uns beide unglücklich gemacht hat«, sagte sie, »kommt alle Monate einmal in diese Ruinen. Nicht weit von diesem Gemach ist ein Saal. Dort pflegt er dann mit vielen Genossen zu schmausen. Schon oft habe ich sie dort belauscht. Sie erzählen dann einander ihre schändlichen Werke; vielleicht, daß er dann das Zauberwort, das ihr vergessen habt, ausspricht.«

»O, teuerste Prinzessin«, rief der Kalif, »sag an, wann kommt er, und wo ist der Saal?«

Die Eule schwieg einen Augenblick und sprach dann: »Nehmet es nicht ungütig, aber nur unter einer Bedingung kann ich Euern Wunsch erfüllen.«

»Sprich aus! Sprich aus!« schrie Chasid. »Befiehl, es ist mir jede recht.«

»Nämlich, ich möchte auch gern zugleich frei sein; dies kann aber nur geschehen, wenn einer von euch mir seine Hand reicht.«

Die Störche schienen über den Antrag etwas betroffen zu sein, und der Kalif winkte seinem Diener, ein wenig mit ihm hinauszugehen.

»Großwesir«, sprach vor der Türe der Kalif, »das ist ein dummer Handel; aber Ihr könntet sie schon nehmen.«

»So«, antwortete dieser, »daß mir meine Frau, wenn ich nach Hause komme, die Augen auskratzt? Auch bin ich ein alter Mann, und Ihr seid noch jung und unverheiratet und könnet eher einer jungen, schönen Prinzessin die Hand geben.«

»Das ist es eben«, seufzte der Kalif, indem er traurig die Flügel hängen ließ, »wer sagt dir denn, daß sie jung und schön ist? Das heißt eine Katze im Sack kaufen!«

Sie redeten einander gegenseitig noch lange zu; endlich aber, als der Kalif sah, daß sein Wesir lieber Storch bleiben als die Eule heiraten wollte, entschloß er sich, die Bedingung lieber selbst zu erfüllen. Die Eule war hocherfreut. Sie gestand ihnen, daß sie zu keiner besseren Zeit hätten kommen können, weil wahrscheinlich in dieser Nacht die Zauberer sich versammeln würden.

Sie verließ mit den Störchen das Gemach, um sie in jenen Saal zu führen; sie gingen lange in einem finstern Gang hin; endlich strahlte ihnen aus einer halbverfallenen Mauer ein heller Schein entgegen. Als sie dort angelangt waren, riet ihnen die Eule, sich ganz ruhig zu verhalten. Sie konnten von der Lücke, an welcher sie standen, einen großen Saal übersehen. Er war ringsum mit Säulen geschmückt und prachtvoll verziert. Viele farbige Lampen ersetzten das Licht des Tages. In der Mitte des Saales stand ein runder Tisch, mit vielen und ausgesuchten Speisen besetzt. Rings um den Tisch zog sich ein Sofa, auf welchem acht Männer saßen. In einem dieser Männer erkannten die Störche jenen Krämer wieder, der ihnen das Zauberpulver verkauft hatte. Sein Nebensitzer forderte ihn auf, ihnen seine neuesten Taten zu erzählen. Er erzählte unter anderen auch die Geschichte des Kalifen und seines Wesirs.

»Was für ein Wort hast du ihnen denn aufgegeben?« fragte ihn ein anderer Zauberer. »Ein recht schweres lateinisches, es heißt mutabor.«

V.

Als die Störche an der Mauerlücke dieses hörten, kamen sie vor Freuden beinahe außer sich. Sie liefen auf ihren langen Füßen so schnell dem Tore der Ruine zu, daß die Eule kaum folgen konnte. Dort sprach der Kalif gerührt zu der Eule: »Retterin meines Lebens und des Lebens meines Freundes, nimm zum ewigen Dank für das, was du an uns getan, mich zum Gemahl an!« Dann aber wandte er sich nach Osten. Dreimal bückten die Störche ihre langen Hälse der Sonne entgegen, die soeben hinter dem Gebirge heraufstieg: »Mutabor!« riefen sie, im Nu waren sie verwandelt, und in der hohen Freude des neugeschenkten Lebens lagen Herr und Diener lachend und weinend einander in den Armen.

Wer beschreibt aber ihr Erstaunen, als sie sich umsahen? Eine schöne Dame, herrlich geschmückt, stand vor ihnen. Lächelnd gab sie dem Kalifen die Hand. »Erkennt Ihr Eure Nachteule nicht mehr?« sagte sie. Sie war es; der Kalif war von ihrer Schönheit und Anmut entzückt.

Die drei zogen nun miteinander auf Bagdad zu. Der Kalif fand in seinen Kleidern nicht nur die Dose mit Zauberpulver, sondern auch seinen Geldbeutel. Er kaufte daher im nächsten Dorfe, was zu ihrer Reise nötig war, und so kamen sie bald an die Tore von Bagdad. Dort aber erregte die Ankunft des Kalifen großes Erstaunen. Man hatte ihn für tot ausgegeben, und das Volk war daher hocherfreut, seinen geliebten Herrscher wiederzuhaben.

Um so mehr aber entbrannte ihr Haß gegen den Betrüger Mizra. Sie zogen in den Palast und nahmen den alten Zauberer und seinen Sohn gefangen. Den Alten schickte der Kalif in dasselbe Gemach der Ruine, das die Prinzessin als Eule bewohnt hatte, und ließ ihn dort aufhängen. Dem Sohn aber, welcher nichts von den Künsten des Vaters verstand, ließ der Kalif die Wahl, ob er sterben oder schnupfen wolle. Als er das letztere wählte, bot ihm der Großwesir die Dose. Eine tüchtige Prise, und das Zauberwort des Kalifen verwandelte ihn in einen Storch. Der Kalif ließ ihn in einen eisernen Käfig sperren und in seinem Garten aufstellen.

Lange und vergnügt lebte Kalif Chasid mit seiner Frau, der Prinzessin; seine vergnügtesten Stunden waren immer die, wenn ihn der Großwesir nachmittags besuchte; da sprachen sie dann oft von ihrem Storchabenteuer, und wenn der Kalif recht heiter war, ließ er sich herab, den Großwesir nachzuahmen, wie er als Storch aussah. Er stieg dann ernsthaft, mit steifen Füßen im Zimmer auf und ab, klapperte, wedelte mit den Armen wie mit Flügeln und zeigte, wie jener sich vergeblich nach Osten geneigt und Mu – Mu – dazu gerufen habe. Für die Frau Kalifin und ihre Kinder war diese Vorstellung allemal eine große Freude; wenn aber der Kalif gar zu lange klapperte und nickte und Mu – Mu – schrie, dann drohte ihm lächelnd der Wesir: Er wolle das, was vor der Türe der Prinzessin Nachteule verhandelt worden sei, der Frau Kalifin mitteilen.

Die Geschichte vom Kalif Storch

Deutung

Dieses kurze Märchen, das W. Hauff an den Anfang seiner Sammlung gesetzt hat, ist besprechenswert hinsichtlich seiner Struktur, seiner Thematik und wegen seines feinen Humors. Es besitzt – nicht zufällig – 5 Kapitel und nutzt dadurch die Dramaturgie eines klassischen Lustspiels.

Einleitend führt uns der Dichter ins mittelalterliche Bagdad, Sitz der Kalifen, Zentrum arabischer Wissenschaft und Kunst, Mittelpunkt der islamischen Welt. Ein ruhiger Nachmittag in märchenhafter Atmosphäre vereinigt Kalif Chasid und seinen Großwesir Mansor in heiterer Laune, die auch ein geheimnisvoller Krämer nicht stören kann, durch den aber die Handlung in Gang gesetzt wird; denn seine Dose und sein Zauberspruch bieten im alltäglichen Einerlei nicht nur willkommene Abwechslung, sondern eine völlig neuartige Möglichkeit. Ort und Zeit, Figuren und Gegenfiguren werden also knapp und klar vorgestellt, ein uraltes Thema, das der Verwandlung, bringt erste Bewegung, alles noch eingebettet in eine heitere Grundstimmung. Der 2. Akt sorgt für ein erstes erregendes Moment: Hatte die Exposition in Gestalt der Gegenfigur bereits eine erste Spannung erzeugt, so steigert sich die Erwartung durch die schnell vollzogene Verwandlung, durch die völlig neuartigen Empfindungen und Erlebnisse und durch die Wendung ins Tragische, da das strenge Gebot mißachtet wurde. Gemäß dramaturgischer Gesetzmäßigkeit führt der 3. Akt zur Erkenntnis, zugleich auch zu einer schicksalhaften Verflechtung mit der Eule, wodurch die Spannung erhöht und vertieft wird. Der 4. Akt soll retardieren, d. h. verzögern, eine Lösung unmöglich erscheinen lassen: Die Nachteule erzählt ihre tragische Geschichte, läßt Hoffnung wachsen durch ihren Hinweis auf eine Prophezeiung, deren Erfüllung aber fast verhindert wird durch den zweifelsohne komischen Streit der beiden Verwandelten, wer denn die junge Prinzessin heiraten soll. Im 5. Akt kommt es schließlich doch zur Erlösung, also zur Rückverwandlung, Bestrafung der Missetäter und zu einer überaus humorvollen Schlußszene, wenn der Kalif für seine Familie in vergnügter Stunde das Erlebte parodierend nachspielt, vom Wesir aber in die Grenzen verwiesen wird durch den dezenten Hinweis, er wolle der Frau Kalifin von der vormalig peinlichen Streitfrage erzählen, falls das Spiel kein Ende finde.

Wichtiger als der Aufweis dieses durchaus dramatischen Geschehens im kleinen ist die Entfaltung des Themas von der Verwandlung eines Menschen in ein Tier, eines Themas, das wohl alle Völker zu allen Zeiten beschäftigte, weil sich darin Entwicklung im Aufstieg und Rückfall wunderbar verbildlichen läßt.

Hauff kannte natürlich auch die Erzählungen der schönen und klugen Scheherazade, die dem betrogenen und danach mordsüchtigen König Scheriban tausendundeine Nacht lang märchenhafte Geschichten erzählt und ihn dazu bringt, sein grausames Spiel zu beenden und mit ihr den Thron zu teilen. Sie erzählt eingangs von einer eifersüchtigen und der Zauberkunst mächtigen Gattin, die am Ende selbst in eine Gazelle verwandelt wird; von zwei treulosen Brüdern, die zu Hunden werden; und in einer dritten Geschichte verzaubert eine Gattin ihren Mann, der sie beim Liebesspiel mit einem Sklaven ertappt, in einen Hund, dessen sich aber ein junges Mädchen erbarmt, den sie befreit und ermächtigt, nun seiner Frau die Gestalt eines Maultieres zu geben.

Auch das europäische Volksmärchen entfaltet das Motiv der Verwandlung eines Menschen in ein Tier in vielfältiger Weise, positiv und negativ. Am bekanntesten ist die Geschichte vom Froschkönig, eines gefallenen Königssohnes – die Schuld wird hier nicht näher bezeichnet –, der seine Chance nutzt und sich nun wieder konsequent nach oben arbeitet, befreit. (Näheres dazu in unserer Ausgabe »Was Grimmsche Märchen erzählen«.) Um die Befreiung eines verzauberten Königssohnes geht es auch in »Schneeweißchen und Rosenrot«, ermöglicht durch die Kraft der Liebe, eingeleitet als sich wunderbar ergänzende Geschwisterliebe, gesteigert zur Liebe gegenüber einem fremden Wesen, einem unbeholfenen und hilfsbedürftigen Bären, der sich zum kurzweiligen und geduldigen Spielgefährten entwickelt und nach seiner Erlösung alle beglückt. In »Brüderchen und Schwesterchen« zeigt sich, welche Folgen Schwachheit und Ungeduld zeitigen, die jedoch durch verständnisvolle und treue Hingabe aufgehoben werden können.

Die Reihe ließe sich unendlich fortführen, würde man die Märchen aller Völker betrachten. Das zieht sich hin bis zu Kafka (der ja Märchen liebte), da er in »Die Verwandlung« die Entwicklung eines Menschen zum hilflosen Ungeziefer gestaltet, versklavt durch moderne Arbeitsprozesse, erstarrt und isoliert aufgrund des dadurch fehlenden mitmenschlichen Verkehrs, am Ende ohne schwesterliche Hilfe und daher ohne Befreiung.

Dieser knappe und sehr unvollständige Einschub will vor allem aufzeigen, welch ganz anderen Weg W. Hauff eingeschlagen hat: Er greift auf keines der vorgegebenen Motive zurück, also weder auf Liebesbereitschaft und Geduld noch Eifersucht und Treulosigkeit, sondern thematisiert ganz einfach Neugier, verbunden mit Leichtfertigkeit und Überheblichkeit. Zunächst entwickelt er ein heiteres Spiel, amüsant für die Helden und den Leser: Der Schrumpfungsvorgang, das erste Gespräch der Tiermenschen, das menschliche Gespräch der Tiere, dann urplötzlich das Erschrecken und das groteske dreimalige »Mu-Mu-Mu«, die Menschen mit Tierlauten, und zwar, wie das Ende des 2. Kapitels angibt, endgültig: »… der arme Chasid und sein Wesir waren und blieben Störche.« Dahinter, wir wollen nicht zu hoch greifen, steht zumindest eine Andeutung von Hybris, ein Mensch, der das Tier nicht liebt, ihm nicht dient (wie z.B. die dritte Tochter in »Das Waldhaus«), sondern sich gedankenlos amüsiert und dadurch fällt.

Nicht Aufstieg und Befreiung werden gezeigt, sondern Einkerkerung durch leichtfertige Verspottung der Tiernatur. Die Entwicklung, so heiter und reizend sie auch begonnen hat, ist tatsächlich ins Groteske und Abgründige geraten durch»ein unaufhaltsames Gelächter«, durch ein maßloses, empfindungsloses Gebaren, letztlich durch Lieblosigkeit:

> »Schade, daß die dummen Tiere durch unser Gelächter sich haben verscheuchen lassen, sonst hätten sie gewiß auch noch gesungen!«

Kindlicher Spieltrieb, Neugier und Überheblichkeit geben einer dunklen Macht Gelegenheit, sich einzuschleichen und zu behaupten. Daß sie nun wiederum nur Mittel zum Zweck ist, erfährt der Leser erst später, grenzt ihre Möglichkeiten ein; das Böse, Dämonische hat, so verkündet dieser junge Dichter, auf Dauer keine entscheidende Kraft, darf mitspielen und vorübergehend verzaubern, kann aber nicht grundsätzlich verwandeln oder zerstören.

Die Nachteule kann erlösen, möchte dadurch aber selbst erlöst werden. Aus doppelseitigem Unglück ergibt sich unvorhersehbares, unvorstellbares Glück. Auf geheimnisvolle Weise formen sich Zusammenhänge, ergeben sich seltsame Fügungen: Der Kalif und der Großwesir begegnen zuerst einem Storchenpaar, verwandeln sich deshalb in Störche, als welche sie, unbeabsichtigt, die Prophezeiung erfüllen können. Man mag das Zufall nennen, darf jedoch nicht vergessen, daß es zweierlei Arten von Zufall gibt: einerseits das überraschende, belanglose, folgenlose Zusammentreffen von Ereignissen, andererseits das rätselhafte Zusammenfallen und -binden im Guten wie im Bösen. (Wir denken dabei auch schon an den reimenden Kohlenmunk-Peter, finden es ebenso im modernen Roman »homo faber« von Max Frisch, dessen durch und durch rationalisierter und technisierter Held jeden Gedanken an Schicksal oder Mystik energisch von sich weist, der aber im Verlaufe seines Lebensweges einsehen muß, wie zwingend und zerstörend sich diese Macht äußert gerade dann, wenn man sie negiert.) Märchenerzähler glauben an solche Zusammenhänge und personifizieren sie z. B. in Gestalt einer weisen Frau, die Einblick hat in geheime Ordnungen und die sich daraus ergebenden Schicksalsläufe. W. Hauff sagt nicht, aufgrund welcher Einsichten dies geschieht. Hat er ganz einfach ein gängiges Märchenmotiv übernommen, oder hat er, in der Romantik allemal noch denkbar, an Astrologie gedacht, da er doch die weise Frau in frühester Jugend prophezeien läßt? Vorsicht ist hier deshalb geboten, weil der Dichter diese Enthüllung nicht vertieft, sondern bald den Märchenton aufgibt und soziologische Probleme anschließt, die Frage nämlich, wer warum die künftige Prinzessin zur Frau nehmen soll bzw. nicht nehmen kann. Skurril und sachlich zugleich heißt es: »›Das ist es eben‹, seufzte der Kalif, indem er traurig die Flügel hängen ließ, ›wer sagt dir denn, daß sie jung und schön ist? Das heißt eine Katze im Sack kaufen!‹«

Es will aber scheinen, daß gerade dieses Doppelspiel von Fantasie und Realität die Besonderheit dieses Dichters ausmacht. Das ist zwar bei E. T. A. Hoffmann vorgegeben (z. B. in »Der goldne Topf« und »Meister Floh«) und von W. Hauff beobachtet, dennoch auf eigene Weise gelöst worden, nämlich in einer differenzierten Nutzung komischer und humoristischer Mittel, was dem großen Vorbild nicht oft gelang, dem jungen Dichter jedenfalls hier ganz ausgezeichnet, wodurch sich dann wohl nicht zuletzt die große Beliebtheit dieses Märchens erklären läßt.

Nahezu ungetrübte Heiterkeit zeigt sich in den Eckkapiteln: Der Herrscher Bagdads in behaglicher Gemütlichkeit, mild und großherzig gestimmt; dies jedoch offenbar nicht grundsätzlich, sondern nur in bestimmten Stunden. Daß mit ihm nicht immer zu spaßen ist, bekommt der Gelehrte Selim zu hören, später der verräterische Zauberer Kaschnur gnadenlos zu spüren. Dennoch erlaubt sich der Erzähler eine kleine ironische Wendung, wenn er des Herrschers Vorliebe erwähnt, in der Bibliothek alte Manuskripte zu verwahren, auch wenn er sie nicht lesen kann. Schon hier also zeigt sich des Dichters Fähigkeit zu schattieren.

Ähnlich verfährt Hauff im Schlußteil: Zuerst das Entzücken des Kalifen angesichts der Schönheit und Anmut der Prinzessin sowie sein emphatischer Ausruf, es sei sein größtes Glück, daß er Storch geworden sei, obwohl er kurz zuvor den Großwesir überreden wollte, die Eule zu heiraten. Unmittelbar danach wieder ein kurzer grausamer Einschub, da der Kalif den alten Zauberer hängen läßt, jedoch gleich wieder aufhellend, indem er dem Sohn die Wahl läßt, zu sterben oder zu schnupfen. Geradezu ausgelassen endet die Geschichte; zwar werden noch einmal der Leichtsinn und die Unverbesserlichkeit des Kalifen angedeutet, doch der Großwesir greift dezent und geistreich ein, ohne zu verurteilen. Der Humorist Hauff weiß um die Unzulänglichkeit des Menschen, korrigiert und lächelt.

Das Lächeln entwickelt sich im Innenteil zum Lachen und zur Groteske. Komik ergibt sich jetzt aus dem Zusammenstoß von menschlicher und tierischer Natur, von Realität und Irrealität, ermöglicht durch das »Mutabor« (»ich werde verwandelt werden«), hier in märchenhafter Leichtigkeit, bei Kafka zu verstehen als traumatischer Prozeß. Hauff lockert immer wieder auf, auch auf dem seelischen Tiefpunkt der beiden Verzauberten: Als sie traurig durch die Felder wandern und nicht wissen, was sie nun tun sollen, reflektiert der Verfasser augenzwinkernd, daß es auch keinen Sinn hat, in die Stadt zurückzukehren, da dort niemand einem Storch glaubt, daß er der Kalif sei, und die Bevölkerung schon gar nicht von einem Storch regiert werden möchte.

Selbst in der Ruinenszene, als sich die Stimmung mehr und mehr zu verfinstern beginnt, entschärft der »Storch Mansor« die drohende Gefahr mit dem drolligen Ausruf: »… wenn es nur nicht töricht für einen Großwesir, noch mehr aber für einen Storchen wäre, sich vor Gespenstern zu fürchten!« Aber auch das tapfere Herz unter des Kalifen Storchenflügel, das gute menschliche Arabisch der Eule, die zierliche Stellung der dünnen Beine lassen den Leser mehr schmunzeln, als Böses befürchten.

Christopher Fry formulierte in einem Vortrag das hohe Ziel der Komödie folgendermaßen: »Die Komödie ist eine Flucht, doch nicht eine Flucht vor der Wahrheit, sondern vor der Verzweiflung: eine enge Pforte zum Glauben …«. In Hauffs Märchen finden wir dieses Ziel erreicht: Falsche Neugier, Eitelkeit und Überheblichkeit führen in Verzweiflung, in tragische und tragikomische Situationen; der Jäger wird zum Hasen, verfängt sich im eigenen Netz. Es bleibt jedoch, wie im Detail besprochen, untergründig und flankierend, immer ein Streben nach Ausgleich, ergibt sich schließlich doch noch Freiheit durch eine versöhnliche Kraft, und zwar aus einem grundsätzlichen Wissen um menschliche Unzulänglichkeiten. Der Humorist Hauff verzichtet auf die Vernichtung der Bösewichter, begnügt sich mit der Bloßstellung und Warnung, schließt mit einem Schmunzeln, weil Liebe siegt, Leben bejaht wird:

»… wenn aber der Kalif gar zu lange klapperte und nickte und ›Mu-Mu-Mu‹ schrie, dann drohte ihm lächelnd der Wesir, er wolle das, was vor der Türe der Prinzessin *Nachteule* verhandelt worden sei, der *Frau Kalifin* mitteilen.«

Die verschiedenen Stufen auf diesem Weg hat am anschaulichsten Lützeler dargestellt: Das Fundament bildet der »Vitalaspekt« des Humors (S. 172), der scharfe Blick für alle Unzulänglichkeiten, wurzelnd in einem unbestechlichen Realismus. Der kann gesteigert werden durch einen satirischen Einschlag, der jedoch nicht dominieren darf, da sonst Liebe und Glauben in Haß und Verachtung umschlagen; Humor will ja nicht vernichten, sondern verstehen und bewahren. Mit Liebe umfaßt der Humorist die ganze Welt, da er aus dem Herzen lebt, im Irrationalen beheimatet ist (Lützeler spricht vom »Naturgrund« des Menschen).

Aus dem scharfen Blick des Realisten und der Liebe des Idealisten erwächst eine *gewisse* Größe des Menschen, ergibt sich ein Weg zum »Götteraspekt« (S. 193). Hier wird der ganze Mensch sichtbar: »Was ich liebe«, sagt Morgenstern (in seinem Spruchband »Man muß aus einem Licht fort in das andere gehn«), »steht über dem, was einer ist«. Diese Haltung wird getragen von einem Glauben an eine (vielleicht nicht immer sichtbare) Ordnung von Welt und Kosmos. Lützeler spricht deshalb abschließend von der »Weltfrömmigkeit« des Humoristen, von einem »Erlebnis des Getragenseins«, einem göttlichen Geschenk, das heilen kann.

Wer glaubt, dies sei angesichts der kleinen Geschichte zu hoch gegriffen, sollte sie schnell noch einmal lesen: Ihre gute Laune zu Beginn, ihre Situationskomik im 2. Kapitel, ihre Mischung aus Trauer, Angst und ungewollter Heiterkeit im Mittelteil, ihre Verzweiflung im vorletzten Kapitel, ihr überlegener und versöhnlicher Humor am Ende, sichtbar im schmunzelnden Lächeln (nicht Lachen!) des Wesirs, ergeben einen Zauber unvergeßlicher Art.

Die Geschichte von dem kleinen Muck

Original

In Nicea, meiner lieben Vaterstadt, wohnte ein Mann, den man den kleinen Muck hieß. Ich kann mir ihn, ob ich gleich damals noch sehr jung war, noch recht wohl denken, besonders weil ich einmal von meinem Vater wegen seiner halbtot geprügelt wurde. Der kleine Muck nämlich war schon ein alter Geselle, als ich ihn kannte; doch war er nur drei bis vier Schuh hoch, dabei hatte er eine sonderbare Gestalt, denn sein Leib, so klein und zierlich er war, mußte einen Kopf tragen, viel größer und dicker als der Kopf anderer Leute; er wohnte ganz allein in einem großen Haus und kochte sich sogar selbst, auch hätte man in der Stadt nicht gewußt, ob er lebe oder gestorben sei, denn er ging nur alle vier Wochen einmal aus, wenn nicht um die Mittagsstunde ein mächtiger Dampf aus dem Hause aufgestiegen wäre, doch sah man ihn oft abends auf seinem Dache auf und ab gehen, von der Straße aus glaubte man aber, nur sein großer Kopf allein laufe auf dem Dache umher. Ich und meine Kameraden waren böse Buben, die jedermann gerne neckten und belachten, daher war es uns allemal ein Festtag, wenn der kleine Muck ausging; wir versammelten uns an dem bestimmten Tage vor seinem Haus und warteten, bis er herauskam; wenn dann die Türe aufging und zuerst der große Kopf mit dem noch größeren Turban herausguckte, wenn das übrige Körperlein nachfolgte, angetan mit einem abgeschabten Mäntelein, weiten Beinkleidern und einem breiten Gürtel, an welchem ein langer Dolch hing, so lang, daß man nicht wußte, ob Muck an dem Dolch, oder der Dolch an Muck stak, wenn er so heraustrat, da ertönte die Luft von unserem Freudengeschrei, wir warfen unsere Mützen in die Höhe und tanzten wie toll um ihn her. Der kleine Muck aber grüßte uns mit ernsthaftem Kopfnicken und ging mit langsamen Schritten die Straße hinab. Wir Knaben liefen hinter ihm her und schrien immer: »Kleiner Muck, kleiner Muck!« Auch hatten wir ein lustiges Verslein, das wir ihm zu Ehren hier und da sangen; es hieß:

> »Kleiner Muck, kleiner Muck,
> Wohnst in einem großen Haus,
> Gehst nur all vier Wochen aus,
> Bist ein braver, kleiner Zwerg,
> Hast ein Köpflein wie ein Berg,

Schau dich einmal um und guck,
Lauf und fang uns, kleiner Muck!«

So hatten wir schon oft unsere Kurzweil getrieben, und zu meiner Schande muß ich es gestehen, ich trieb's am ärgsten; denn ich zupfte ihn oft am Mäntelein, und einmal trat ich ihm auch von hinten auf die großen Pantoffeln, daß er hinfiel. Dies kam mir nun höchst lächerlich vor, aber das Lachen verging mir, als ich den kleinen Muck auf meines Vaters Haus zugehen sah. Er ging richtig hinein und blieb einige Zeit dort. Ich versteckte mich an der Haustüre und sah den Muck wieder herauskommen, von meinem Vater begleitet, der ihn ehrerbietig an der Hand hielt und an der Türe unter vielen Bücklingen sich von ihm verabschiedete. Mir war gar nicht wohl zumute; ich blieb daher lange in meinem Versteck; endlich aber trieb mich der Hunger, den ich ärger fürchtete als Schläge, heraus, und demütig und mit gesenktem Kopf trat ich vor meinen Vater. »Du hast, wie ich höre, den guten Muck beschimpft?« sprach er in sehr ernstem Tone. »Ich will dir die Geschichte dieses Muck erzählen, und du wirst ihn gewiß nicht mehr auslachen; vor- und nachher aber bekommst du das Gewöhnliche.« Das Gewöhnliche aber waren fünfundzwanzig Hiebe, die er nur allzu richtig aufzuzählen pflegte. Er nahm daher sein langes Pfeifenrohr, schraubte die Bernsteinmundspitze ab und bearbeitete mich ärger als je zuvor.

Als die Fünfundzwanzig voll waren, befahl er mir, aufzumerken, und erzählte mir von dem kleinen Muck:

Der Vater des kleinen Muck, der eigentlich Muckrah heißt, war ein angesehener, aber armer Mann hier in Nicea. Er lebte beinahe so einsiedlerisch wie jetzt sein Sohn. Diesen konnte er nicht wohl leiden, weil er sich seiner Zwerggestalt schämte, und ließ ihn daher auch in Unwissenheit aufwachsen. Der kleine Muck war noch in seinem sechzehnten Jahr ein lustiges Kind, und der Vater, ein ernster Mann, tadelte ihn immer, daß er, der schon längst die Kinderschuhe zertreten haben sollte, noch so dumm und läppisch sei.

Der Alte tat aber einmal einen bösen Fall, an welchem er auch starb und den kleinen Muck arm und unwissend zurückließ. Die harten Verwandten, denen der Verstorbene mehr schuldig war, als er bezahlen konnte, jagten den armen Kleinen aus dem Hause und rieten ihm, in die Welt hinauszugehen und sein Glück zu suchen. Der kleine Muck antwortete, er sei schon reisefertig, bat sich aber nur noch den Anzug seines Vaters aus, und dieser wurde ihm auch bewilligt. Sein Vater war ein großer, starker Mann gewesen, daher paßten die Kleider nicht. Muck aber wußte bald Rat; er schnitt ab, was zu lang war, und zog dann die Kleider an. Er schien aber vergessen zu haben, daß er auch in der Weite davon schneiden müsse, daher sein sonderbarer Aufzug, wie er noch heute zu sehen ist; der große Turban, der breite Gürtel, die weiten Hosen, das blaue Mäntelein, alles dies sind Erbstücke seines Vaters, die er seitdem getragen; den langen Damaszenerdolch seines Vaters aber steckte er in den Gürtel, ergriff ein Stöcklein und wanderte zum Tor hinaus.

Fröhlich wanderte er den ganzen Tag; denn er war ja ausgezogen, um sein Glück zu suchen; wenn er eine Scherbe auf der Erde im Sonnenschein glänzen sah, so steckte er sie gewiß zu sich, im Glauben, daß sie sich in den schönsten Diamanten verwandeln werde; sah er in der Ferne die Kuppel einer Moschee wie Feuer strahlen, sah er einen See wie einen Spiegel blinken, so eilte er voll Freude darauf zu; denn er dachte, in einem Zauberland angekommen zu sein. Aber ach! Jene Trugbilder verschwanden in der Nähe, und nur allzubald erinnerten ihn seine Müdigkeit und sein vor Hunger knurrender Magen, daß er noch im Lande der Sterblichen sich befinde. So war er zwei Tage gereist unter Hunger und Kummer und verzweifelte, sein Glück zu finden; die Früchte des Feldes waren seine einzige Nahrung, die harte Erde sein Nachtlager. Am Morgen des dritten Tages erblickte er von einer Anhöhe eine große Stadt.

Hell leuchtete der Halbmond auf ihren Zinnen, bunte Fahnen schimmerten auf den Dächern und schienen den kleinen Muck zu sich herzuwinken. Überrascht stand er stille und betrachtete Stadt und Gegend. »Ja, dort wird Klein-Muck sein Glück finden«, sprach er zu sich und machte trotz seiner Müdigkeit einen Luftsprung, »dort oder nirgends.« Er raffte alle seine Kräfte zusammen und schritt auf die Stadt zu. Aber obgleich sie ganz nahe schien, konnte er sie doch erst gegen Mittag erreichen; denn seine kleinen Glieder versagten ihm beinahe gänzlich ihren Dienst, und er mußte sich oft in den Schatten einer Palme setzen, um auszuruhen. Endlich war er an dem Tor der Stadt angelangt. Er legte sein Mäntelein zurecht, band den Turban schöner um, zog den Gürtel noch breiter an und steckte den langen Dolch schiefer; dann wischte er den Staub von den Schuhen, ergriff sein Stöcklein und ging mutig zum Tor hinein.

Er hatte schon einige Straßen durchwandert; aber nirgends öffnete sich ihm die Türe, nirgends rief man, wie er sich vorgestellt hatte: »Kleiner Muck, komm herein und iß und trink und laß deine Füßlein ausruhen!«

Er schaute gerade auch wieder recht sehnsüchtig an einem großen, schönen Haus hinauf; da öffnete sich ein Fenster, eine alte Frau schaute heraus und rief mit singender Stimme:

»Herbei, herbei!
Gekocht ist der Brei,
Den Tisch ließ ich decken,

Drum laßt es euch schmecken;
Ihr Nachbarn herbei,
Gekocht ist der Brei.«

Die Türe des Hauses öffnete sich, und Muck sah viele Hunde
und Katzen hineingehen. Er stand einige Augenblicke in Zweifel,
ob er der Einladung folgen sollte; endlich aber faßte er sich ein
Herz und ging in das Haus. Vor ihm her gingen ein paar junge Kätz-
lein, und er beschloß, ihnen zu folgen, weil sie vielleicht die Küche
besser wüßten als er.

Als Muck die Treppe hinaufgestiegen war, begegnete er jener alten Frau, die zum Fenster herausgeschaut hatte. Sie sah ihn mürrisch an und fragte nach seinem Begehr. »Du hast ja jedermann zu
deinem Brei eingeladen«, antwortete der kleine Muck, »und weil
ich so gar hungrig bin, bin ich auch gekommen.«

Die Alte lachte und sprach: »Woher kommst du denn, wunder-
licher Gesell? Die ganze Stadt weiß, daß ich für niemand koche als
für meine lieben Katzen, und hier und da lade ich ihnen Gesellschaft aus der Nachbarschaft ein, wie du siehst.«

Der kleine Muck erzählte der alten Frau, wie es ihm nach seines
Vaters Tod so hart ergangen sei, und bat sie, ihn heute mit ihren
Katzen speisen zu lassen. Die Frau, welcher die treuherzige Erzählung des Kleinen wohl gefiel, erlaubte ihm, ihr Gast zu sein, und
gab ihm reichlich zu essen und zu trinken. Als er gesättigt und gestärkt war, betrachtete ihn die Frau lange und sagte dann: »Kleiner
Muck, bleibe bei mir in meinem Dienste! Du hast geringe Mühe
und sollst gut gehalten sein.«

Der kleine Muck, dem der Katzenbrei geschmeckt hatte, willigte
ein und wurde also der Bedienstete der Frau Ahavzi. Er hatte einen
leichten, aber sonderbaren Dienst. Frau Ahavzi hatte nämlich zwei
Kater und vier Katzen, diesen mußte der kleine Muck alle Morgen
den Pelz kämmen und mit köstlichen Salben einreiben; wenn die
Frau ausging, mußte er auf die Katzen Achtung geben, wenn sie
aßen, mußte er ihnen die Schüsseln vorlegen, und nachts mußte er
sie auf seidene Polster legen und sie mit samtenen Decken einhül-
len. Auch waren noch einige kleine Hunde im Haus, die er bedie-
nen mußte, doch wurden mit diesen nicht so viele Umstände gemacht wie mit den Katzen, welche Frau Ahavzi wie ihre eigenen Kinder hielt. Übrigens führte Muck ein so einsames Leben wie in seines Vaters Haus, denn außer der Frau sah er den ganzen Tag nur
Hunde und Katzen. Eine Zeitlang ging es dem kleinen Muck ganz
gut; er hatte immer zu essen und wenig zu arbeiten, und die alte
Frau schien recht zufrieden mit ihm zu sein, aber nach und nach
wurden die Katzen unartig; wenn die Alte ausgegangen war, sprangen sie wie besessen in den Zimmern umher, warfen alles durch-

einander und zerbrachen manches schöne Geschirr, das ihnen im Weg stand. Wenn sie aber die Frau die Treppe heraufkommen hörten, verkrochen sie sich auf ihre Polster und wedelten ihr mit den Schwänzen entgegen, wie wenn nichts geschehen wäre. Die Frau Ahavzi geriet dann in Zorn, wenn sie ihre Zimmer so verwüstet sah, und schob alles auf Muck, er mochte seine Unschuld beteuern, wie er wollte, sie glaubte ihren Katzen, die so unschuldig aussahen, mehr als ihrem Diener.

Der kleine Muck war sehr traurig, daß er also auch hier sein Glück nicht gefunden hatte, und beschloß bei sich, den Dienst der Frau Ahavzi zu verlassen. Da er aber auf seiner ersten Reise erfahren hatte, wie schlecht man ohne Geld lebt, so beschloß er, den Lohn, den ihm seine Gebieterin immer versprochen, aber nie gegeben hatte, sich auf irgendeine Art zu verschaffen. Es befand sich in dem Hause der Frau Ahavzi ein Zimmer, das immer verschlossen war und dessen Inneres er nie gesehen hatte. Doch hatte er die Frau oft darin rumoren gehört, und er hätte oft für sein Leben gern gewußt, was sie dort versteckt habe. Als er nun an sein Reisegeld dachte, fiel ihm ein, daß dort die Schätze der Frau versteckt sein könnten. Aber immer war die Tür fest verschlossen, und er konnte daher den Schätzen nie beikommen.

Eines Morgens, als die Frau Ahavzi ausgegangen war, zupfte ihn eines der Hündlein, welches von der Frau immer sehr stiefmütterlich behandelt wurde, dessen Gunst er sich aber durch allerlei Liebesdienste in hohem Grade erworben hatte, an seinen weiten Beinkleidern und gebärdete sich dabei, wie wenn Muck ihm folgen sollte. Muck, welcher gerne mit den Hunden spielte, folgte ihm, und siehe da, das Hündlein führte ihn in die Schlafkammer der Frau Ahavzi vor eine kleine Türe, die er nie zuvor dort bemerkt hatte. Die Türe war halb offen. Das Hündlein ging hinein, und Muck folgte ihm, und wie freudig war er überrascht, als er sah, daß er sich in dem Gemach befand, das schon lange das Ziel seiner Wünsche war. Er spähte überall umher, ob er kein Geld finden könne, fand aber nichts. Nur alte Kleider und wunderlich geformte Geschirre standen umher. Eines dieser Geschirre zog seine besondere Aufmerksamkeit auf sich. Es war von Kristall, und schöne Figuren waren darauf ausgeschnitten. Er hob es auf und drehte es nach allen Seiten. Aber, o Schrecken! Er hatte nicht bemerkt, daß es einen Deckel hatte, der nur leicht darauf hingesetzt war. Der Deckel fiel herab und zerbrach in tausend Stücke.

Lange stand der kleine Muck vor Schrecken leblos. Jetzt war sein Schicksal entschieden, jetzt mußte er entfliehen, sonst schlug ihn die Alte tot. Sogleich war auch seine Reise beschlossen, und nur noch einmal wollte er sich umschauen, ob er nichts von den Habseligkeiten der Frau Ahavzi zu seinem Marsch brauchen könnte. Da fielen ihm ein Paar mächtig große Pantoffeln ins Auge; sie waren zwar nicht schön; aber seine eigenen konnten keine Reise mehr mitmachen; auch zogen ihn jene wegen ihrer Größe an; denn hatte er diese am Fuß, so mußten ihm hoffentlich alle Leute ansehen, daß er die Kinderschuhe vertreten habe. Er zog also schnell seine Töffelein aus und fuhr in die großen hinein. Ein Spazierstöcklein mit einem schön geschnittenen Löwenkopf schien ihm auch hier allzu müßig in der Ecke zu stehen; er nahm es also mit und eilte zum Zimmer hinaus. Schnell ging er jetzt auf seine Kammer, zog sein Mäntelein an, setzte den väterlichen Turban auf, steckte den Dolch in den Gürtel und lief, so schnell ihn seine Füße trugen, zum Haus und zur Stadt hinaus. Vor der Stadt lief er, aus Angst vor der Alten, immer weiter fort, bis er vor Müdigkeit beinahe nicht mehr konnte. So schnell war er in seinem Leben nicht gegangen; ja, es schien ihm, als könne er gar nicht aufhören zu rennen; denn eine unsichtbare Gewalt schien ihn fortzureißen. Endlich bemerkte er, daß es mit den Pantoffeln eine eigene Bewandtnis haben müsse; denn diese schossen immer fort und führten ihn mit sich. Er versuchte auf allerlei Weise stillzustehen; aber es wollte nicht gelingen; da rief er in der höchsten Not, wie man den Pferden zuruft, sich selbst zu: »Oh – oh, halt, oh!« Da hielten die Pantoffeln, und Muck warf sich erschöpft auf die Erde nieder.

Die Pantoffeln freuten ihn ungemein. So hatte er sich denn doch durch seine Verdienste etwas erworben, das ihm in der Welt auf seinem Weg, das Glück zu suchen, forthelfen konnte. Er schlief trotz seiner Freude vor Erschöpfung ein; denn das Körperlein des kleinen Muck, das einen so schweren Kopf zu tragen hatte, konnte nicht viel aushalten. Im Traum erschien ihm das Hündlein, welches ihm im Hause der Frau Ahavzi zu den Pantoffeln verholfen hatte, und sprach zu ihm: »Lieber Muck, du verstehst den Gebrauch der Pantoffeln noch nicht recht; wisse, wenn du dich in ihnen dreimal auf dem Absatz herumdrehst, so kannst du hinfliegen, wohin du nur willst, und mit dem Stöcklein kannst du Schätze finden, denn wo Gold vergraben ist, da wird es dreimal auf die Erde schlagen, bei Silber zweimal.« So träumte der kleine Muck. Als er aber aufwachte, dachte er über den wunderbaren Traum nach und beschloß, alsbald einen Versuch zu machen. Er zog die Pantoffeln an, lupfte einen Fuß und begann sich auf dem Absatz umzudrehen. Wer es aber jemals versucht hat, in einem ungeheuer weiten Pantoffel dieses Kunststück dreimal hintereinander zu machen, der wird sich nicht wundern, wenn es dem kleinen Muck nicht gleich glückte, besonders wenn man bedenkt, daß ihn sein schwerer Kopf bald auf diese, bald auf jene Seite hinüberzog.

Der arme Kleine fiel einigemal tüchtig auf die Nase; doch ließ er sich nicht abschrecken, den Versuch zu wiederholen, und endlich glückte es. Wie ein Rad fuhr er auf seinem Absatz herum, wünschte sich in die nächste große Stadt, und – die Pantoffeln ruderten hinauf in die Lüfte, liefen mit Windeseile durch die Wolken, und ehe sich der kleine Muck noch besinnen konnte, wie ihm geschah, befand er sich schon auf einem großen Marktplatz, wo viele Buden aufgeschlagen waren und unzählige Menschen geschäftig hin und her liefen. Er ging unter den Leuten hin und her, hielt es aber für ratsamer, sich in eine einsamere Straße zu begeben; denn auf dem Markt trat ihm bald da einer auf die Pantoffeln, daß er beinahe umfiel, bald stieß er mit seinem weithinausstehenden Dolch einen oder den anderen an, daß er mit Mühe den Schlägen entging.

Der kleine Muck bedachte nun ernstlich, was er wohl anfangen könnte, um sich ein Stück Geld zu verdienen; er hatte zwar ein Stäblein, das ihm verborgene Schätze anzeigte, aber wo sollte er gleich einen Platz finden, wo Gold oder Silber vergraben wäre? Auch hätte er sich zur Not für Geld sehen lassen können; aber dazu war er doch zu stolz. Endlich fiel ihm die Schnelligkeit seiner Füße ein, »vielleicht«, dachte er, »können mir meine Pantoffeln Unterhalt gewähren«, und er beschloß, sich als Schnelläufer zu verdingen. Da er aber hoffen durfte, daß der König dieser Stadt solche Dienste am besten bezahle, so erfragte er den Palast. Unter dem Tor des Palastes stand eine Wache, die ihn fragte, was er hier zu suchen habe. Auf seine Antwort, daß er einen Dienst suche, wies man ihn zum Aufseher der Sklaven. Diesem trug er sein Anliegen vor und bat ihn, ihm einen Dienst unter den königlichen Boten zu besorgen. Der Aufseher maß ihn mit seinen Augen von Kopf bis zu den Füßen und sprach: »Wie, mit deinen Füßlein, die kaum so lang als eine Spanne sind, willst du königlicher Schnelläufer werden? Hebe dich weg, ich bin nicht dazu da, mit jedem Narren Kurzweil zu machen.« Der kleine Muck versicherte ihm aber, daß es ihm vollkommen ernst sei mit seinem Antrag und daß er es mit dem Schnellsten auf eine Wette ankommen lassen wollte. Dem Aufseher kam die Sache gar lächerlich vor; er befahl ihm, sich bis auf den Abend zu einem Wettlauf bereitzuhalten, führte ihn in die Küche und sorgte dafür, daß ihm gehörig Speis' und Trank gereicht wurde; er selbst aber begab sich zum König und erzählte ihm vom kleinen Muck und seinem Anerbieten. Der König war ein lustiger Herr, daher gefiel es ihm wohl, daß der Aufseher der Sklaven den kleinen Menschen zu einem Spaß behalten habe; er befahl ihm, auf einer großen Wiese hinter dem Schloß Anstalten zu treffen, daß das Wettlaufen mit Bequemlichkeit von seinem ganzen Hofstaat könnte gesehen werden, und empfahl ihm nochmals, große Sorgfalt für den Zwerg zu haben. Der König erzählte seinen Prinzen und Prinzessinnen, was sie diesen Abend für ein Schauspiel haben würden, diese erzählten es wieder ihren Dienern, und als der Abend herankam, war man in gespannter Erwartung, und alles, was Füße hatte, strömte hinaus auf die Wiese, wo Gerüste aufgeschlagen waren, um den großsprecherischen Zwerg laufen zu sehen.

Als der König und seine Söhne und Töchter auf dem Gerüst Platz genommen hatten, trat der kleine Muck heraus auf die Wiese und machte vor den hohen Herrschaften eine überaus zierliche Verbeugung. Ein allgemeines Freudengeschrei ertönte, als man des Kleinen ansichtig wurde; eine solche Figur hatte man dort noch nie gesehen. Das Körperlein mit dem mächtigen Kopf, das Mäntelein und die weiten Beinkleider, der lange Dolch in dem breiten Gürtel, die kleinen Füßlein in den weiten Pantoffeln – nein! es war zu drollig anzusehen, als daß man nicht hätte laut lachen sollen. Der kleine Muck ließ sich aber durch das Gelächter nicht irremachen. Er stellte sich stolz, auf sein Stöcklein gestützt, hin und erwartete seinen Gegner. Der Aufseher der Sklaven hatte nach Mucks eigenem Wunsche den besten Läufer ausgesucht. Dieser trat nun heraus, stellte sich neben den Kleinen, und beide harrten auf das Zeichen. Da winkte Prinzessin Amarza, wie es ausgemacht war, mit ihrem Schleier, und wie zwei Pfeile auf dasselbe Ziel abgeschossen, flogen die beiden Wettläufer über die Wiese.

Von Anfang hatte Mucks Gegner einen bedeutenden Vorsprung, aber dieser jagte ihm auf seinem Pantoffelfuhrwerk nach, holte ihn ein, überfing ihn und stand längst am Ziele, als jener noch, nach Luft schnappend, daherlief. Verwunderung und Staunen fesselten einige Augenblicke die Zuschauer, als aber der König zuerst in die Hände klatschte, da jauchzte die Menge, und alle riefen: »Hoch lebe der kleine Muck, der Sieger im Wettlauf!«

Man hatte indes den kleinen Muck herbeigebracht; er warf sich vor dem König nieder und sprach: »Großmächtigster König, ich habe dir hier nur eine kleine Probe meiner Kunst gegeben; wolle nur gestatten, daß man mir eine Stelle unter deinen Läufern gebe!« Der König aber antwortete ihm: »Nein, du sollst mein Leibläufer und immer um meine Person sein, lieber Muck, jährlich sollst du hundert Goldstücke erhalten als Lohn, und an der Tafel meiner ersten Diener sollst du speisen.«

So glaubte denn Muck, endlich das Glück gefunden zu haben, das er so lange suchte, und war fröhlich und wohlgemut in seinem Herzen. Auch erfreute er sich der besonderen Gnade des Königs, denn dieser gebrauchte ihn zu seinen schnellsten und geheimsten Sendungen, die er dann mit der größten Genauigkeit und mit unbegreiflicher Schnelle besorgte.

Aber die übrigen Diener des Königs waren ihm gar nicht zugetan, weil sie sich ungern durch einen Zwerg, der nichts verstand, als schnell zu laufen, in der Gunst ihres Herrn zurückgesetzt sahen. Sie veranstalteten daher manche Verschwörung gegen ihn, um ihn zu stürzen; aber alle schlugen fehl an dem großen Zutrauen, das der König in seinen geheimen Oberleibläufer (denn zu dieser Würde hatte er es in so kurzer Zeit gebracht) setzte. Muck, dem diese Bewegungen gegen ihn nicht entgingen, sann nicht auf Rache, dazu hatte er ein zu gutes Herz, nein, auf Mittel dachte er, sich bei seinen Feinden notwendig und beliebt zu machen. Da fiel ihm sein Stäblein, das er in seinem Glück außer acht gelassen hatte, ein; wenn er Schätze finde, dachte er, würden ihm die Herren schon geneigter werden. Er hatte schon oft gehört, daß der Vater des jetzigen Königs viele seiner Schätze vergraben habe, als der Feind sein Land überfallen; man sagte auch, er sei darüber gestorben, ohne daß er sein Geheimnis habe seinem Sohn mitteilen können. Von nun an nahm Muck immer sein Stöcklein mit, in der Hoffnung, einmal an einem Ort vorüberzugehen, wo das Geld des alten Königs vergraben sei. Eines Abends führte ihn der Zufall in einen entlegenen Teil des Schloßgartens, den er wenig besuchte, und plötzlich fühlte er das Stöcklein in seiner Hand zucken, und dreimal schlug es gegen den Boden. Nun wußte er schon, was dies zu bedeuten hatte. Er zog daher seinen Dolch heraus, machte Zeichen in die umstehenden Bäume und schlich sich wieder in das Schloß; dort verschaffte er sich einen Spaten und wartete die Nacht zu seinem Unternehmen ab.

Das Schatzgraben selbst machte übrigens dem kleinen Muck mehr zu schaffen, als er geglaubt hatte. Seine Arme waren gar zu schwach, sein Spaten aber groß und schwer; und er mochte wohl schon zwei Stunden gearbeitet haben, ehe er ein paar Fuß tief gegraben hatte. Endlich stieß er auf etwas Hartes, das wie Eisen klang. Er grub jetzt emsiger, und bald hatte er einen großen eisernen Deckel zutage gefördert; er stieg selbst in die Grube hinab, um nachzuspähen, was wohl der Deckel könnte bedeckt haben, und fand richtig einen großen Topf, mit Goldstücken angefüllt. Aber seine schwachen Kräfte reichten nicht hin, den Topf zu heben, daher steckte er in seine Beinkleider und seinen Gürtel, so viel er zu tragen vermochte, und auch sein Mäntelein füllte er damit, bedeckte das übrige wieder sorgfältig und lud es auf den Rücken. Aber wahrlich, wenn er die Pantoffeln nicht an den Füßen gehabt hätte, er wäre nicht vom Fleck gekommen, so zog ihn die Last des Goldes nieder. Doch unbemerkt kam er auf sein Zimmer und verwahrte dort sein Gold unter den Polstern seines Sofas.

Als der kleine Muck sich im Besitz so vielen Goldes sah, glaubte er, das Blatt werde sich jetzt wenden und er werde sich unter seinen Feinden am Hofe viele Gönner und warme Anhänger erwerben. Aber schon daran konnte man erkennen, daß der gute Muck keine gar sorgfältige Erziehung genossen haben mußte, sonst hätte er sich wohl nicht einbilden können, durch Gold wahre Freunde zu gewinnen. Ach, daß er damals seine Pantoffeln geschmiert und sich mit seinem Mäntelein voll Gold aus dem Staub gemacht hätte!

Das Gold, das der kleine Muck von jetzt an mit vollen Händen austeilte, erweckte den Neid der übrigen Hofbediensteten. Der Küchenmeister Ahuli sagte: »Er ist ein Falschmünzer.« Der Sklavenaufseher Achmet sagte: »Er hat's dem König abgeschwatzt.« Archaz, der Schatzmeister, aber, sein ärgster Feind, der selbst hier und da einen Griff in des Königs Kasse tun mochte, sagte geradezu: »Er hat's gestohlen.« Um nun ihrer Sache gewiß zu sein, verabredeten sie sich, und der Obermundschenk Korchuz stellte sich eines Tages recht traurig und niedergeschlagen vor die Augen des Königs. Er machte seine traurigen Gebärden so auffallend, daß ihn der König fragte, was ihm fehle. »Ah«, antwortete er, »ich bin traurig, daß ich die Gnade meines Herrn verloren habe.« »Was fabelst du, Freund Korchuz?« entgegnete ihm der König. »Seit wann hätte ich die Sonne meiner Gnade nicht über dich leuchten lassen?« Der Obermundschenk antwortete ihm, daß er ja den geheimen Oberleibläufer mit Gold belade, seinen armen, treuen Dienern aber nichts gebe.

Der König war sehr erstaunt über diese Nachricht, ließ sich die Goldausteilungen des kleinen Muck erzählen, und die Verschworenen brachten ihm leicht den Verdacht bei, daß Muck auf irgendeine Art das Geld aus der Schatzkammer gestohlen habe. Sehr lieb war diese Wendung der Sache dem Schatzmeister, der ohnehin nicht gerne Rechnung ablegte. Der König gab daher den Befehl, heimlich auf alle Schritte des kleinen Muck achtzugeben, um ihn womöglich auf der Tat zu ertappen. Als nun in der Nacht, die auf diesen Unglückstag folgte, der kleine Muck, da er durch seine Freigebigkeit seine Kasse sehr erschöpft sah, den Spaten nahm und in den Schloßgarten schlich, um dort von seinem geheimen Schatze neuen Vorrat zu holen, folgten ihm von weitem die Wachen, von dem Küchenmeister Ahuli und Archaz, dem Schatzmeister, angeführt, und in dem Augenblick, da er das Gold aus dem Topf in sein Mäntelein legen wollte, fielen sie über ihn her, banden ihn und führten ihn sogleich vor den König. Dieser, den ohnehin die Unterbrechung seines Schlafes mürrisch gemacht hatte, empfing seinen armen Oberleibläufer sehr ungnädig und stellte sogleich das Verhör über ihn an. Man hatte den Topf vollends aus der Erde gegraben und mit dem Spaten und mit dem Mäntelein voll Gold vor die Füße des Königs gesetzt. Der Schatzmeister sagte aus, daß er mit seinen Wachen den Muck überrascht habe, wie er diesen Topf mit Gold gerade in die Erde gegraben habe.

Der König befragte hierauf den Angeklagten, ob es wahr sei und woher er das Gold, das er vergraben, bekommen habe?

Der kleine Muck, im Gefühl seiner Unschuld, sagte aus, daß er diesen Topf im Garten entdeckt habe, daß er ihn habe nicht ein-, sondern ausgraben wollen.

Alle Anwesenden lachten laut über diese Entschuldigung, der König aber, aufs höchste erzürnt über die vermeintliche Frechheit des Kleinen, rief aus: »Wie, Elender! Du willst deinen König so dumm und schändlich belügen, nachdem du ihn bestohlen hast? Schatzmeister Archaz! Ich fordere dich auf, zu sagen, ob du diese Summe Goldes für die nämliche erkennst, die in meinem Schatze fehlt.«

Der Schatzmeister aber antwortete, er sei seiner Sache ganz gewiß, so viel und noch mehr fehle seit einiger Zeit von dem königlichen Schatz, und er könne einen Eid darauf ablegen, daß dies das Gestohlene sei.

Da befahl der König, den kleinen Muck in enge Ketten zu legen und in den Turm zu führen; dem Schatzmeister aber übergab er das Gold, um es wieder in den Schatz zu tragen. Vergnügt über den glücklichen Ausgang der Sache, zog dieser ab und zählte zu Haus die blinkenden Goldstücke; aber das hat dieser schlechte Mann niemals angezeigt, daß unten in dem Topf ein Zettel lag, der sagte: »Der Feind hat mein Land überschwemmt, daher verberge ich hier einen Teil meiner Schätze; wer es auch finden mag, den treffe der Fluch seines Königs, wenn er es nicht sogleich meinem Sohne ausliefert! König Sadi.«

Der kleine Muck stellte in seinem Kerker traurige Betrachtungen an; er wußte, daß auf Diebstahl an königlichen Sachen der Tod gesetzt war, und doch mochte er das Geheimnis mit dem Stäbchen dem König nicht verraten, weil er mit Recht fürchtete, dieses und seiner Pantoffeln beraubt zu werden. Seine Pantoffeln konnten ihm leider auch keine Hilfe bringen; denn da er in engen Ketten an die Mauer geschlossen war, konnte er, so sehr er sich quälte, sich nicht auf dem Absatz umdrehen. Als ihm aber am anderen Tage sein Tod angekündigt wurde, da gedachte er doch, es sei besser, ohne das Zauberstäbchen zu leben als mit ihm zu sterben, ließ den König um geheimes Gehör bitten und entdeckte ihm das Geheimnis. Der König maß von Anfang an seinem Geständnis keinen Glauben bei; aber der kleine Muck versprach eine Probe, wenn ihm der König zugestünde, daß er nicht getötet werden solle. Der König gab ihm sein Wort darauf und ließ, von Muck ungesehen, einiges Gold in die Erde graben und befahl diesem, mit seinem Stäbchen zu suchen. In wenigen Augenblicken hatte er es gefunden; denn das Stäbchen schlug deutlich dreimal auf die Erde. Da merkte der König, daß ihn sein Schatzmeister betrogen hatte, und sandte ihm, wie es im Morgenland gebräuchlich ist, eine seidene Schnur, damit er sich selbst erdroßle. Zum kleinen Muck aber sprach er: »Ich habe dir zwar dein Leben versprochen; aber es scheint mir, als ob du nicht allein dieses Geheimnis mit dem Stäbchen besitzest; darum bleibst du in ewiger Gefangenschaft, wenn du nicht gestehst, was für eine Bewandtnis es mit deinem Schnellaufen hat.« Der kleine Muck, den die einzige Nacht im Turm alle Lust zu längerer Gefangenschaft benommen hatte, bekannte, daß seine ganze Kunst in den Pantoffeln liege, doch lehrte er den König nicht das Geheimnis von dem dreimaligen Umdrehen auf dem Absatz. Der König schlüpfte selbst in die Pantoffeln, um die Probe zu machen, und jagte wie unsinnig im Garten umher; oft wollte er anhalten, aber er wußte nicht, wie man die Pantoffeln zum Stehen brachte, und der kleine Muck, der diese kleine Rache sich nicht versagen konnte, ließ ihn laufen, bis er ohnmächtig niederfiel.

Als der König wieder zur Besinnung zurückgekehrt war, war er schrecklich aufgebracht über den kleinen Muck, der ihn so ganz außer Atem hatte laufen lassen.»Ich habe dir mein Wort gegeben, dir Freiheit und Leben zu schenken; aber innerhalb zwölf Stunden mußt du mein Land verlassen, sonst lasse ich dich aufknüpfen!« Die Pantoffeln und das Stäbchen aber ließ er in seine Schatzkammer legen.

So arm als je wanderte der kleine Muck zum Land hinaus, seine Torheit verwünschend, die ihm vorgespiegelt hatte, er könne eine bedeutende Rolle am Hofe spielen. Das Land, aus dem er gejagt wurde, war zum Glück nicht groß, daher war er schon nach acht Stunden auf der Grenze, obgleich ihn das Gehen, da er an seine lieben Pantoffeln gewöhnt war, sehr sauer ankam.

Als er über der Grenze war, verließ er die gewöhnliche Straße, um die dichteste Einöde der Wälder aufzusuchen und dort nur sich zu leben; denn er war allen Menschen gram. In einem dichten Walde traf er auf einen Platz, der ihm zu dem Entschluß, den er gefaßt hatte, ganz tauglich schien. Ein klarer Bach, von großen, schattigen Feigenbäumen umgeben, ein weicher Rasen luden ihn ein; hier warf er sich nieder mit dem Entschluß, keine Speise mehr zu sich zu nehmen, sondern hier den Tod zu erwarten. Über traurigen Todesbetrachtungen schlief er ein; als er aber wieder aufwachte und der Hunger ihn zu quälen anfing, bedachte er doch, daß der Hungertod eine gefährliche Sache sei, und sah sich um, ob er nirgends etwas zu essen bekommen könnte.

Köstliche reife Feigen hingen an dem Baume, unter welchem er geschlafen hatte; er stieg hinauf, um sich einige zu pflücken, ließ es sich trefflich schmecken und ging dann hinunter an den Bach, um seinen Durst zu löschen. Aber wie groß war sein Schrecken, als ihm das Wasser seinen Kopf mit zwei gewaltigen Ohren und einer dicken, langen Nase geschmückt zeigte! Bestürzt griff er mit den Händen nach den Ohren, und wirklich, sie waren über eine halbe Elle lang.

»Ich verdiene Eselsohren!« rief er aus; »denn ich habe mein Glück wie ein Esel mit Füßen getreten.« Er wanderte unter den Bäumen umher, und als er wieder Hunger fühlte, mußte er noch einmal zu den Feigen seine Zuflucht nehmen; denn sonst fand er nichts Eßbares an den Bäumen. Als ihm über der zweiten Portion Feigen einfiel, ob wohl seine Ohren nicht unter seinem großen Turban Platz hätten, damit er doch nicht gar zu lächerlich aussehe, fühlte er, daß seine Ohren verschwunden waren. Er lief gleich an den Bach zurück, um sich davon zu überzeugen, und wirklich, es war so, seine Ohren hatten ihre vorige Gestalt, seine lange, unförmliche Nase war nicht mehr. Jetzt merkte er aber, wie dies gekommen war; von dem ersten Feigenbaum hatte er die lange Nase und Ohren bekommen, der zweite hatte ihn geheilt; freudig erkannte er, daß sein gütiges Geschick ihm noch einmal die Mittel in die Hand gebe, glücklich zu sein. Er pflückte daher von jedem Baum so viel, wie er tragen konnte, und ging in das Land zurück, das er vor kurzem verlassen hatte. Dort machte er sich in dem ersten Städtchen durch andere Kleider ganz unkenntlich und ging dann weiter auf die Stadt zu, die jener König bewohnte, und kam auch bald dort an.

Es war gerade zu einer Jahreszeit, wo reife Früchte noch ziemlich selten waren; der kleine Muck setzte sich daher unter das Tor des Palastes; denn ihm war von früherer Zeit her wohl bekannt, daß hier solche Seltenheiten von dem Küchenmeister für die königliche Tafel eingekauft wurden. Muck hatte noch nicht lange gesessen, als er den Küchenmeister über den Hof herüberschreiten sah. Er musterte die Waren der Verkäufer, die sich am Tor des Palastes eingefunden hatten; endlich fiel sein Blick auch auf Mucks Körbchen. »Ah, ein seltener Bissen«, sagte er, »der Ihro Majestät gewiß behagen wird. Was willst du für den ganzen Korb?« Der kleine Muck bestimmte einen mäßigen Preis, und sie waren bald des Handels einig. Der Küchenmeister übergab den Korb einem Sklaven und ging weiter; der kleine Muck aber machte sich einstweilen aus dem Staub, weil er befürchtete, wenn sich das Unglück an den Köpfen des Hofes zeigte, möchte man ihn als Verkäufer aufsuchen und bestrafen.

Der König war über Tisch sehr heiter gestimmt und sagte seinem Küchenmeister einmal über das andere Lobsprüche wegen seiner guten Küche und der Sorgfalt, mit der er immer das Seltenste für ihn aussuche; der Küchenmeister aber, welcher wohl wußte, welchen Leckerbissen er noch im Hintergrund habe, schmunzelte gar freundlich und ließ nur einzelne Worte fallen, als: »Es ist noch nicht aller Tage Abend«, oder »Ende gut, alles gut«, so daß die Prinzessinnen sehr neugierig wurden, was er wohl noch bringen werde. Als er aber die schönen, einladenden Feigen aufsetzen ließ, da entfloh ein allgemeines Ah! dem Munde der Anwesenden. »Wie reif, wie appetitlich!« rief der König. »Küchenmeister, du bist ein ganzer Kerl und verdienst unsere ganz besondere Gnade!« Also sprechend, teilte der König, der mit solchen Leckerbissen sehr sparsam zu sein pflegte, mit eigener Hand die Feigen an seiner Tafel aus. Jeder Prinz und jede Prinzessin bekam zwei, die Hofdamen und die Wesire und Agas eine, die übrigen stellte er vor sich hin und begann mit großem Behagen sie zu verschlingen.

»Aber, lieber Gott, wie siehst du so wunderlich aus, Vater?« rief auf einmal die Prinzessin Amarza. Alle sahen den König erstaunt an; ungeheure Ohren hingen ihm am Kopf, eine lange Nase zog sich über sein Kinn herunter; auch sich selbst betrachteten sie untereinander mit Staunen und Schrecken; alle waren mehr oder minder mit dem sonderbaren Kopfputz geschmückt.

Man denke sich den Schrecken des Hofes! Man schickte sogleich nach allen Ärzten der Stadt; sie kamen haufenweise, verordneten Pillen und Mixturen; aber die Ohren und die Nasen blieben. Man operierte einen der Prinzen; aber die Ohren wuchsen nach.

Muck hatte die ganze Geschichte in seinem Versteck, wohin er sich zurückgezogen hatte, gehört und erkannte, daß es jetzt Zeit sei zu handeln. Er hatte sich schon vorher von dem aus den Feigen gelösten Geld einen Anzug verschafft, der ihn als Gelehrten darstellen konnte; ein langer Bart aus Ziegenhaaren vollendete die Täuschung. Mit einem Säckchen voll Feigen wanderte er in den Palast des Königs und bot als fremder Arzt seine Hilfe an. Man war von Anfang sehr ungläubig; als aber der kleine Muck eine Feige einem der Prinzen zu essen gab und Ohren und Nase dadurch in den alten Zustand zurückbrachte, da wollte alles von dem fremden Arzte geheilt sein. Aber der König nahm ihn schweigend bei der Hand und führte ihn in sein Gemach; dort schloß er eine Türe auf, die in die Schatzkammer führte, und winkte Muck, ihm zu folgen. »Hier sind meine Schätze«, sprach der König, »wähle dir, was es auch sei, es soll dir gewährt werden, wenn du mich von diesem schmachvollen Übel befreist.« Das war süße Musik in des kleinen Muck Ohren; er hatte gleich beim Eintritt seine Pantoffeln auf dem Boden stehen sehen, gleich daneben lag auch sein Stäbchen. Er ging nun umher in dem Saal, wie wenn er die Schätze des Königs bewundern wollte; kaum aber war er an seine Pantoffeln gekommen, so schlüpfte er eilends hinein, ergriff sein Stäbchen, riß seinen falschen Bart herab und zeigte dem erstaunten König das wohlbekannte Gesicht seines verstoßenen Muck. »Treuloser König«, sprach er, »der du treue Dienste mit Undank lohnst, nimm als wohlverdiente Strafe die Mißgestalt, die du trägst. Die Ohren laß ich dir zurück, damit sie dich täglich erinnern an den kleinen Muck.« Als er so gesprochen hatte, drehte er sich schnell auf dem Absatz herum, wünschte sich weit hinweg, und ehe noch der König um Hilfe rufen konnte, war der kleine Muck entflohen. Seitdem lebt der kleine Muck hier in großem Wohlstand, aber einsam; denn er verachtet die Menschen. Er ist durch Erfahrung ein weiser Mann geworden, welcher, wenn auch sein Äußeres etwas Auffallendes haben mag, deine Bewunderung mehr als deinen Spott verdient.

So erzählte mir mein Vater; ich bezeugte ihm meine Reue über mein rohes Betragen gegen den guten kleinen Mann, und mein Vater schenkte mir die andere Hälfte der Strafe, die er mir zugedacht hatte. Ich erzählte meinen Kameraden die wunderbaren Schicksale des Kleinen, und wir gewannen ihn so lieb, daß ihn keiner mehr schimpfte. Im Gegenteil, wir ehrten ihn, solange er lebte, und haben uns vor ihm immer so tief wie vor Kadi und Mufti gebückt.

Die Geschichte von dem kleinen Muck

Deutung

So manches Detail erinnert an »Die Geschichte vom Kalif Storch«: W. Hauff führt uns wieder in den Orient, läßt uns wieder an skurrilen Verwandlungen und Rückverwandlungen teilnehmen, baut den Vorgang erneut in fünf Kernszenen auf, diesmal von einer heiter-besinnlichen Rahmenhandlung getragen. Dennoch handelt es sich um eine konträre Geschichte: Denn trotz gewisser Ähnlichkeiten, die sich im Grunde auf Äußerlichkeiten beziehen, und gewisser komischer Szenen, die sich nur selten zu reiner Heiterkeit entwickeln, herrscht hier ein ernster Grundton, wenn der Wandlung eines Menschen vom unbekümmerten Kind zum verbitterten und vereinsamten Manne nachgegangen wird.

Bereits die Vorstellung des Helden erfolgt in einer merkwürdigen Mischung von Dur und Moll: »... dabei hatte er eine sonderbare Gestalt, denn sein Leib, so klein und zierlich er war, mußte einen Kopf tragen, viel größer und dicker als der Kopf anderer Leute.« Dieses »mußte« läßt die ganze Schwere, die äußere und innere Last ahnen, weckt sofort unser Mitgefühl, ja unser Mitleid, verstärkt durch das Freudengeschrei, das ahnungslose Knaben bei der wahrlich sonderbaren Erscheinung des kleinen Muck ertönen lassen. Auch als er später glücklicher Besitzer der Zauberpantoffeln wird und sie erproben will, macht er eher einen hilflosen Eindruck, da ihn wieder sein schwerer Kopf behindert; oder als er auf den Markt geht und ihm bald dieser, bald jener auf die Pantoffeln tritt und er hinzufallen droht bzw. mit Prügeln rechnen muß, da er mit seinem verhältnismäßig riesigen Dolch die Passanten belästigt. Oder als er den Schatz ausgraben will und der Spaten viel zu groß und zu schwer ist.

Das ist eine absonderliche, mißgestaltete, vom Vater nicht nur vernachlässigte, sondern getretene Gestalt, von der eigentlich zu erwarten gewesen wäre, daß sie sich geradezu ins Satanische kehren müßte. Sie tut es aber nicht, da sie gewappnet ist mit kindlicher Naivität. Diese Mißgestalt von Geburt an, in Unwissenheit gehalten, dem öffentlichen Spott preisgegeben, bewahrt in sich, gerade weil sie unwissend ist, eine wirklich märchenhafte Kraft, nämlich die Überzeugung, daß sie in der Welt ihr Glück finden werde. Wie Eichendorffs Taugenichts, allerdings viel schwerer belastet, zieht er hinaus, sucht er unbeirrt und tapfer sein Glück und findet es, so will uns scheinen, am Ende doch nicht. Wer genau liest, wird mit jeder Szene nachdenklicher und trauriger, spürt in sich – wie der Vater des Ich-Erzählers – nicht allein tiefes Verständnis für den kleinen Muck mit dem viel zu großen Kopf, sondern allmählich Ehrfurcht vor seinem ernsten Wesen, seiner Kraft und seiner Klugheit.

Als die Strolche mit ihrem Spottvers – einer in Bildwahl und Rhythmus einprägsamen Strophe – die Geduld des Männleins überstrapazieren, beginnt der Vater des Erzählers mit einer äußeren und einer inneren Erziehung. Er unterbricht die körperliche Züchtigung und versucht, indem er Mucks wundersame Lebensgeschichte vorträgt, Einsicht und Reue bezüglich des herzlosen Betragens zu wecken; mit Erfolg, wie sich am Ende zeigt, denn die Jungen gewinnen danach den Alten nicht nur lieb, sondern verehren ihn bis an sein Lebensende.

Die erste Szene schildert zunächst recht knapp die gespannte Beziehung zwischen Sohn und Vater sowie dessen unerwarteten Tod (nicht ohne Häme vorgetragen); sodann ausführlicher die befreite junge Seele, die merkwürdigerweise unversehrbar scheint: »Ein lustiges Kind« bleibt der kleine Muck bis ins sechzehnte Lebensjahr, er bleibt es auch noch, als ihn die hartherzigen Verwandten aus dem Hause jagen; »fröhlich« wandert er los, um sein Glück zu suchen. Dreimal wird in diesem Erzählabschnitt das Hauptmotiv genannt: Optimistisch beim Aufbruch, verzweifelt nach den ersten Fehlschlägen, schließlich doch in mutiger Selbstbestätigung: »Ja, dort wird Klein-Muck sein Glück finden.« Gescheitert war er zwischendurch aufgrund seiner Naivität, in der er hoffte, glänzende Scherben würden sich in Diamanten verwandeln, eine strahlende Moschee und ein spiegelnder Teich ihn in ein Zauberland weisen. Doch diese Trugbilder weichen schnell der Realität in Gestalt von Hunger und Müdigkeit. Solche Ent-Täuschung tut weh, öffnet aber den Blick, gibt neue Kraft: »... dann wischte er den Staub von den Schuhen, ergriff sein Stöcklein und ging mutig zum Tor hinein.«

Die zweite Szene führt in das seltsame Haus der Frau Ahavzi und da zu einem ersten, wenngleich bescheidenen Glückserleben, das sich, allerdings erneut nach einem seelischen Tief, noch steigern läßt. Wieder ist ein Verslein Ausgangspunkt einer nun märchenhaften Entwicklung, auch wenn die Frau und ihre Tiere vorerst einen durchaus natürlichen Eindruck machen. Insgeheim gleicht die Alte der Frau Holle; sie gibt sich erst sehr mürrisch, zeigt aber schnell Verständnis für die Notlage des Kleinen, der ihr zu gefallen beginnt, und stellt ihn ein. Das geht eine Zeitlang gut, Muck ist zufrieden und glücklich, bis ihn eines Tages die Katzen, immer unartiger, geradezu besessen, bösartig verleumden. Diese anscheinend so sanften und weichen Wesen werden plötzlich wach und ergreifen in einem Sprung mit ihren scharfen Krallen die Beute. Wie man mit ihnen umgehen, sie nützen kann, zeigt wieder sehr gut ein Grimmsches Märchen: »Der arme Müllersbursch und das Kätzchen« (feinsinnig besprochen von F. Lenz in »Das Tier im Märchen«); solche Überlegenheit jedoch besitzt der junge Muck noch nicht und wird deshalb ihr Opfer. Er glaubt sein Glück verloren, findet aber in einem Hündchen erneut, ja sogar die entscheidende Hilfe. Der gute Hund muß hier verstanden werden als ein Trieb, der auf den rechten Weg führt. In »Die drei Sprachen« – noch einmal sei ein Grimmsches Märchen zitiert, vom Verfasser besprochen in »Was Grimmsche Märchen erzählen« – lernt ein ebenfalls noch unverständiger junger Mann bei einem Meister, »was die Hunde bellen«; er erfährt so, daß sie einen großen Schatz hüten, der entdeckt werden will, Schätze in unserer Tiefe, die ins Bewußtsein gehoben werden sollen. Tiere, so erfahren wir bei Hauff in einem Atemzug, können zerstören oder dienen. Da sich Muck um das Hündlein, das von der Frau immer nur stiefmütterlich behandelt worden war, besonders kümmerte und er dadurch dessen besondere Gunst erlangte, führt es ihn auch an einen besonderen Ort, nämlich ins Zentrum, wie immer im Märchen verboten, da es Geheimnisse birgt. Welche Risiken sich hier in der Tat eröffnen können, will der Erzähler offenbar andeuten im schönen Kristalldeckel, der in unbeholfener Hand schnell zerbricht. Die Geschichte wechselt nun immer stärker ins Imaginäre, verleiht dem noch unfertigen Helden ungeahnte Möglichkeiten in Form der mächtigen Pantoffeln und des kunstvollen Spazierstocks. Wie unvorbereitet Muck noch ist, zeigt die unsichtbare Gewalt, die von den Gegenständen ausgeht und fast zur Verzweiflung führt, vergleichbar Goethes »Zauberlehrling«, der ohne den Meister verloren wäre. Hier ist es ein Traum, der neue Einsichten bringt; bezeichnenderweise zeigt ihm das Hündchen wieder den rechten Weg, nicht unverdient, da Muck redlich diente und sich vor allem die Gunst des Hundes »durch allerlei Liebesdienste in hohem Grade erworben hatte«. Der Kalif wurde, da er Tiere verspottete, selbst in ein Tier verwandelt; der kleine Muck erlangt imaginäre Kräfte dadurch, daß er Tieren dient. Nun scheint er endgültig sein Glück gefunden zu haben, die Welt ihm offenzustehen; denn die Siebenmeilenstiefel erheben über Raum und Zeit, der Zauberstock wirkt in die Tiefe. (Ob man dabei auch an die Wünschelrute denken darf? Ihre Wirkung jedenfalls ist die gleiche.)

Der dritte Erzählschritt bestätigt dieses Glück, bestätigt auch die Herrschaft über die geheimen Kräfte, damit auch Mucks erhöhten Bewußtseinsgrad: »So glaubte denn Muck, endlich das Glück gefunden zu haben, das er so lange suchte, und war fröhlich und wohlgemut in seinem Herzen«. Auf diese Weise gelangt der Held sogar in die Nähe des Königs, den W. Hauff zur Hauptgestalt des Mittelteils macht. Es ist indes eine schillernde, nicht eigentlich königliche Figur: Nicht an Mucks Fähigkeiten ist ihm gelegen, sondern einen Spaß will er sich machen. Kunstvoll wiederholt der Dichter die Beschreibung des Helden, wie er sie in Verbindung mit den Jungen gab:

> »Das Körperlein mit dem mächtigen Kopf, das Mäntelein und die weiten Beinkleider, der lange Dolch in dem breiten Gürtel, die kleinen Füßlein in den weiten Pantoffeln nein! es war zu drollig anzusehen, als daß man nicht hätte laut lachen sollen.«

Wenn unreife Kinder angesichts der absonderlichen, grotesken Erscheinung in Freudengeschrei verfallen, läßt sich das noch verstehen (deshalb noch lange nicht gutheißen, wie ja auch der Vater erklärt); wenn dagegen ein König und seine Kinder in lautes Lachen ausbrechen, dann ist das würdelos und grausam, dann wird das irgendwann bestraft werden müssen. Übrigens reagiert der Betroffene jetzt wie damals, nämlich in selbstbewußtem Stolz, sich seines Wertes bewußt.

Der König erscheint insgesamt, auch wenn er den Wunderläufer nach gelungenem Beweis mit höchsten Ehren versieht, Muck die geheimsten Sendungen anvertraut, die er seinerseits mit größter Genauigkeit ausführt, dennoch als ein schwacher Regent, da er sich schnell und leicht durch verschworene Neider täuschen, beeinflussen und lenken läßt.

Nun zeigt sich auch, daß der Held zwar gescheiter geworden ist, doch noch nicht klug genug, um den Intrigen zu begegnen, glaubt er doch, er könne durch Gold die Verschwörer für sich gewinnen. Hauff weiß, daß es klüger gewesen wäre, allen zu mißtrauen, seine Pantoffeln zu schmieren, sich mit Gold vollzupacken und sich aus dem Staub zu machen. Diese Einsicht in das Gemeine und in das Böse geht Muck noch immer ab, deshalb wird er vom getäuschten und erzürnten König wegen vermeintlicher Lügen eingekerkert und zum Tode verurteilt. Jetzt erst reift der Kleine: Er klammert sich nicht weiter an seine beiden Zaubergeräte, sondern gibt sich mit einem zufrieden, damit er überlebe, und gebraucht eine List, da er dem König nur die halbe Wahrheit mitteilt. Hier stellt sich die Frage, ob solche List moralisch vertretbar ist, ob man vielleicht sogar mit unredlichen Tricks überlisten darf. Man darf es wohl, wenn man – wie Muck – ungerechte Strafe erleidet und für sein Leben fürchten muß. Bestimmt auch deshalb gibt es seit dem Gotischen bis hin zum Mittelhochdeutschen das Wort auch in der Bedeutung von Wissen, Schläue, Klugheit, sogar Weisheit. Zahlreiche Volksmärchen zeigen Menschen in Grenzsituationen, aus denen sie sich nur noch mit List (nicht Tücke!) befreien können: »Das tapfere Schneiderlein«, »Der Bauer und der Teufel«, »Fitchers Vogel« u.a.m. (nicht der junge Arzt in »Gevatter Tod«). Im Zusammenhang damit ist auch lesenswert, welche fünf Listen Bertolt Brecht angesichts der Nazidiktatur empfohlen hat.

Muck hat sich also geschickt befreit. Doch was nützen ihm Freiheit und Leben ohne Pantoffeln und Stab, fast ärmer als zuvor? Er verwünscht seine Torheit, in der er glaubte, er könne am Hofe mitspielen. Liegt aber nicht gerade darin seine eigentliche und tiefste Erkenntnis, die Erkenntnis seiner selbst und seiner Mitmenschen? Er sieht das freilich noch nicht so und überläßt sich Selbstmordgedanken.

Damit leitet der Erzähler über zur vierten, zur einzigen

wirklich komischen Szene unterm Feigenbaum. Ist der schwere Kopf von Natur aus schon eine kaum tragbare, ertragbare Last, so verschlimmert sich das groteske Bild durch die gewaltigen Ohren und die lange Nase. Die äußere Verwandlung bringt sehr anschaulich die innere Verfassung des Helden zum Ausdruck, seine Dummheit, mit der er bisher agierte. Er weiß das selbst: »Ich verdiene Eselsohren. … Denn ich habe mein Glück wie ein Esel mit Füßen getreten«. Er hatte zweifelsohne gelernt, offensichtlich aber noch nicht genug gelernt, um sich in einer komplizierten und lieblosen Welt zu behaupten. Gewissenhafte und liebevolle Dienste seinerseits im Hause der Frau Ahavzi haben ihn bereichert, ein Traum hat ihm den richtigen Weg gewiesen, durch Fleiß und Gewandtheit konnte er sich die besondere Gunst des Königs erringen, mit List konnte er sich befreien, bei alledem aber seine Arglosigkeit und seine Illusionen nicht abwerfen, die ihn immer wieder vor neue Problcme stellten, in geradezu existentielle Schwierigkeiten brachten. Als er von einem zweiten Feigenbaum ißt, wird er zurückverwandelt, endgültig geheilt. Es ist, als würde er vom Baum der Erkenntnis essen, gut und böse unterscheiden lernen, seinen wahren Weg finden. W. Hauff benennt diesen Akt sehr deutlich: »Jetzt *merkte* er aber, wie dies gekommen war; von dem ersten Feigenbaum hatte er die lange Nase und Ohren bekommen, der zweite hatte ihn *geheilt*; freudig *erkannte* er, daß sein gütiges Geschick ihm noch einmal die Mittel in die Hand gebe, glücklich zu sein«(Hervorhebung v. Verf.).

Unglück und Schmerz und Enttäuschungen werden verstanden als Durchgangsstadien; Leid zeigt nicht selten den richtigen Weg. Das wird von Hauff nicht philosophisch-spekulativ auseinandergesetzt, sondern schlicht und bildhaft vorgestellt in einer Mischung von Fantasie und Wirklichkeit, im Spiel auf zwei Ebenen, die eine greifbar, die andere verborgen. Das ist so im Märchen, über dessen Stilmittel dieser Dichter eigentlich wie keiner sonst verfügt.

Das Schlußkapitel kann beginnen, nun mit einem nicht mehr leidenden, sondern handelnden Helden. Seine Verkleidung in vollendeter Täuschung macht seine grundsätzlich veränderte Seelenlage deutlich: »... und (er) erkannte, daß es jetzt Zeit sei, zu handeln.« Schlau geht er zu Werke, führt sich geschickt am Hofe ein und holt sich zurück, was ihm gehört. Der treulose König, dem er sich zu erkennen gibt und dem er nun überlegen begegnet, behält als Zeichen seiner Unreife und zur Erinnerung an den kleinen Muck für immer seine gewaltigen Ohren.

Der einstmals arme und getretene Muck, so schließt der Erzähler, lebt hingegen »in großem Wohlstand, aber einsam, denn er verachtet die Menschen«. Er sei, so wird betont, »durch Erfahrung ein weiser Mann geworden«. Diese letzte Konsequenz muß freilich in Frage gestellt werden, denn Weisheit läßt sich nicht vereinen mit Verbitterung, Menschenverachtung und einsiedlerischer Lebensweise. Weisheit hat erreicht, wer Schwächen und Fehler im menschlichen Verhalten erkennt, trotzdem nichts und niemand verachtet, sich öffnet, überlegen bleibt, Stärke beweist, Sicherheit gibt, die Welt und den Menschen in allen Formen liebt. Zum Leben gehört Mut, Mut auch zum Risiko. »Wer sich in einem Verteidigungssystem verschanzt«, so schreibt Erich Fromm (in »Die Kunst des Liebens«), »und darin seine Sicherheit durch Distanz und Besitz zu erhalten sucht, macht sich zum Gefangenen«. Der kleine Muck ist klüger geworden, doch nicht weise. So, wie er lebt, wird er es auch nicht mehr werden. Das ist kein Schaden, sondern seine Grenze. Traurig ist aber, daß er auch das große Glück, das er suchte, im Grunde seines Herzens nicht gefunden hat. Erlangt hat er großen Wohlstand, den er in seiner Einsamkeit genießen mag; wäre er wirklich glücklich, würde er sich nicht verschließen, denn Glück will nach außen, zum Du.

Das Märchen vom falschen Prinzen

Original

Es war einmal ein ehrsamer Schneidergeselle, namens Labakan, der bei einem geschickten Meister in Alessandria sein Handwerk lernte. Man konnte nicht sagen, daß Labakan ungeschickt mit der Nadel war, im Gegenteil, er konnte recht feine Arbeit machen. Auch tat man ihm unrecht, wenn man ihn geradezu faul schalt; aber ganz richtig war es doch nicht mit dem Gesellen, denn er konnte oft stundenweis in einem fort nähen, daß ihm die Nadel in der Hand glühend ward und der Faden rauchte, da gab es ihm dann ein Stück wie keinem anderen; ein andermal aber, und dies geschah leider öfters, saß er in tiefen Gedanken, sah mit starren Augen vor sich hin und hatte dabei in Gesicht und Wesen etwas so Eigenes, daß sein Meister und die übrigen Gesellen von diesem Zustand nie anders sprachen als: »Labakan hat wieder sein vornehmes Gesicht.«

Am Freitag aber, wenn andere Leute vom Gebet ruhig nach Haus an ihre Arbeit gingen, trat Labakan in einem schönen Kleid, das er sich mit vieler Mühe zusammengespart hatte, aus der Moschee, ging langsam und stolzen Schrittes durch die Plätze und Straßen der Stadt, und wenn ihm einer seiner Kameraden ein »Friede sei mit dir«, oder »Wie geht es, Freund Labakan?« bot, so winkte er gnädig mit der Hand oder nickte, wenn es hoch kam, vornehm mit dem Kopf. Wenn dann sein Meister im Spaß zu ihm sagte: »An dir ist ein Prinz verlorengegangen, Labakan«, so freute er sich darüber und antwortete: »Habt Ihr das auch bemerkt?« oder: »Ich habe es schon lange gedacht!«

So trieb es der ehrsame Schneidergeselle Labakan schon eine geraume Zeit, sein Meister aber duldete seine Narrheit, weil er sonst ein guter Mensch und geschickter Arbeiter war. Aber eines Tages schickte Selim, der Bruder des Sultans, der gerade durch Alessandria reiste, ein Festkleid zu dem Meister, um einiges daran verändern zu lassen, und der Meister gab es Labakan, weil dieser die feinste Arbeit machte. Als abends der Meister und die Gesellen sich hinwegbegeben hatten, um nach des Tages Last sich zu erholen, trieb eine unwiderstehliche Sehnsucht Labakan wieder in die Werkstatt zurück, wo das Kleid des kaiserlichen Bruders hing. Er stand lange sinnend davor, bald den Glanz der Stickerei, bald die schillernden Farben des Samts und der Seide an dem Kleide be-

wundernd. Er konnte nicht anders, er mußte es anziehen, und
siehe da, es paßte ihm so trefflich, wie wenn es für ihn wäre gemacht
worden. »Bin ich nicht so gut ein Prinz als einer?« fragte er sich, indem er im Zimmer auf und ab schritt. »Hat nicht der Meister selbst
schon gesagt, daß ich zum Prinzen geboren sei?« Mit den Kleidern
schien der Geselle eine ganz königliche Gesinnung angezogen zu
haben; er konnte sich nicht anders denken, als er sei ein unbe-
kannter Königssohn, und als solcher beschloß er, in die Welt zu reisen und einen Ort zu verlassen, wo die Leute bisher so töricht gewesen waren, unter der Hülle seines niederen Standes nicht seine
angeborene Würde zu erkennen. Das prachtvolle Kleid schien ihm
von einer gütigen Fee geschickt, er hütete sich daher wohl, ein so
teures Geschenk zu verschmähen, steckte seine geringe Barschaft
zu sich und wanderte, begünstigt von dem Dunkel der Nacht, aus
Alessandrias Toren.

Der neue Prinz erregte überall auf seiner Wanderschaft Verwunderung, denn das prachtvolle Kleid und sein ernstes, maje-
stätisches Wesen wollten gar nicht passen für einen Fußgänger.
Wenn man ihn darüber befragte, pflegte er mit geheimnisvoller
Miene zu antworten, daß das seine eigenen Ursachen habe. Als er
aber merkte, daß er sich durch seine Fußwanderungen lächerlich
machte, kaufte er um geringen Preis ein altes Roß, welches sehr für
ihn paßte, da es ihn mit seiner gesetzten Ruhe und Sanftmut nie in
die Verlegenheit brachte, sich als geschickter Reiter zeigen zu müssen, was gar nicht seine Sache war.

Eines Tages, als er Schritt vor Schritt auf seinem Murva, so hatte
er sein Roß genannt, seine Straße zog, schloß sich ein Reiter an ihn
an und bat ihn, in seiner Gesellschaft reiten zu dürfen, weil ihm der
Weg viel kürzer werde im Gespräch mit einem anderen. Der Reiter
war ein fröhlicher, junger Mann, schön und angenehm im Um-
gang. Er hatte mit Labakan bald ein Gespräch angeknüpft über Woher und Wohin, und es traf sich, daß auch er, wie der Schneidergeselle, ohne Plan in die Welt hinauszog. Er sagte, er heiße Omar,
sei der Neffe Elfi Beys, des unglücklichen Bassas von Kairo, und
reise nun umher, um einen Auftrag, den ihm sein Oheim auf dem
Sterbebette erteilt habe, auszurichten. Labakan ließ sich nicht so of-
fenherzig über seine Verhältnisse aus, er gab ihm zu verstehen, daß
er von hoher Abkunft sei und zu seinem Vergnügen reise.

Die beiden jungen Herren fanden Gefallen aneinander und zogen zusammen weiter. Am zweiten Tage ihrer gemeinschaftlichen
Reise fragte Labakan seinen Gefährten Omar nach den Aufträgen,
die er zu besorgen habe, und erfuhr zu seinem Erstaunen folgendes: »Elfi Bey, der Bassa von Kairo, hatte den Omar seit seiner
frühesten Kindheit erzogen, und dieser hatte seine Eltern nie gekannt. Als nun Elfi Bey von seinen Feinden überfallen worden war

und nach drei unglücklichen Schlachten, tödlich verwundet, fliehen mußte, entdeckte er seinem Zögling, daß er nicht sein Neffe sei, sondern der Sohn eines mächtigen Herrschers, welcher aus Furcht vor den Prophezeiungen seiner Sterndeuter den jungen Prinzen von seinem Hofe entfernt habe, mit dem Schwur, ihn erst an seinem zweiundzwanzigsten Geburtstage wiedersehen zu wollen. Elfi Bey habe ihm den Namen seines Vaters nicht genannt, sondern ihm nur aufs bestimmteste aufgetragen, am fünften Tage des kommenden Monats Ramadan, an welchem Tage er zweiundzwanzig Jahre alt werde, sich an der berühmten Säule El-Serujah, vier Tagreisen östlich von Alessandria, einzufinden; dort soll er den Männern, die an der Säule stehen würden, einen Dolch, den er ihm gab, überreichen mit den Worten: ›Hier bin ich, den ihr suchet‹; wenn sie antworteten: ›Gelobt sei der Prophet, der dich erhielt!‹, so solle er ihnen folgen, sie würden ihn zu seinem Vater führen.«

Der Schneidergeselle Labakan war sehr erstaunt über diese Mitteilung, er betrachtete von jetzt an den Prinzen Omar mit neidischen Augen, erzürnt darüber, daß das Schicksal jenem, obgleich er schon für den Neffen eines mächtigen Bassa galt, noch die Würde eines Fürstensohnes verliehen, ihm aber, den es mit allem, was einem Prinzen nottut, ausgerüstet, gleichsam zum Hohn eine dunkle Geburt und einen gewöhnlichen Lebensweg verliehen habe. Er stellte Vergleichungen zwischen sich und dem Prinzen an. Er mußte sich gestehen, es sei jener ein Mann von sehr vorteilhafter Gesichtsbildung; schöne, lebhafte Augen, eine kühngebogene Nase, ein sanftes, zuvorkommendes Benehmen, kurz, so viele Vorzüge des Äußeren, die jemand empfehlen können, waren jenem eigen. Aber so viele Vorzüge er auch an seinem Begleiter fand, so gestand er sich doch bei diesen Beobachtungen, daß ein Labakan dem fürstlichen Vater wohl noch willkommener sein dürfte als der wirkliche Prinz.

Diese Betrachtungen verfolgten Labakan den ganzen Tag, mit ihnen schlief er im nächsten Nachtlager ein, aber als er morgens aufwachte und sein Blick auf den neben ihm schlafenden Omar fiel, der so ruhig schlafen und von seinem gewissen Glück träumen konnte, da erwachte in ihm der Gedanke, sich durch List oder Gewalt zu erstreben, was ihm das ungünstige Schicksal versagt hatte. Der Dolch, das Erkennungszeichen des heimkehrenden Prinzen, sah aus dem Gürtel des Schlafenden hervor, leise zog er ihn hervor, um ihn in die Brust des Eigentümers zu stoßen. Doch vor dem Gedanken des Mordes entsetzte sich die friedfertige Seele des Gesellen; er begnügte sich, den Dolch zu sich zu stecken, das schnellere Pferd des Prinzen für sich aufzäumen zu lassen, und ehe Omar aufwachte und sich aller seiner Hoffnungen beraubt sah, hatte sein treuloser Gefährte schon einen Vorsprung von mehreren Meilen.

Es war gerade der erste Tag des heiligen Monats Ramadan, an welchem Labakan den Raub an dem Prinzen begangen hatte, und er hatte also noch vier Tage, um zu der Säule El-Serujah, welche ihm wohlbekannt war, zu gelangen. Obgleich die Gegend, worin sich diese Säule befand, höchstens noch zwei Tagreisen entfernt sein konnte, so beeilte er sich doch hinzukommen, weil er immer fürchtete, von dem wahren Prinzen eingeholt zu werden.

Am Ende des zweiten Tages erblickte Labakan die Säule El-Serujah. Sie stand auf einer kleinen Anhöhe in einer weiten Ebene und konnte auf zwei bis drei Stunden gesehen werden. Labakans Herz pochte lauter bei diesem Anblick; obgleich er die letzten zwei Tage hindurch Zeit genug gehabt, über die Rolle, die er zu spielen hatte, nachzudenken, so machte ihn doch das böse Gewissen etwas ängstlich, aber der Gedanke, daß er zum Prinzen geboren sei, stärkte ihn wieder, so daß er getrösteter seinem Ziele entgegenging.

Die Gegend um die Säule El-Serujah war unbewohnt und öde, und der neue Prinz wäre wegen seines Unterhalts etwas in Verlegenheit gekommen, wenn er sich nicht auf mehrere Tage versehen hätte. Er lagerte sich also neben seinem Pferd unter einigen Palmen und erwartete dort sein ferneres Schicksal.

Gegen die Mitte des anderen Tages sah er einen großen Zug von Pferden und Kamelen über die Ebene her auf die Säule El-Serujah zuziehen. Der Zug hielt am Fuße des Hügels, auf welchem die Säule stand, man schlug prächtige Zelte auf, und das Ganze sah aus wie der Reisezug eines reichen Bassa oder Scheik. Labakan ahnte, daß die vielen Leute, welche er sah, sich seinetwegen hierher bemüht hatten, und hätte ihnen gerne schon heute ihren künftigen Gebieter gezeigt; aber er mäßigte seine Begierde, als Prinz aufzutreten, da ja doch der nächste Morgen seine kühnsten Wünsche vollkommen befriedigen mußte.

Die Morgensonne weckte den überglücklichen Schneider zu dem wichtigsten Augenblick seines Lebens, welcher ihn aus einem niederen, unbekannten Sterblichen an die Seite eines fürstlichen Vaters erheben sollte; zwar fiel ihm, als er sein Pferd aufzäumte, um zu der Säule hinzureiten, wohl auch das Unrechtmäßige seines Schrittes ein; zwar führten ihm seine Gedanken den Schmerz des in seinen schönen Hoffnungen betrogenen Fürstensohnes vor, aber – der Würfel war geworfen, er konnte nicht mehr ungeschehen machen, was geschehen war, und seine Eigenliebe flüsterte ihm zu, daß er stattlich genug aussehe, um dem mächtigsten König sich als Sohn vorzustellen; ermutigt durch diesen Gedanken, schwang er sich auf sein Roß, nahm alle seine Tapferkeit zusammen, um es in einen ordentlichen Galopp zu bringen, und in weniger als einer Viertelstunde war er am Fuße des Hügels angelangt. Er stieg ab von seinem Pferd und band es an eine Staude, deren mehrere an dem Hügel wuchsen; hierauf zog er den Dolch des Prinzen Omar hervor und stieg den Hügel hinan. Am Fuß der Säule standen sechs Männer um einen Greis von hohem, königlichem Ansehen; ein prachtvoller Kaftan von Goldstoff, mit einem weißen Kaschmirschal umgürtet, der weiße, mit blitzenden Edelsteinen geschmückte Turban bezeichneten ihn als einen Mann von Reichtum und Würde.

Auf ihn ging Labakan zu, neigte sich tief vor ihm und sprach, indem er den Dolch darreichte: »Hier bin ich, den Ihr suchet.«

»Gelobt sei der Prophet, der dich erhielt«, antwortete der Greis mit Freudentränen. »Umarme deinen alten Vater, mein geliebter Sohn Omar!« Der gute Schneider war sehr gerührt durch diese feierlichen Worte und sank mit einem Gemisch von Freude und Scham in die Arme des alten Fürsten.

Aber nur einen Augenblick sollte er ungetrübt die Wonne seines neuen Standes genießen; als er sich aus den Armen des fürstlichen Greises aufrichtete, sah er einen Reiter über die Ebene her auf den Hügel zueilen. Der Reiter und sein Roß gewährten einen sonderbaren Anblick; das Roß schien aus Eigensinn oder Müdigkeit nicht vorwärts zu wollen, in einem stolpernden Gang, der weder Schritt noch Trab war, zog es daher, der Reiter aber trieb es mit Händen und Füßen zu schnellerem Laufe an. Nur zu bald erkannte Labakan sein Roß Murva und den echten Prinzen Omar, aber der böse Geist der Lüge war einmal in ihn gefahren, und er beschloß, wie es auch kommen möge, mit eiserner Stirne seine angemaßten Rechte zu behaupten.

Schon aus der Ferne hatte man den Reiter winken gesehen; jetzt war er trotz des schlechten Trabes des Rosses Murva am Fuße des Hügels angekommen, warf sich vom Pferd und stürzte den Hügel hinan. »Haltet ein!« rief er. »Wer ihr auch sein möget, haltet ein und laßt euch nicht von dem schändlichsten Betrüger täuschen; ich heiße Omar, und kein Sterblicher wage es, meinen Namen zu mißbrauchen!«

Auf den Gesichtern der Umstehenden malte sich tiefes Erstaunen über diese Wendung der Dinge; besonders schien der Greis sehr betroffen, indem er bald den einen, bald den anderen fragend ansah; Labakan aber sprach mit mühsam errungener Ruhe: »Gnädigster Herr und Vater, laßt Euch nicht irremachen durch diesen Menschen da! Es ist, soviel ich weiß, ein wahnsinniger Schneidergeselle aus Alessandria, Labakan geheißen, der mehr unser Mitleid als unseren Zorn verdient.«

Bis zur Raserei aber brachten diese Worte den Prinzen; schäumend vor Wut wollte er auf Labakan eindringen, aber die Umstehenden warfen sich dazwischen und hielten ihn fest, und der Fürst sprach: »Wahrhaftig, mein lieber Sohn, der arme Mensch ist verrückt; man binde ihn und setze ihn auf eines unserer Dromedare, vielleicht, daß wir dem Unglücklichen Hilfe schaffen können.«

Die Wut des Prinzen hatte sich gelegt, weinend rief er dem Fürsten zu: »Mein Herz sagt mir, daß Ihr mein Vater seid; bei dem Andenken meiner Mutter beschwöre ich Euch, hört mich an!«

»Ei, Gott bewahre uns!« antwortete dieser, »er fängt schon wieder an, irre zu reden, wie doch der Mensch auf so tolle Gedanken kommen kann!« Damit ergriff er Labakans Arm und ließ sich von ihm den Hügel hinuntergeleiten; sie setzten sich beide auf schöne, mit reichen Decken behängte Pferde und ritten an der Spitze des Zuges über die Ebene hin. Dem unglücklichen Prinzen aber fesselte man die Hände und band ihn auf einem Dromedar fest, und zwei Reiter waren ihm immer zur Seite, die ein wachsames Auge auf jede seiner Bewegungen hatten.

Der fürstliche Greis war Saud, der Sultan der Wechabiten. Er hatte lange ohne Kinder gelebt, endlich wurde ihm ein Prinz geboren, nach dem er sich so lange gesehnt hatte; aber die Sterndeuter, welche er um die Vorbedeutungen des Knaben befragte, taten den Ausspruch, »daß er bis ins zweiundzwanzigste Jahr in Gefahr stehe, von einem Feinde verdrängt zu werden«, deswegen, um recht sicherzugehen, hatte der Sultan den Prinzen seinem alten, erprobten Freunde Elfi-Bey zum Erziehen gegeben und zweiundzwanzig schmerzliche Jahre auf seinen Anblick geharrt.

Dieses hatte der Sultan seinem (vermeintlichen) Sohne erzählt und sich ihm außerordentlich zufrieden mit seiner Gestalt und seinem würdevollen Benehmen gezeigt.

Als sie in das Land des Sultans kamen, wurden sie überall von den Einwohnern mit Freudengeschrei empfangen; denn das Gerücht von der Ankunft des Prinzen hatte sich wie ein Lauffeuer durch alle Städte und Dörfer verbreitet. Auf den Straßen, durch welche sie zogen, waren Bögen von Blumen und Zweigen errichtet, glänzende Teppiche von allen Farben schmückten die Häuser, und das Volk pries laut Gott und seinen Propheten, der ihnen einen so schönen Prinzen gesandt habe. Alles dies erfüllte das stolze Herz des Schneiders mit Wonne; desto unglücklicher mußte sich aber der echte Omar fühlen, der, noch immer gefesselt, in stiller Verzweiflung dem Zuge folgte. Niemand kümmerte sich um ihn bei dem allgemeinen Jubel, der doch ihm galt; den Namen Omar riefen tausend und wieder tausend Stimmen, aber ihn, der diesen Namen mit Recht trug, ihn beachtete keiner; höchstens fragte einer oder der andere, wen man denn so fest gebunden mit fortführe, und schrecklich tönte in das Ohr des Prinzen die Antwort seiner Begleiter, es sei ein wahnsinniger Schneider.

Der Zug war endlich in die Hauptstadt des Sultans gekommen, wo alles noch glänzender zu ihrem Empfang bereitet war als in den übrigen Städten. Die Sultanin, eine ältliche, ehrwürdige Frau, erwartete sie mit ihrem ganzen Hofstaat in dem prachtvollsten Saal des Schlosses. Der Boden dieses Saales war mit einem ungeheuren Teppich bedeckt, die Wände waren mit hellblauem Tuch geschmückt, das in goldenen Quasten und Schnüren an großen, silbernen Haken hing.

Es war schon dunkel, als der Zug anlangte, daher waren im Saale viele kugelrunde, farbige Lampen angezündet, welche die Nacht zum Tag erhellten. Am klarsten und vielfarbigsten strahlten sie aber im Hintergrund des Saales, wo die Sultanin auf einem Throne saß. Der Thron stand auf vier Stufen und war von lauterem Golde und mit großen Amethysten ausgelegt. Die vier vornehmsten Emire hielten einen Baldachin von roter Seide über dem Haupte der Sultanin, und der Scheik von Medina fächelte ihr mit einer Windfuchtel von weißen Pfauenfedern Kühlung zu.

So erwartete die Sultanin ihren Gemahl und ihren Sohn, auch sie hatte ihn seit seiner Geburt nicht mehr gesehen, aber bedeutsame Träume hatten ihr den Ersehnten gezeigt, daß sie ihn aus Tausenden erkennen wollte. Jetzt hörte man das Geräusch des nahenden Zuges, Trompeten und Trommeln mischten sich in das Zujauchzen der Menge, der Hufschlag der Rosse tönte im Hof des Palastes, näher und näher rauschten die Tritte der Kommenden, die Türen des Saales flogen auf, und durch die Reihen der niederfallenden Diener eilte der Sultan an der Hand seines Sohnes vor den Thron der Mutter.

»Hier«, sprach er, »bringe ich dir den, nach welchem du dich so lange gesehnet.«

Die Sultanin aber fiel ihm in die Rede: »Das ist mein Sohn nicht!« rief sie aus, »das sind nicht die Züge, die mir der Prophet im Traume gezeigt hat!«

Gerade, als ihr der Sultan ihren Aberglauben verweisen wollte, sprang die Türe des Saales auf. Prinz Omar stürzte herein, verfolgt von seinen Wächtern, denen er sich mit Anstrengung aller seiner Kraft entrissen hatte, er warf sich atemlos vor dem Throne nieder: »Hier will ich sterben, laßt mich töten, grausamer Vater; denn diese Schmach dulde ich nicht länger!«

Alles war bestürzt über diese Reden; man drängte sich um den Unglücklichen her, und schon wollten ihn die herbeieilenden Wachen ergreifen und ihm wieder seine Bande anlegen, als die Sultanin, die in sprachlosem Erstaunen dieses alles mit angesehen hatte, von dem Throne aufsprang. »Haltet ein!« rief sie, »dieser und kein anderer ist der Rechte, dieser ist's, den meine Augen nie gesehen und den mein Herz doch gekannt hat!«

Die Wächter hatten unwillkürlich von Omar abgelassen, aber der Sultan, entflammt von wütendem Zorn, rief ihnen zu, den

Wahnsinnigen zu binden: »Ich habe hier zu entscheiden«, sprach er mit gebietender Stimme, »und hier richtet man nicht nach den Träumen der Weiber, sondern nach gewissen, untrüglichen Zeichen. Dieser hier (indem er auf Labakan zeigte) ist mein Sohn; denn er hat mir das Wahrzeichen meines Freundes Elfi, den Dolch, gebracht.«

»Gestohlen hat er ihn«, schrie Omar, »mein argloses Vertrauen hat er zum Verrat mißbraucht!« Der Sultan aber hörte nicht auf die Stimme seines Sohnes; denn er war in allen Dingen gewohnt, eigensinnig nur seinem Urteil zu folgen; daher ließ er den unglücklichen Omar mit Gewalt aus dem Saal schleppen. Er selbst aber begab sich mit Labakan in sein Gemach, voll Wut über die Sultanin, seine Gemahlin, mit der er doch seit fünfundzwanzig Jahren in Frieden gelebt hatte.

Die Sultanin aber war voll Kummer über diese Begebenheiten; sie war vollkommen überzeugt, daß ein Betrüger sich des Herzens des Sultans bemächtigt hatte, denn jenen Unglücklichen hatten ihr so viele bedeutsame Träume als ihren Sohn gezeigt.

Als sich ihr Schmerz ein wenig gelegt hatte, sann sie auf Mittel, um ihren Gemahl von seinem Unrecht zu überzeugen. Es war dies allerdings schwierig; denn jener, der sich für ihren Sohn ausgab, hatte das Erkennungszeichen, den Dolch, überreicht und hatte auch, wie sie erfuhr, so viel von Omars früherem Leben von diesem selbst sich erzählen lassen, daß er seine Rolle, ohne sich zu verraten, spielte.

Sie berief die Männer zu sich, die den Sultan zu der Säule El-Serujah begleitet hatten, um sich alles genau erzählen zu lassen, und hielt dann mit ihren vertrautesten Sklavinnen Rat. Sie wählten und verwarfen dies und jenes Mittel; endlich sprach Melechsalah, eine alte, kluge Frau: »Wenn ich recht gehört habe, verehrte Gebieterin, so nannte der Überbringer des Dolches den, welchen du für deinen Sohn hältst, Labakan, einen verwirrten Schneider?«

»Ja, so ist es«, antwortete die Sultanin, »aber was willst du damit?«

»Was meint Ihr«, fuhr jene fort, »wenn dieser Betrüger Eurem Sohn seinen eigenen Namen aufgeheftet hätte? – Und wenn dies ist, so gibt es ein herrliches Mittel, den Betrüger zu fangen, das ich Euch ganz im geheimen sagen will.« Die Sultanin bot ihrer Sklavin das Ohr, und diese flüsterte ihr einen Rat zu, der ihr zu behagen schien, denn sie schickte sich an, sogleich zum Sultan zu gehen.

Die Sultanin war eine kluge Frau, welche wohl die schwachen Seiten des Sultans kannte und sie zu benützen verstand. Sie schien daher, ihm nachgeben und den Sohn anerkennen zu wollen, und bat sich nur eine Bedingung aus; der Sultan, dem sein Aufbrausen gegen seine Frau leid tat, gestand die Bedingung zu, und sie sprach:

»Ich möchte gerne den beiden eine Probe ihrer Geschicklichkeit auferlegen; eine andere würde sie vielleicht reiten, fechten oder Speere werfen lassen, aber das sind Sachen, die ein jeder kann; nein, ich will ihnen etwas geben, wozu Scharfsinn gehört! Es soll nämlich jeder von ihnen einen Kaftan und ein Paar Beinkleider verfertigen, und da wollen wir einmal sehen, wer die schönsten macht.«

Der Sultan lachte und sprach: »Ei, da hast du ja etwas recht Kluges ausgesonnen. Mein Sohn sollte mit deinem wahnsinnigen Schneider wetteifern, wer den besten Kaftan macht? Nein, das ist nichts.«

Die Sultanin aber berief sich darauf, daß er ihr die Bedingung zum voraus zugesagt habe, und der Sultan, welcher ein Mann von Wort war, gab endlich nach, obgleich er schwor, wenn der wahnsinnige Schneider seinen Kaftan auch noch so schön mache, könne er ihn doch nicht für seinen Sohn erkennen.

Der Sultan ging selbst zu seinem Sohn und bat ihn, sich in die Grillen seiner Mutter zu schicken, die nun einmal durchaus einen Kaftan von seiner Hand zu sehen wünsche. Dem guten Labakan lachte das Herz vor Freude; wenn es nur an dem fehlt, dachte er bei sich, da soll die Frau Sultanin bald Freude an mir erleben.

Man hatte zwei Zimmer eingerichtet, eines für den Prinzen, das andere für den Schneider; dort sollten sie ihre Kunst erproben, und man hatte jedem nur ein hinlängliches Stück Seidenzeug, Schere, Nadel und Faden gegeben.

Der Sultan war sehr begierig, was für ein Ding von Kaftan wohl sein Sohn zutage fördern werde, aber auch der Sultanin pochte unruhig das Herz, ob ihre List wohl gelingen werde oder nicht. Man hatte den beiden zwei Tage zu ihrem Geschäft ausgesetzt, am dritten ließ der Sultan seine Gemahlin rufen, und als sie erschienen war, schickte er in jene zwei Zimmer, um die beiden Kaftane und ihre Verfertiger holen zu lassen. Triumphierend trat Labakan ein und breitete seinen Kaftan vor den erstaunten Blicken des Sultans aus. »Siehe her, Vater«, sprach er, »siehe her, verehrte Mutter, ob dies nicht ein Meisterstück von einem Kaftan ist? Da laß ich es mit dem geschicktesten Hofschneider auf eine Wette ankommen, ob er einen solchen herausbringt.«

Die Sultanin lächelte und wandte sich zu Omar: »Und was hast du herausgebracht, mein Sohn?«

Unwillig warf dieser den Seidenstoff und die Schere auf den Boden: »Man hat mich gelehrt, ein Roß zu bändigen und einen Säbel zu schwingen, und meine Lanze trifft auf sechzig Gänge ihr Ziel – aber die Künste der Nadel sind mir fremd, sie wären auch unwürdig für einen Zögling Elfi Beys, des Beherrschers von Kairo.«

»Oh, du echter Sohn meines Herrn«, rief die Sultanin, »ach, daß ich dich umarmen, dich Sohn nennen dürfte! Verzeihet, mein Gemahl und Gebieter«, sprach sie dann, indem sie sich zum Sultan wandte, »daß ich diese List gegen Euch gebraucht habe; sehet Ihr jetzt noch nicht ein, wer Prinz und wer Schneider ist; fürwahr, der Kaftan ist köstlich, den Euer Herr Sohn gemacht hat, und ich möchte ihn gerne fragen, bei welchem Meister er gelernt habe.«

Der Sultan saß in tiefen Gedanken, mißtrauisch bald seine Frau, bald Labakan anschauend, der umsonst sein Erröten und seine Bestürzung, daß er sich so dumm verraten habe, zu bekämpfen suchte. »Auch dieser Beweis genügt nicht«, sprach er, »aber ich weiß, Allah sei es gedankt, ein Mittel, zu erfahren, ob ich betrogen bin oder nicht.«

Er befahl, sein schnellstes Pferd vorzuführen, schwang sich auf und ritt in einen Wald, der nicht weit von der Stadt begann. Dort wohnte nach einer alten Sage eine gütige Fee, Adolzaide geheißen, welche oft schon den Königen seines Stammes in der Stunde der Not mit ihrem Rat beigestanden war; dorthin eilte der Sultan.

In der Mitte des Waldes war ein freier Platz, von hohen Zedern umgeben. Dort wohnte nach der Sage die Fee, und selten betrat ein Sterblicher diesen Platz, denn eine gewisse Scheu davor hatte sich aus alten Zeiten vom Vater auf den Sohn vererbt.

Als der Sultan dort angekommen war, stieg er ab, band sein Pferd an einen Baum, stellte sich in die Mitte des Platzes und sprach mit lauter Stimme: »Wenn es wahr ist, daß du meinen Vätern gütigen Rat erteiltest in der Stunde der Not, so verschmähe nicht die Bitte ihres Enkels und rate mir, wo menschlicher Verstand zu kurzsichtig ist!«

Er hatte kaum die letzten Worte gesprochen, als sich eine der Zedern öffnete und eine verschleierte Frau in langen, weißen Gewändern hervortrat. »Ich weiß, warum du zu mir kommst, Sultan Saud, dein Wille ist redlich; darum soll dir auch meine Hilfe werden. Nimm diese zwei Kistchen! Laß jene beiden, welche deine Söhne sein wollen, wählen! Ich weiß, daß der, welcher der echte ist, das rechte nicht verfehlen wird.« So sprach die Verschleierte und reichte ihm zwei kleine Kistchen von Elfenbein, reich mit Gold und Perlen verziert; auf den Deckeln, die der Sultan vergebens zu öffnen versuchte, standen Inschriften von eingesetzten Diamanten.

Der Sultan besann sich, als er nach Hause ritt, hin und her, was wohl in den Kistchen sein könnte, welche er mit aller Mühe nicht zu öffnen vermochte. Auch die Aufschrift gab ihm kein Licht in der Sache; denn auf dem einen stand: »Ehre und Ruhm«, auf dem anderen: »Glück und Reichtum«. Der Sultan dachte bei sich, da würde auch ihm die Wahl schwer werden unter diesen beiden Dingen, die gleich anziehend, gleich lockend seien.

Als er in seinen Palast zurückgekommen war, ließ er die Sultanin rufen und sagte ihr den Ausspruch der Fee, und eine wunderbare Hoffnung erfüllte sie, daß jener, zu dem ihr Herz sie hinzog, das Kistchen wählen würde, welches seine königliche Abkunft beweisen sollte.

Vor dem Throne des Sultans wurden zwei Tische aufgestellt; auf sie setzte der Sultan mit eigener Hand die beiden Kistchen, bestieg dann den Thron und winkte einem seiner Sklaven, die Pforte des Saales zu öffnen. Eine glänzende Versammlung von Bassas und Emiren des Reiches, die der Sultan berufen hatte, strömte durch die geöffnete Pforte. Sie ließen sich auf prachtvollen Polstern nieder, welche die Wände entlang aufgestellt waren.

Als sie sich alle niedergelassen hatten, winkte der König zum zweitenmal, und Labakan wurde hereingeführt. Mit stolzem Schritte ging er durch den Saal, warf sich vor dem Throne nieder und sprach: »Was befiehlt mein Herr und Vater?«

Der Sultan erhob sich auf seinem Thron und sprach: »Mein Sohn! Es sind Zweifel an der Echtheit deiner Ansprüche auf diesen Namen erhoben worden; eines jener Kistchen enthält die Bestätigung deiner echten Geburt, wähle! Ich zweifle nicht, du wirst das rechte wählen!«

Labakan erhob sich und trat vor die Kistchen, er erwog lange, was er wählen sollte, endlich sprach er: »Verehrter Vater! Was kann es Höheres geben als das Glück, dein Sohn zu sein, was Edleres als den Reichtum deiner Gnade? Ich wähle das Kistchen, das die Aufschrift ›Glück und Reichtum‹ zeigt.«

»Wir werden nachher erfahren, ob du recht gewählt hast; einstweilen setze dich dort auf das Polster zum Bassa von Medina«, sagte der Sultan und winkte seinen Sklaven.

Omar wurde hereingeführt; sein Blick war düster, seine Miene traurig, und sein Anblick erregte allgemeine Teilnahme unter den Anwesenden. Er warf sich vor dem Throne nieder und fragte nach dem Willen des Sultans.

Der Sultan deutete ihm an, daß er eines der Kistchen zu wählen habe, er stand auf und trat vor den Tisch.

Er las aufmerksam beide Inschriften und sprach: »Die letzten Tage haben mich gelehrt, wie unsicher das Glück, wie vergänglich der Reichtum ist; sie haben mich aber auch gelehrt, daß ein unzerstörbares Gut in der Brust des Tapferen wohnt, die Ehre, und daß der leuchtende Stern des Ruhmes nicht mit dem Glück zugleich vergeht. Und sollte ich einer Krone entsagen – Ehre und Ruhm, ich wähle euch!«

Er setzte seine Hand auf das Kistchen, das er erwählt hatte; aber der Sultan befahl ihm, einzuhalten; er winkte Labakan, gleichfalls vor seinen Tisch zu treten, und auch dieser legte seine Hand auf sein Kistchen.

Der Sultan aber ließ sich ein Becken mit Wasser von dem heiligen Brunnen Zemzem in Mekka bringen, wusch seine Hände zum Gebet, wandte sein Gesicht nach Osten, warf sich nieder und betete: »Gott meiner Väter! Der du seit Jahrhunderten unsern Stamm rein und unverfälscht bewahrtest, gib nicht zu, daß ein Unwürdiger den Namen der Abassiden schände, sei mit deinem Schutze meinem echten Sohne nahe in dieser Stunde der Prüfung!«

Der Sultan erhob sich und bestieg seinen Thron wieder; allgemeine Erwartung fesselte die Anwesenden, man wagte kaum zu atmen, man hätte ein Mäuschen über den Saal gehen hören können, so still und gespannt waren alle, die hintersten machten lange Hälse, um über die vorderen nach den Kistchen sehen zu können. Jetzt sprach der Sultan: »Öffnet die Kistchen«, und diese, die vorher keine Gewalt zu öffnen vermochte, sprangen von selbst auf.

In dem Kistchen, das Omar gewählt hatte, lagen auf einem samtenen Kissen eine kleine goldene Krone und ein Zepter; in Labakans Kistchen – eine große Nadel und ein wenig Zwirn! Der Sultan befahl den beiden, ihre Kistchen vor ihn zu bringen. Er nahm das Krönchen von dem Kissen in seine Hand, und wunderbar war es anzusehen: Wie er es nahm, wurde es größer und größer, bis es die Größe einer rechten Krone erreicht hatte. Er setzte die Krone seinem Sohn Omar, der vor ihm kniete, auf das Haupt, küßte ihn auf die Stirne und hieß ihn zu seiner Rechten sich niedersetzen. Zu Labakan aber wandte er sich und sprach: »Es ist ein altes Sprichwort: Der Schuster bleibe bei seinem Leisten! Es scheint, als solltest du bei der Nadel bleiben. Zwar hast du meine Gnade nicht verdient, aber es hat jemand für dich gebeten, dem ich heute nichts abschlagen kann; drum schenke ich dir dein armseliges Leben, aber wenn ich dir guten Rates bin, so beeile dich, daß du aus meinem Lande kommst!«

Beschämt, vernichtet, wie er war, vermochte der arme Schneidergeselle nichts zu erwidern; er warf sich vor dem Prinzen nieder, und Tränen drangen ihm aus den Augen: »Könnt Ihr mir vergeben, Prinz?« sagte er.

»Treue gegen den Freund, Großmut gegen den Feind ist des Abassiden Stolz«, antwortete der Prinz, indem er ihn aufhob, »gehe hin in Frieden!«

»O du mein echter Sohn!« rief gerührt der alte Sultan und sank an die Brust des Sohnes; die Emire und Bassa und alle Großen des Reiches standen auf von ihren Sitzen und riefen: »Heil dem neuen Königssohn!« Und unter dem allgemeinen Jubel schlich sich Labakan, sein Kistchen unter dem Arm, aus dem Saal.

Er ging hinunter in die Ställe des Sultans, zäumte sein Roß Murva auf und ritt zum Tore hinaus, Alessandria zu. Sein ganzes Prinzenleben kam ihm wie ein Traum vor, und nur das prachtvolle

Kistchen, reich mit Perlen und Diamanten geschmückt, erinnerte ihn, daß er doch nicht geträumt habe.

Als er endlich wieder nach Alessandria kam, ritt er vor das Haus seines alten Meisters, stieg ab, band sein Rößlein an die Türe und trat in die Werkstatt. Der Meister, der ihn nicht gleich kannte, machte ein großes Wesen und fragte, was ihm zu Dienst stehe; als er aber den Gast näher ansah und seinen alten Labakan erkannte, rief er seine Gesellen und Lehrlinge herbei, und alle stürzten sich wie wütend auf den armen Labakan, der keines solchen Empfangs gewärtig war, stießen und schlugen ihn mit Bügeleisen und Ellenmaß, stachen ihn mit Nadeln und zwickten ihn mit scharfen Scheren, bis er erschöpft auf einen Haufen alter Kleider niedersank.

Als er nun so dalag, hielt ihm der Meister eine Strafrede über das gestohlene Kleid; vergebens versicherte Labakan, daß er nur deswegen wiedergekommen sei, um ihm alles zu ersetzen, vergebens bot er ihm den dreifachen Schadenersatz, der Meister und seine Gesellen fielen wieder über ihn her, schlugen ihn weidlich und warfen ihn zur Türe hinaus; zerschlagen und zerfetzt stieg er auf das Roß Murva und ritt in eine Karawanserei. Dort legte er sein müdes, zerschlagenes Haupt nieder und stellte Betrachtungen an über die Leiden der Erde, über das so oft verkannte Verdienst und über die Nichtigkeit und Flüchtigkeit aller Güter. Er schlief mit dem Entschluß ein, aller Größe zu entsagen und ein ehrsamer Bürger zu werden.

Und den andern Tag gereute ihn sein Entschluß nicht; denn die schweren Hände des Meisters und seiner Gesellen schienen alle Hoheit aus ihm herausgeprügelt zu haben.

Er verkaufte um einen hohen Preis sein Kistchen an einen Juwelenhändler, kaufte sich ein Haus und richtete sich eine Werkstatt zu seinem Gewerbe ein. Als er alles eingerichtet und auch ein Schild mit der Aufschrift Labakan, Kleidermacher vor sein Fenster gehängt hatte, setzte er sich und begann mit jener Nadel und dem Zwirn, die er in dem Kistchen gefunden, den Rock zu flicken, welchen ihm sein Meister so grausam zerfetzt hatte. Er wurde von seinem Geschäft abgerufen, und als er sich wieder an die Arbeit setzen wollte, welch sonderbarer Anblick bot sich ihm dar! Die Nadel nähte emsig fort, ohne von jemand geführt zu werden; sie machte feine, zierliche Stiche, wie sie selbst Labakan in seinen kunstreichsten Augenblicken nicht gemacht hatte!

Wahrlich, auch das geringste Geschenk einer gütigen Fee ist nützlich und von großem Wert! Noch einen andern Wert hatte aber dies Geschenk, nämlich: Das Stückchen Zwirn ging nie aus, die Nadel mochte so fleißig sein, als sie wollte.

Labakan bekam viele Kunden und war bald der berühmteste Schneider weit und breit; er schnitt die Gewänder zu und machte den ersten Stich mit der Nadel daran, und flugs arbeitete diese weiter ohne Unterlaß, bis das Gewand fertig war. Meister Labakan hatte bald die ganze Stadt zu Kunden; denn er arbeitete schön und außerordentlich billig, und nur über eines schüttelten die Leute von Alessandria den Kopf, nämlich: daß er ganz ohne Gesellen und bei verschlossenen Türen arbeitete.

So war der Spruch des Kistchens, Glück und Reichtum verheißend, in Erfüllung gegangen; Glück und Reichtum begleiteten, wenn auch in bescheidenem Maße, die Schritte des guten Schneiders, und wenn er von dem Ruhm des jungen Sultans Omar, der in aller Munde lebte, hörte, wenn er hörte, daß dieser Tapfere der Stolz und die Liebe seines Volkes und der Schrecken seiner Feinde sei, da dachte der ehemalige Prinz bei sich: »Es ist doch besser, daß ich ein Schneider geblieben bin; denn um die Ehre und den Ruhm ist es eine gar gefährliche Sache.« So lebte Labakan, zufrieden mit sich, geachtet von seinen Mitbürgern, und wenn die Nadel indes nicht ihre Kraft verloren, so näht sie noch jetzt mit dem ewigen Zwirn der gütigen Fee Adolzaide.

Das Märchen vom falschen Prinzen

Deutung

Nur die letzte Geschichte des ersten Almanachs nennt der Dichter ein Märchen, nur sie läßt er mit dem bekannten »Es war einmal« beginnen, obwohl weder Anfang noch Ende dieser Verheißung gerecht werden, eigentlich erst im letzten Drittel Märchenhaftes in Gestalt der Fee und des Wunder wirkenden Kästchens erscheint. Der Märchenwelt entnommen sind aber auch die beiden Hauptmotive der Glückssuche und der Verwandlung, doch wieder mit einem sehr realen Bezug, so real, daß man an G. Kellers Seldwyler Geschichte »Kleider machen Leute« nicht nur zu denken gezwungen wird, sondern geradezu der Verdacht aufkommt, es handle sich um ein Plagiat, das es freilich nicht sein kann, da Hauff sein Märchen drei Jahrzehnte früher schrieb. Es wäre eine eigene Arbeit wert, diese beiden Erzählungen zu vergleichen: Die Weite des späteren Dichters – beginnend in heiterer Atmosphäre, in tiefe Tragik stürzend, schließlich menschlich und gesellschaftlich mutig endend – erreicht Hauff nicht. Er schreibt ein Märchen, in dem bekannte Motive geschickt umgestaltet und verwoben werden, orientalische Farbigkeit aufs neue unterhält und manches Detail überrascht, ein Märchen, das nicht unbedingt zu des Dichters besten zählt, jedoch in Grundidee, Personengestaltung und Kästchenwahl reizvoll genug ist, es zu lesen und zu besprechen.

Ohne Umschweife führt der Dichter ein: »Es war einmal ein ehrsamer Schneidergeselle, namens Labakan ...« Doch schnell relativiert er das positive Bild mittels zweier Negationen (»Man konnte nicht sagen, daß Labakan ungeschickt mit der Nadel war …«) und verstärkt den zwiespältigen Eindruck mit dem Hinweis, der Geselle mache zwar »recht feine Arbeiten«, sei auch nicht »geradezu faul«, aber irgendwie nicht »ganz richtig« bei der Sache. Der zweite Absatz lüftet das Geheimnis, Ende des ersten bereits angekündigt: »Labakan hat wieder sein vornehmes Gesicht.« Labakan ist fleißig, zugleich aber sehr eitel und selbstgefällig. Wenn der Meister im Spaß zu ihm sagt: »An dir ist ein Prinz verlorengegangen«, antwortet Labakan ganz im Ernst: »Ich habe es schon lange gedacht.«

Der dritte Absatz zieht nach wieder positivem Beginn erneut ins Negative: Aus dem Träumer wird ein Betrüger und Hochstapler, nicht wider Willen wie Wenzel Strapinski in Kellers Novelle, der von den Seldwylern in die Grafenrolle gedrängt wird und aus der er mehrmals zu fliehen sucht, sondern angemaßt, nicht Herr seiner Eitelkeit und seines Ehrgeizes. Das Kleid des kaiserlichen Bruders scheint ihm ein Wink des Schicksals, den niedrigen Stand zu verlassen, um eine bedeutendere gesellschaftliche Stufe zu erlangen: »Das prachtvolle Kleid schien ihm von einer gütigen Fee geschickt.« Nun glaubt er, mit dem Kleid eine königliche Gesinnung angezogen, sich ausreichend verwandelt zu haben, und zieht in die Welt hinaus, um sein Glück zu machen.

An dieser Stelle drängt sich noch ein anderer Vergleich auf, nämlich mit dem Märchen vom tapferen Schneiderlein, das, ebenfalls Hochstapler, am Ende doch sein Ziel erreicht und eine königliche Braut erhält. Der Anfang ist gesinnungsmäßig nahezu identisch. Als der Schneider sieben Fliegen erlegt hat, bewundert er sich selbst und läßt sich bewundern: »… die ganze Welt soll's erfahren!« und »sein Herz wackelte ihm vor Freude wie ein Lämmerschwänzchen.« Wir spüren gleich den feinen Unterschied: Nicht Neid, sondern Freude bildet den Untergrund, spitzbübisches Unterfangen, immerfort seinen Möglichkeiten vertrauend, die er kraft seines Verstandes nutzt. So wird dieses

Schneiderlein geradezu Personifikation intellektuellen Bewußtseins, Selbstbewußtseins, wogegen kein Verständiger etwas einwenden wird, zumal dieser Figur sogar, wie R. Meyer (in »Die Weisheit der deutschen Volksmärchen«) betont, insofern ein Sendungsbewußtsein zugesprochen werden darf, als sie mit überlebten Gewalten (verbildlicht durch Riesen, Einhorn und Wildschwein) aufräumt und somit den Zeitgeist erneuern hilft.

Diese Kraft verdeutlicht noch mehr das verwandte Grimmsche Märchen »Vom klugen Schneiderlein«, das nicht nur das Rätsel der Prinzessin löst, sondern ebenfalls gegen Urgewalten (einen Bären) mit List (im positiven Sinne) erfolgreich ankämpft. Seine Brüder denken zu vordergründig, alltäglich, der Jüngste denkt an Gold und Silber. Dieser Schneider hat nicht nur Witz und Verstand, sondern auch Phantasie, Sinn für Überirdisches. Wer eine Prinzessin erringen will, muß solche Kräfte in sich vereinen und aktivieren können. So also, nur so kann aus einem Schneider ein Königssohn werden.

Der Schneidergeselle Labakan wählt den entgegengesetzten Weg: Er verwandelt sich nicht wirklich, er steigt nicht, sondern fällt und findet nicht das gesuchte Glück. Als ihm der Sohn des Sultans der Wechabiten begegnet (dies sind Anhänger einer um 1750 von Mohammed Ibn-Abd-el-Wahhab gegründeten reformistischen Sekte, die den Islam in seiner ursprünglichen Reinheit wiederherstellen wollte), glaubt er, »sich durch List oder Gewalt zu erstreben, was ihm das ungünstige Schicksal versagt hatte«. Aus Diebstahl wird Betrug, fast Mord, den das noch wache Gewissen verhindert. Geschickt bettet Hauff den moralischen Verfall in orientalische Riten ein: An einem Freitag, einem für Mohammedaner heiligen Ruhetag, werden Labakans Anmaßungen immer unruhiger, beginnen sie zu wuchern; am ersten Tag des heiligen Monats Ramadan begeht er den Raub. Seine edlere Natur verdrängt zwar, wie gesagt, den Mord, doch der Gedanke, er sei zum Prinzen geboren, »der böse Geist der Lüge war einmal in ihn gefahren, und er beschloß, wie es auch kommen möge, mit eiserner Stirne seine angemaßten Rechte zu behaupten«. Seine edlere Natur verdrängt zwar, wie gesagt, den Mord, doch der Gedanke, er sei zum Prinzen geboren, läßt ihn die Rolle weiterspielen, die er meint spielen zu dürfen, ohne an das Elend zu denken, das er dadurch verursacht: » … der böse Geist der Lüge war einmal in ihn gefahren, und er beschloß, wie es auch kommen möge, mit eiserner Stirne seine angemaßten Rechte zu behaupten.«

Streben nach Ansehen und Macht, in ähnlicher Weise in »Die Gänsemagd« thematisiert, immer wieder grausam aktualisiert in der Historie, macht aus einem einfachen Menschen nicht nur einen Hochstapler, sondern auch Usurpatoren, Größenwahnsinnigen, Recht und Gerechtigkeit mit Füßen tretend, sittliche Ordnungen vorübergehend außer Kraft setzend.

So auch Labakan, der falsche Prinz, der eine ganze Weile das unredliche Spiel treiben kann, weil sich der alte Sultan täuschen läßt und weibliche Einfälle, Intuitionen nicht anerkennt. Wieder entwirft Hauff einen König, der höchsten Anforderungen nicht genügt. Wir erfahren schon in einem ersten Rückblick, welche Furcht ihn packt vor den Prophezeiungen seiner Sterndeuter (ähnlich reagiert ja der König in »Dornröschen«, der meint, er könne Schicksal bewältigen, indem er im Lande alle Spindeln verbrennen läßt), wie auch er glaubt, er könne seinem Schicksal entgehen, indem er 22 kostbare Jahre ausklammert. Nicht Astrologie wird in diesem Zusammenhang angezweifelt, sondern die ängstliche Reaktion auf mögliche, durchaus nicht zwingende kosmische Konstellationen verworfen. Angst macht nicht frei, schafft (wie das Wort ursprünglich sehr gut ausdrückt) Enge. Gefordert wird, zumindest doch von einem königlichen Menschen, beherztes Handeln, nicht feiges Ausweichen:

«Allen Gewalten
zum Trutz sich erhalten,
nimmer sich beugen,
kräftig sich zeigen,
rufet die Arme
der Götter herbei.« (Goethe)

Da dieser König (Märchenerzähler kennen natürlich auch eindrucksvollere Herrscher) gelenkt wird von Kleinmut, reagiert er entsprechend auf die innere Stimme seiner Frau, nämlich eigenwillig und gebieterisch, schließlich sogar zornig, wobei man ihm zugute halten darf, daß er ein anscheinend untrügliches Zeichen, den Dolch, in der Hand hat.

In solchem Falle, tief innerlich überzeugt von der Bedeutung des Traums, letztlich getragen vom Instinkt der Mutter, hilft nur noch List (im positiven Sinne), entwickelt von einer alten klugen Frau.

Zwei Proben werden die Wahrheit an den Tag bringen: Das Wettnähen und die Kästchenwahl. Das erste Beispiel muß dem Leser unglaubwürdig erscheinen; denn kann ein Mensch in dieser angespannten Situation wirklich so ahnungslos reagieren, so blindlings seinem Triebe folgen, sich so simpel überführen lassen? Die Sultanin erkennt sofort den wahren Sohn, der Sultan gerät zum ersten Mal in Zweifel. Es kommt zur Kästchenwahl, mit der Hauff zwar eine lange literarische Tradition aufgreift, die er aber trotzdem geschickt anpaßt und originell nutzt.

Am bekanntesten ist sie aus Shakespeares »Kaufmann von Venedig«: Die schöne und kluge Porzia wird durch väterlichen Willen gezwungen, von ihren Bewerbern den zum Manne zu nehmen, der von drei Kästchen – aus Gold, Silber und Blei – das richtige wählt, in dem nämlich ihr Bild liegt. Der rechte Weg führt hier übrigens nicht über Gold und Silber, sondern über das Lob des Bleis (Symbolik – nicht nur im Märchen – muß oft ambivalent gedeutet werden, je nach Sinnzusammenhang; ein Turm z.B. kann Ort des Ausblicks, Überblicks sein, aber auch der Gefangenschaft); nicht der Glanz entscheidet bei Shakespeare, sondern die verborgene, noch wandelbare Grundsubstanz (alchemistische Vorstellungen hatten damals noch hohen Stellenwert).

Da Hauff E. T. A. Hoffmann liebte, sei auch noch dessen skurrile Geschichte »Die Brautwahl« erwähnt (in der übrigens Shakespeare als Gewährsmann genannt wird): Der junge Maler Edmund möchte sich mit Albertine, der Tochter des reichen Kommissionsrats Voßwinkel, verloben, hat aber gegen einen geldgierigen Vater und zwei andere Bewerber anzukämpfen. Ein Goldschmied, Edmunds Lehrer und Freund, sichert ihm dank der Kästchenwahl eine Art Hochzeitslotterie und dadurch die ersehnte Braut, wobei auch hier die Wahl des einfachsten Materials die richtige ist.

Hauffs Leistung liegt in der Kunst der Abstraktion und der aus ihr erwachsenden, zu erwartenden Reaktionen gemäß Veranlagung und Erziehung: Der echte Prinz beweist sich durch seine aristokratische Bildung und, wie sich bald nach der Probe zeigt, durch seine adelige Lebenshaltung; er wählt das Kästchen mit der Aufschrift »Ehre und Ruhm«. Der Schneider wählt gemäß seiner bürgerlichen Gesinnung »Glück und Reichtum«. Die natürlichen Verhältnisse werden wieder hergestellt. Wer, das meint doch wohl Hauff, nicht im höheren Stand aufgewachsen ist, nicht die erforderliche Erziehung genossen hat, wird die Rolle eines Prinzen dauerhaft nicht erfüllen können. Gutes Aussehen genügt nicht, Kleider können eine Weile täuschen, Betrug bringt kein Glück. Labakan muß aller Größe entsagen, er muß zurück und zu Hause Spott und harte körperliche Strafe über sich ergehen lassen. Ein sozialer Aufstieg findet nicht statt, vom Sultan eindeutig mit dem Sprichwort abgetan: »Schuster bleib bei deinen Leisten!« Glück und Reichtum, wie sie das Kästchen verheißt, werden nur im alten Stand erreicht, im Stande eines ehrsamen Bürgers. In dieser Genügsamkeit und Bescheidenheit näht die Nadel gewissermaßen allein, erwachsen Zufriedenheit mit sich und Achtung bei den Mitbürgern.

Dies ist ein harmonischer Schluß, erwachsen aus dem großartigen Geschenk der Fee und der aristokratischen Haltung des wahren Prinzen. Doch hat der Schneider ein solches Ende verdient, wodurch verdient? Gewiß: Er hat aller Größe entsagt, er hat sich durchprügeln lassen. Reicht das, um einen Betrüger und zumindest potentiellen Zerstörer einer ganzen Adelsfamilie aus dem Geschlecht der Abassiden (das übrigens von 750-1250 über Bagdad herrschte) derart wohlwollend zu bevorteilen, daß er selbst keinen Finger mehr zu krümmen braucht und zudem kraft seiner unermüdlichen Nadel und seines nie endenden Zwirns das gesamte Schneidergewerbe in der Stadt und ringsum aussticht, möglicherweise brotlos macht? Wird hier nicht eine sehr zweifelhafte Glücksfindung thematisiert? Das Volksmärchen (man lese z. B. daraufhin noch einmal die Märchen vom tapferen bzw. klugen Schneiderlein) ist in diesem Punkte konsequenter und mutiger, setzt immer eine ungewöhnliche Leistung vor den Lohn; auch Gottfried Keller führt seinen Helden, der im Grunde nichts verbrochen hat, in eine tiefe existentielle Krise, bis an den Rand des Todes, überwunden durch eine extreme Leistung der Braut. Und Hauff selbst wird in »Das kalte Herz« noch tiefer weisen.

Im »Märchen vom falschen Prinzen« begeht er jedoch einen geradezu fundamentalen Fehler. Selbstverständlich muß man einen sozialen Aufstieg verwehren, wenn er erzwungen wird durch Täuschung und Betrug, solange also eine Diskrepanz besteht zwischen Wollen und Können, zwischen Schein und Sein. Der Dichter geht aber dadurch, wie er das alte Sprichwort verwendet, ins Grundsätzliche: »Schuster bleib bei deinen Leisten!« erweckt im Leser die Vorstellung, man solle an dem Platz bleiben, an den man von Gott oder Schicksal gestellt wurde, solle da seine Pflicht erfüllen und zufrieden sein. Das ist jedoch gegen jede Ordnung der Natur gedacht, insbesondere gegen die menschliche, weil sich alles und jeder entwickeln will und soll:

>Freund, so du etwas bist, so bleib doch ja nicht stehn:
Man muß aus einem Licht fort in das andre gehn.«
(Angelus Silesius).

Das ist keine Fiktion, sondern anhand großer Biographien und auch kleiner nachvollziehbar, z.B. in Beethovens oder Schillers, aus dürftigen Verhältnissen stammend, sozial steigend, zu höchsten Idealen sich entwickelnd und führend; Menschen, die sich nicht auf phantastische Hilfe verlassen, sondern ihr Leben aktiv gestalten.

Damit soll der junge Hauff nicht degradiert werden (auch andere Dichter, z.B. sein großes Vorbild E.T.A. Hoffmann, haben schwächere Texte – oft aus wirtschaftlicher Not heraus – verfaßt); er soll aber auch nicht überbewertet werden. Hauff war ein großes Talent, doch kein Genie, auch wenn ihm mit »Der Zwerg Nase« und »Das kalte Herz« zwei außergewöhnliche Kunstmärchen gelangen.

Das kalte Herz

Original

Wer durch Schwaben reist, der sollte nie vergessen, auch ein wenig in den Schwarzwald hineinzuschauen; nicht der Bäume wegen, obgleich man nicht überall solch unermeßliche Menge herrlich aufgeschossener Tannen findet, sondern wegen der Leute, die sich von den andern Menschen ringsumher merkwürdig unterscheiden. Sie sind größer als gewöhnliche Menschen, breitschultrig, von starken Gliedern, und es ist, als ob der stärkende Duft, der morgens durch die Tannen strömt, ihnen von Jugend auf einen freieren Atem, ein klareres Auge und einen festeren, wenn auch rauheren Mut als den Bewohnern der Stromtäler und Ebenen gegeben hätte. Und nicht nur durch Haltung und Wuchs, auch durch ihre Sitten und Trachten sondern sie sich von den Leuten, die außerhalb des Waldes wohnen, streng ab. Am schönsten kleiden sich die Bewohner des badenschen Schwarzwaldes; die Männer lassen den Bart wachsen, wie er von Natur dem Mann ums Kinn gegeben ist; ihre schwarzen Wämser, ihre ungeheuren, enggefalteten Pluderhosen, ihre roten Strümpfe und die spitzen Hüte, von einer weiten Scheibe umgeben, verleihen ihnen etwas Fremdartiges, aber etwas Ernstes, Ehrwürdiges. Dort beschäftigen sich die Leute gewöhnlich mit Glasmachen; auch verfertigen sie Uhren und tragen sie in der halben Welt umher.

Auf der andern Seite des Waldes wohnt ein Teil desselben Stammes, aber ihre Arbeiten haben ihnen andere Sitten und Gewohnheiten gegeben als den Glasmachern. Sie handeln mit ihrem Wald; sie fällen und behauen ihre Tannen, flößen sie durch die Nagold in den Neckar und von dem oberen Neckar den Rhein hinab, bis weit hinein nach Holland, und am Meer kennt man die Schwarzwälder und ihre langen Flöße; sie halten an jeder Stadt, die am Strom liegt, an und erwarten stolz, ob man ihnen Balken und Bretter abkaufen werde; ihre stärksten und längsten Balken aber verhandeln sie um schweres Geld an die Mynheers, welche Schiffe daraus bauen. Diese Menschen nun sind an ein rauhes, wanderndes Leben gewöhnt. Ihre Freude ist, auf ihrem Holz die Ströme hinabzufahren, ihr Leid, am Ufer wieder heraufzuwandeln. Darum ist auch ihr Prachtanzug so verschieden von dem der Glasmänner im andern Teil des Schwarzwaldes. Sie tragen Wämser von dunkler Leinwand, einen handbreiten grünen Hosenträger über die breite

Brust, Beinkleider von schwarzem Leder, aus deren Tasche ein Zoll-
stab von Messing wie ein Ehrenzeichen hervorschaut; ihr Stolz und
ihre Freude aber sind ihre Stiefel, die größten wahrscheinlich, welche auf irgendeinem Teil der Erde Mode sind; denn sie können
zwei Spannen weit über das Knie hinaufgezogen werden, und die
»Flözer« können damit in drei Schuh tiefem Wasser umherwan-
deln, ohne sich die Füße naß zu machen.

Noch vor kurzer Zeit glaubten die Bewohner dieses Waldes an
Waldgeister, und erst in neuerer Zeit hat man ihnen diesen törich-
ten Aberglauben benehmen können. Sonderbar ist es aber, daß
auch die Waldgeister, die der Sage nach im Schwarzwalde hausen,
in diese verschiedenen Trachten sich geteilt haben. So hat man versichert, daß das »Glasmännlein«, ein gutes Geistchen von dreiein-
halb Fuß Höhe, sich nie anders zeige als in einem spitzen Hütlein
mit großem Rand, mit Wams und Pluderhöschen und roten
Strümpfchen. Der Holländer-Michel aber, der auf der anderen
Seite des Waldes umgeht, soll ein riesengroßer, breitschultriger
Kerl in der Kleidung der Flözer sein, und mehrere, die ihn gesehen
haben wollen, versichern, daß sie die Kälber nicht aus ihrem Beutel bezahlen möchten, deren Felle man zu seinen Stiefeln brauchen
würde. »So groß, daß ein gewöhnlicher Mann bis an den Hals hin-
einstehen könnte«, sagten sie und wollten nichts übertrieben haben.

Mit diesen Waldgeistern soll einmal ein junger Schwarzwälder
eine sonderbare Geschichte gehabt haben, die ich erzählen will. Es
lebte nämlich im Schwarzwald eine Witwe, Frau Barbara Munkin;
ihr Gatte war Kohlenbrenner gewesen, und nach seinem Tode hielt
sie ihren sechzehnjährigen Knabe nach und nach zu demselben
Geschäft an. Der junge Peter Munk, ein schlanker Bursche, ließ es
sich gefallen, weil er es bei seinem Vater auch nicht anders gesehen
hatte, die ganze Woche über am rauchenden Meiler zu sitzen oder,
schwarz und berußt und den Leuten ein Abscheu, hinab in die
Städte zu fahren und seine Kohlen zu verkaufen. Aber ein Köhler
hat viel Zeit zum Nachdenken über sich und andere, und wenn Peter Munk an seinem Meiler saß, stimmten die dunklen Bäume umher und die tiefe Waldesstille sein Herz zu Tränen und unbewußter
Sehnsucht. Es betrübte ihn etwas, es ärgerte ihn etwas, er wußte
nicht recht was. Endlich merkte er sich ab, was ihn ärgerte, und das
war – sein Stand. »Ein schwarzer, einsamer Kohlenbrenner!« sagte
er sich. »Es ist ein elend Leben. Wie angesehen sind die Glasmänner, die Uhrmacher, selbst die Musikanten am Sonntag abends!
Und wenn Peter Munk, rein gewaschen und geputzt, in des Vaters
Ehrenwams mit silbernen Knöpfen und mit nagelneuen roten
Strümpfen erscheint, und wenn dann einer hinter mir hergeht und
denkt, wer ist wohl der schlanke Bursche? und lobt bei sich die

Strümpfe und meinen stattlichen Gang – sieh, wenn er vorübergeht und schaut sich um, sagt er gewiß: Ach, es ist nur der Kohlenmunk-Peter.«

Auch die Flözer auf der andern Seite waren ein Gegenstand seines Neides. Wenn diese Waldriesen herüberkamen, mit stattlichen Kleidern, und an Knöpfen, Schnallen und Ketten einen halben Zentner Silber auf dem Leib trugen, wenn sie mit ausgespreizten Beinen und vornehmen Gesichtern dem Tanz zuschauten, holländisch fluchten und wie die vornehmsten Mynheers aus ellenlangen kölnischen Pfeifen rauchten, da stellte er sich als das vollendetste Bild eines glücklichen Menschen solch einen Flözer vor. Und wenn diese Glücklichen dann erst in die Taschen fuhren, ganze Hände voll großer Taler herauslangten und um Sechsbätzner würfelten, fünf Gulden hin, zehn her, so wollten ihm die Sinne vergehen, und er schlich trübselig nach seiner Hütte; denn an manchem Feiertagabend hatte er einen oder den andern dieser »Holzherren« mehr verspielen sehen, als der arme Vater Munk in einem Jahr verdiente. Es waren vorzüglich drei dieser Männer, von welchen er nicht wußte, welchen er am meisten bewundern sollte. Der eine war ein dicker, großer Mann mit rotem Gesicht und galt für den reichsten Mann in der Runde. Man hieß ihn den dicken Ezechiel. Er reiste alle Jahre zweimal mit Bauholz nach Amsterdam und hatte das Glück, es immer um so viel teurer als andere zu verkaufen, daß er, wenn die übrigen zu Fuß heimgingen, stattlich herauffahren konnte. Der andere war der längste und magerste Mensch im ganzen Wald, man nannte ihn den langen Schlurker, und diesen beneidete Munk wegen seiner ausnehmenden Kühnheit; er widersprach den angesehensten Leuten, brauchte, wenn man noch so gedrängt im Wirtshaus saß, mehr Platz als vier der Dicksten; denn er stützte entweder beide Ellbogen auf den Tisch oder zog eines seiner langen Beine zu sich auf die Bank, und doch wagte ihm keiner zu widersprechen, denn er hatte unmenschlich viel Geld. Der dritte war ein schöner junger Mann, der am besten tanzte weit und breit und daher den Namen Tanzbodenkönig hatte. Er war ein armer Mensch gewesen und hatte bei einem Holzherrn als Knecht gedient; da wurde er auf einmal steinreich; die einen sagten, er habe unter einer alten Tanne einen Topf voll Geld gefunden, die andern behaupteten, er habe unweit Bingen im Rhein mit der Stechstange, womit die Flözer zuweilen nach den Fischen stechen, einen Pack mit Goldstücken heraufgefischt, und der Pack gehöre zu dem großen Nibelungenhort, der dort vergraben liegt; kurz, er war auf einmal reich geworden und wurde von jung und alt angesehen wie ein Prinz.

An diese drei Männer dachte Kohlenmunk-Peter oft, wenn er einsam im Tannenwald saß. Zwar hatten alle drei einen Hauptfehler, der sie bei den Leuten verhaßt machte, es war dies ihr unmenschlicher Geiz, ihre Gefühllosigkeit gegen Schuldner und Arme; denn die Schwarzwälder sind ein gutmütiges Völklein; aber man weiß, wie es mit solchen Dingen geht; waren sie auch wegen ihres Geizes verhaßt, so standen sie doch wegen ihres Geldes in Ansehen; denn wer konnte Taler wegwerfen wie sie, als ob man das Geld von den Tannen schüttelte?

»So geht es nicht mehr weiter«, sagte Peter eines Tages schmerzlich betrübt zu sich, denn tags zuvor war Feiertag gewesen und alles Volk in der Schenke, »wenn ich nicht bald auf den grünen Zweig komme, so tu ich mir etwas zuleid; wär' ich doch nur so angesehen und reich wie der dicke Ezechiel oder so kühn und so gewaltig wie der lange Schlurker oder so berühmt und könnte den Musikanten Taler statt Kreuzer zuwerfen wie der Tanzbodenkönig! Wo nur der Bursche das Geld her hat?« Allerlei Mittel ging er durch, wie man sich Geld erwerben könne, aber keines wollte ihm gefallen; endlich fielen ihm auch die Sagen von Leuten ein, die vor alten Zeiten durch den Holländer-Michel und durch das Glasmännlein reich geworden waren. Solang' sein Vater noch lebte, kamen oft andere arme Leute zu Besuch, und da wurde oft lang und breit von reichen Menschen gesprochen, und wie sie reich geworden; da spielte nun oft das Glasmännlein eine Rolle; ja, wenn er recht nachsann, konnte er sich beinahe noch des Versleins erinnern, das man am Tannenbühl in der Mitte des Waldes sprechen mußte, wenn es erscheinen sollte. Es fing an:

»Schatzhauser im grünen Tannenwald
Bist schon viel hundert Jahre alt,
Dir gehört all Land, wo Tannen stehn –«

Aber er mochte sein Gedächtnis anstrengen, wie er wollte, weiter konnte er sich keines Verses mehr entsinnen. Er dachte oft, ob er nicht diesen oder jenen alten Mann fragen sollte, wie das Sprüchlein heiße; aber immer hielt ihn eine gewisse Scheu, seine Gedanken zu verraten, ab, auch schloß er, es müsse die Sage vom Glasmännlein nicht sehr bekannt sein und den Spruch müssen nur wenige wissen; denn es gab nicht viele reiche Leute im Wald, und – warum hatten denn nicht sein Vater und die andern armen Leute ihr Glück versucht? Er brachte endlich einmal seine Mutter auf das Männlein zu sprechen, und diese erzählte ihm, was er schon wußte, kannte auch nur noch die erste Zeile von dem Spruch und sagte ihm endlich, nur Leuten, die an einem Sonntag zwischen elf und zwei Uhr geboren seien, zeige sich das Geistchen. Er selbst würde wohl dazu passen, wenn er nur das Sprüchlein wüßte; denn er sei Sonntag mittags zwölf Uhr geboren.

Als dies der Kohlenmunk-Peter hörte, war er vor Freude und vor Begierde, dies Abenteuer zu unternehmen, beinahe außer sich. Es schien ihm hinlänglich, einen Teil des Sprüchleins zu wissen und am Sonntag geboren zu sein, und Glasmännlein mußten sich ihm zeigen. Als er daher eines Tages seine Kohlen verkauft hatte, zündete er keinen neuen Meiler an, sondern zog seines Vaters Staatswams und neue rote Strümpfe an, setzte den Sonntagshut auf, faßte seinen fünf Fuß hohen Schwarzdornstock in die Hand und nahm von der Mutter Abschied: »Ich muß aufs Amt in die Stadt, denn wir werden bald spielen müssen, wer Soldat wird, und da will ich dem Amtmann nur noch einmal einschärfen, daß Ihr Witwe seid und ich Euer einziger Sohn.« Die Mutter lobte seinen Entschluß, er aber machte sich auf nach dem Tannenbühl. Der Tannenbühl liegt auf der höchsten Höhe des Schwarzwaldes, und auf zwei Stunden im Umkreis stand damals kein Dorf, ja nicht einmal eine Hütte; denn die abergläubischen Leute meinten, es sei dort unsicher. Man schlug auch, so hoch und prachtvoll dort die Tannen standen, ungern Holz in jenem Revier; denn oft waren den Holzhauern, wenn sie dort arbeiteten, die Äxte vom Stiel gesprungen und in den Fuß gefahren, oder die Bäume waren schnell umgestürzt und hatten die Männer mit umgerissen und beschädigt oder gar getötet; auch hätte man die schönsten Bäume von dorther nur zu Brennholz brauchen können, denn die Floßherren nahmen nie einen Stamm aus dem Tannenbühl unter ein Floß auf, weil die Sage ging, daß Mann und Holz verunglücke, wenn ein Tannenbühler mit im Wasser sei. Daher kam es, daß im Tannenbühl die Bäume so dicht und so hoch standen, daß es am hellen Tag beinahe Nacht war, und Peter Munk wurde es ganz schaurig dort zumute; denn er hörte keine Stimme, keinen Tritt als den seinigen, keine Axt; selbst die Vögel schienen diese dichte Tannennacht zu vermeiden.

Kohlenmunk-Peter hatte jetzt den höchsten Punkt des Tannenbühls erreicht und stand vor einer Tanne von ungeheurem Umfang, um die ein holländischer Schiffsherr an Ort und Stelle viele hundert Gulden gegeben hätte. »Hier«, dachte er, »wird wohl der Schatzhauser wohnen«, zog seinen großen Sonntagshut, machte vor dem Baum eine tiefe Verbeugung, räusperte sich und sprach mit zitternder Stimme: »Wünsche glückseligen Abend, Herr Glasmann.« Aber es erfolgte keine Antwort, und alles umher war so still wie zuvor. »Vielleicht muß ich doch das Verslein sprechen«, dachte er weiter und murmelte:

> »Schatzhauser im grünen Tannenwald,
> Bist schon viel hundert Jahre alt,
> Dir gehört all Land, wo Tannen stehn – «

Indem er diese Worte sprach, sah er zu seinem großen Schrekken eine ganz kleine, sonderbare Gestalt hinter der dicken Tanne hervorschauen; es war ihm, als habe er das Glasmännlein gesehen, wie man es beschrieben, das schwarze Wämschen, die roten Strümpfchen, das Hütchen, alles war so, selbst das blasse, aber feine und kluge Gesichtchen, wovon man erzählte, glaubte er gesehen zu haben. Aber ach, so schnell es hervorgeschaut hatte, das Glasmännlein, so schnell war es auch wieder verschwunden! »Herr Glasmann«, rief nach einigem Zögern Peter Munk, »seid so gütig und haltet mich nicht zum Narren. – Herr Glasmann, wenn Ihr meint, ich habe Euch nicht gesehen, so täuschet Ihr Euch sehr, ich sah Euch wohl hinter dem Baum hervorgucken.« Immer keine Antwort, nur zuweilen glaubte er ein leises, heiseres Kichern hinter dem Baum zu vernehmen. Endlich überwand seine Ungeduld die Furcht, die ihn bis jetzt noch abgehalten hatte. »Warte, du kleiner Bursche«, rief er, »dich will ich bald haben!«, sprang mit einem Satz hinter die Tanne, aber da war kein Schatzhauser im grünen Tannenwald, und nur ein kleines, zierliches Eichhörnchen jagte an dem Baum hinauf.

Peter Munk schüttelte den Kopf; er sah ein, daß er die Beschwörung bis auf einen gewissen Grad gebracht habe und daß ihm vielleicht nur noch ein Reim zu dem Sprüchlein fehle, so könne er das Glasmännlein hervorlocken; aber er sann hin, er sann her, und fand nichts. Das Eichhörnchen zeigte sich an den untersten Ästen der Tanne und schien ihn aufzumuntern oder zu verspotten. Es putzte sich, es rollte den schönen Schweif, es schaute ihn mit klugen Augen an, aber endlich fürchtete er sich doch beinahe, mit diesem Tier allein zu sein; denn bald schien das Eichhörnchen einen Menschenkopf zu haben und einen dreispitzigen Hut zu tragen, bald war es ganz wie ein anderes Eichhörnchen und hatte nur an den Hinterfüßen rote Strümpfe und schwarze Schuhe. Kurz, es war ein lustiges Tier; aber dennoch graute Kohlenpeter; denn er meinte, es gehe nicht mit rechten Dingen zu.

Mit schnelleren Schritten, als er gekommen war, zog Peter wieder ab. Das Dunkel des Tannenwaldes schien immer schwärzer zu werden, die Bäume standen immer dichter, und ihm fing an so zu grauen, daß er im Trab davonjagte, und erst, als er in der Ferne Hunde bellen hörte und bald darauf den Rauch einer Hütte erblickte, wurde er wieder ruhiger. Aber als er näher kam und die Tracht der Leute in der Hütte erblickte, fand er, daß er aus Angst gerade die entgegengesetzte Richtung genommen und statt zu den Glasleuten zu den Flözern gekommen sei. Die Leute, die in der Hütte wohnten, waren Holzfäller; ein alter Mann, sein Sohn, der Hauswirt und einige erwachsene Enkel. Sie nahmen Kohlenmunk-Peter, der um ein Nachtlager bat, gut auf, ohne nach seinem Namen und Wohnort zu fragen, gaben ihm Apfelwein zu trinken, und abends wurde ein großer Auerhahn aufgesetzt.

Nach dem Nachtessen setzten sich die Hausfrau und ihre Töchter mit ihren Kunkeln um den großen Lichtspan, den die Jungen mit dem feinsten Tannenharz unterhielten, der Großvater, der Gast und der Hauswirt rauchten und schauten den Weibern zu, die Burschen aber waren beschäftigt, Löffel und Gabeln aus Holz zu schnitzeln. Draußen im Wald heulte der Sturm und raste in den Tannen, man hörte da und dort sehr heftige Schläge, und es schien oft, als ob ganze Bäume abgeknickt würden und zusammenkrachten. Die furchtlosen Jungen wollten hinaus in den Wald laufen und dieses furchtbar schöne Schauspiel mit ansehen, ihr Großvater aber hielt sie mit strengem Wort und Blick zurück.

»Ich will keinem raten, daß er jetzt vor die Tür geht«, rief er ihnen zu, »bei Gott, der kommt nimmermehr wieder; denn der Holländer-Michel haut sich heute nacht ein neues G'stair (Floßgelenke) im Wald.«

Die Kleinen staunten ihn an; sie mochten von dem Holländer-Michel schon gehört haben, aber sie baten jetzt den Ehni, einmal recht schön von jenem zu erzählen. Auch Peter Munk, der vom Holländer-Michel auf der anderen Seite des Waldes nur undeutlich hatte sprechen hören, stimmte mit ein und fragte den Alten, wer und wo er sei. »Er ist der Herr dieses Waldes, und nach dem zu schließen, daß Ihr in Eurem Alter dies noch nicht erfahren, müßt Ihr drüben über dem Tannenbühl oder wohl gar noch weiter zu Hause sein. Vom Holländer-Michel will ich Euch aber erzählen, was ich weiß und wie die Sage von ihm geht. Vor etwa hundert Jahren, so erzählte es wenigstens mein Ehni, war weit und breit kein ehrlicheres Volk auf Erden als die Schwarzwälder. Jetzt, seit so viel Geld im Land ist, sind die Menschen unredlich und schlecht. Die jungen Burschen tanzen und johlen am Sonntag und fluchen, daß es ein Schrecken ist; damals war es aber anders, und wenn er jetzt zum Fenster dort hereinschaute, so sag' ich's und hab' es oft gesagt, der Holländer-Michel ist schuld an all dieser Verderbnis. Es lebte also vor hundert Jahren und drüber ein reicher Holzherr, der viel Gesind hatte; er handelte bis weit in den Rhein hinab, und sein Geschäft war gesegnet, denn er war ein frommer Mann. Kommt eines Abends ein Mann an seine Türe, dergleichen er noch nie gesehen. Seine Kleidung war wie die der Schwarzwälder Burschen, aber er war einen guten Kopf höher als alle, und man hatte noch nie geglaubt, daß es einen solchen Riesen geben könne. Dieser bittet um Arbeit bei dem Holzherrn, und der Holzherr, der ihm ansah, daß er stark und zu großen Lasten tüchtig sei, rechnet mit ihm seinen Lohn, und sie schlagen ein. Der Michel war ein Arbeiter, wie selbiger Holzherr noch keinen gehabt. Beim Baumschlagen galt er für drei, und wenn sechs an einem Ende schleppten, trug er allein das andere. Als er aber ein halb Jahr Holz geschlagen, trat er eines Tages vor seinen Herrn und begehrte von ihm: ›Hab' jetzt lang genug hier Holz gehackt, und so möcht' ich auch sehen, wohin meine Stämme kommen, und wie wär' es, wenn Ihr mich auch 'nmal auf das Floß ließet?‹

Der Holzherr antwortete: ›Ich will dir nicht im Weg sein, Michel, wenn du ein wenig hinaus willst in die Welt, und zwar beim Holzfällen brauche ich starke Leute, wie du bist, auf dem Floß aber kommte es auf Geschicklichkeit an, aber es sei für diesmal.‹

Und so war es; das Floß, mit dem er abgehen sollte, hatte acht Glaich (Glieder), und waren im letzten von den größten Zimmerbalken. Aber was geschah? Am Abend zuvor bringt der lange Michel noch acht Balken ans Wasser, so dick und lang, als man keinen je sah, und jeden trug er so leicht auf der Schulter wie eine Flözerstange, so daß sich alles entsetzte. Wo er sie gehauen, weiß bis heute noch niemand. Dem Holzherrn lachte das Herz, als er dies sah; denn er berechnete, was diese Balken kosten könnten; Michel aber sagte: ›So, die sind für mich zum Fahren; auf den kleinen Spänen dort kann ich nicht fortkommen.‹ Sein Herr wollte ihm zum Dank ein paar Flözerstiefel schenken; aber er warf sie auf die Seite und brachte ein Paar hervor, wie es sonst keine gab; mein Großvater hat versichert, sie haben hundert Pfund gewogen und seien fünf Fuß lang gewesen.

Das Floß fuhr ab, und hatte der Michel früher die Holzhauer in Verwunderung gesetzt, so staunten jetzt die Flözer; denn statt daß das Floß, wie man wegen der ungeheuern Balken geglaubt hatte, langsamer auf dem Fluß ging, flog es, sobald sie in den Neckar kamen, wie ein Pfeil; machte der Neckar eine Wendung und hatten sonst die Flözer Mühe gehabt, das Floß in der Mitte zu halten, um nicht auf Kies oder Sand zu stoßen, so sprang jetzt Michel allemal ins Wasser, rückte mit einem Zug das Floß links oder rechts, so daß es ohne Gefahr vorüberglitt, und kam dann eine gerade Stelle, so lief er aufs erste G'stair (Gelenk) vor, ließ alle ihre Stangen beisetzen, steckte seinen ungeheuren Weberbaum in den Kies, und mit einem Druck flog das Floß dahin, daß das Land und Bäume und Dörfer vorbeizujagen schienen. So waren sie in der Hälfte der Zeit, die man sonst brauchte, nach Köln am Rhein gekommen, wo sie sonst ihre Ladung verkauft hatten; aber hier sprach Michel: ›Ihr seid mir rechte Kaufleute und versteht euren Nutzen! Meinet ihr denn, die Kölner brauchen all dies Holz, das aus dem Schwarzwald kommt, für sich? Nein, um den halben Wert kaufen sie es euch ab und verhandeln es teuer nach Holland. Lasset uns die kleinen Balken hier verkaufen und mit den großen nach Holland gehen; was wir über den gewöhnlichen Preis lösen, ist unser eigener Profit.‹

So sprach der arglistige Michel, und die anderen waren es zufrieden; die einen, weil sie gerne nach Holland gezogen wären, es zu sehen, die anderen des Geldes wegen. Nur ein einziger war redlich und mahnte sie ab, das Gut ihres Herrn der Gefahr auszusetzen oder ihn um den höheren Preis zu betrügen, aber sie hörten nicht auf ihn und vergaßen seine Worte, aber der Holländer-Michel vergaß sie nicht. Sie fuhren auch mit dem Holz den Rhein hinab, und Michel leitete das Floß und brachte sie schnell bis nach Rotterdam. Dort bot man ihnen das Vierfache von dem früheren Preis, und besonders die ungeheuren Balken des Michel wurden mit schwerem Geld bezahlt. Als die Schwarzwälder so viel Geld sahen, wußten sie sich vor Freude nicht zu fassen. Michel teilte ab, einen Teil dem Holzherrn, die drei anderen unter die Männer. Und nun setzten sie sich mit Matrosen und anderem schlechten Gesindel in die Wirtshäuser, verschlemmten und verspielten ihr Geld; den braven Mann aber, der ihnen abgeraten, verkaufte der Holländer-Michel an einen Seelenverkäufer, und man hat nichs mehr von ihm gehört. Von da an war den Burschen im Schwarzwald Holland das Paradies und Holländer-Michel ihr König; die Holzherren erfuhren lange nichts von dem Handel, und unvermerkt kamen Geld, Flüche, schlechte Sitten, Trunk und Spiel aus Holland herauf.

Der Holländer-Michel war, als die Geschichte herauskam, nirgends zu finden, aber tot ist er auch nicht; seit hundert Jahren treibt er seinen Spuk im Wald, und man sagt, daß er schon vielen behilflich gewesen sei, reich zu werden, aber – auf Kosten ihrer armen Seele, und mehr will ich nicht sagen. Aber so viel ist gewiß, daß er noch jetzt in solchen Sturmnächten im Tannenbühl, wo man nicht hauen soll, überall die schönsten Tannen aussucht, und mein Vater hat ihn eine vier Schuh dicke umbrechen sehen wie ein Rohr. Mit diesen beschenkt er die, welche sich vom Rechten abwenden und zu ihm gehen; um Mitternacht bringen sie dann die G'stair ins Wasser, und er rudert mit ihnen nach Holland. Aber wäre ich Herr und König in Holland, ich ließe ihn mit Kartätschen in den Boden schmettern; denn alle Schiffe, die von dem Holländer-Michel auch nur einen Balken haben, müssen untergehen. Daher kommt es, daß man von so vielen Schiffbrüchigen hört; wie könnte denn sonst ein schönes, starkes Schiff, so groß als eine Kirche, zugrund gehen auf dem Wasser? Aber so oft Holländer-Michel in einer Sturmnacht im Schwarzwald eine Tanne fällt, springt eine seiner alten aus den Fugen des Schiffes; das Wasser dringt ein, und das Schiff ist mit Mann und Maus verloren. Das ist die Sage vom Holländer-Michel, und wahr ist es, alles Böse im Schwarzwald schreibt sich von ihm her. Oh! er kann einen reich machen«, setzte der Greis geheimnisvoll hinzu, »aber ich möchte nichts von ihm haben; ich möchte um keinen Preis in der Haut des dicken Ezechiel und des langen Schlurkers stecken; auch der Tanzbodenkönig soll sich ihm ergeben haben!«

Der Sturm hatte sich während der Erzählung des Alten gelegt; die Mädchen zündeten schüchtern die Lampen an und gingen weg; die Männer aber legten Peter Munk einen Sack voll Laub als Kopfkissen auf die Ofenbank und wünschten ihm gute Nacht.

Kohlenmunk-Peter hatte noch nie so schwere Träume gehabt wie in dieser Nacht; bald glaubte er, der finstere, riesige Holländer-Michel reiße die Stubenfenster auf und reiche mit seinem ungeheuer langen Arm einen Beutel voll Goldstücke herein, die er untereinander schüttelte, daß es hell und lieblich klang; bald sah er wieder das kleine, freundliche Glasmännchen auf einer ungeheuren grünen Flasche im Zimmer umherreiten, und er meinte das heisere Lachen wiederzuhören wie im Tannenbühl; dann brummte es ihm wieder ins linke Ohr:

>»ln Holland gibt's Gold!
Könnet's haben, wenn Ihr wollt
Um geringen Sold
Gold, Gold!«

Dann hörte er wieder in sein rechtes Ohr das Liedchen vom Schatzhauser im grünen Tannenwald, und eine zarte Stimme flüsterte: »Dummer Kohlenpeter, dummer Peter Munk, kannst kein Sprüchlein reimen auf *stehen,* und bist doch am Sonntag geboren Schlag zwölf Uhr. Reime, dummer Peter, reime!«

Er ächzte, er stöhnte im Schlaf, er mühte sich ab, einen Reim zu finden, aber da er in seinem Leben noch keinen gemacht hatte, war seine Mühe im Traume vergebens. Als er aber mit dem ersten Frührot erwachte, kam ihm doch sein Traum sonderbar vor; er setzte sich mit verschränkten Armen hinter den Tisch und dachte über die Einflüsterungen nach, die ihm noch immer im Ohr lagen; »reime, dummer Kohlenmunk-Peter, reime«, sprach er zu sich und pochte mit dem Finger an seine Stirn, aber es wollte kein Reim hervorkommen. Als er noch so dasaß und trübe vor sich hinschaute und an den Reim auf *stehen* dachte, da zogen drei Burschen vor dem Hause vorbei in den Wald, und einer sang im Vorübergehen:

«Am Berge tat ich stehen,
Und schaute in das Tal.
Da hab' ich sie gesehen
Zum allerletztenmal.«

Das fuhr wie ein leuchtender Blitz durch Peters Ohr, und hastig raffte er sich auf, stürzte aus dem Haus, weil er meinte, nicht recht gehört zu haben, sprang den drei Burschen nach und packte den Sänger hastig und unsanft beim Arm. »Halt, Freund!« rief er, »was habt Ihr da auf *stehen* gereimt, tut mir die Liebe und sprecht, was Ihr gesungen.«

»Was ficht's dich an, Bursche?« entgegnete der Schwarzwälder. »Ich kann singen, was ich will, und laß gleich meinen Arm los, oder –«

»Nein, sagen sollst du, was du gesungen hast!« schrie Peter beinahe außer sich und packte ihn noch fester an; die zwei anderen aber, als sie dies sahen, zögerten nicht lange, sondern fielen mit derben Fäusten über den armen Peter her und walkten ihn derb, bis er vor Schmerzen das Gewand des dritten ließ und erschöpft in die Knie sank. »Jetzt hast du dein Teil«, sprachen sie lachend, »und merk dir, toller Bursche, daß du Leute, wie wir sind, nimmer anfällst auf offenem Wege.«

»Ach, ich will mir es gewißlich merken!« erwiderte Kohlenpeter seufzend, »aber so ich die Schläge habe, seid so gut und saget deutlich, was jener gesungen!«

Da lachten sie aufs neue und spotteten ihn aus; aber der das Lied gesungen, sagte es ihm vor, und lachend und singend zogen sie weiter.

»Also *sehen*«, sprach der arme Geschlagene, indem er sich mühsam aufrichtete, »*sehen* auf *stehen* – jetzt, Glasmännlein, wollen wir wieder ein Wort zusammen sprechen. «Er ging in die Hütte, holte seinen Hut und den langen Stock, nahm Abschied von den Bewohnern der Hütte und trat seinen Rückweg nach dem Tannenbühl an. Er ging langsam und sinnend seine Straße, denn er mußte ja einen Vers ersinnen; endlich, als er schon in dem Bereich des Tannenbühls ging und die Tannen höher und dichter wurden, hatte er auch seinen Vers gefunden und machte vor Freude einen Sprung in die Höhe. Da trat ein riesengroßer Mann in Flözerkleidung und eine Stange so lang wie ein Mastbaum in der Hand hinter den Tannen hervor. Peter Munk sank beinahe in die Knie, als er jenen langsamen Schrittes neben sich wandeln sah; denn er dachte, das ist der Holländer-Michel und kein anderer. Noch immer schwieg die furchtbare Gestalt, und Peter schielte zuweilen furchtsam nach ihm hin. Er war wohl einen Kopf größer als der längste Mann, den Peter je gesehen; sein Gesicht war nicht mehr jung, doch auch nicht alt, aber voll Furchen und Falten; er trug ein Wams von Leinwand, und die ungeheuren Stiefel, über die Lederbeinkleider heraufgezogen, waren Peter aus der Sage wohlbekannt.

»Peter Munk, was tust du im Tannenbühl?« fragte der Waldkönig endlich mit tiefer, dröhnender Stimme.

»Guten Morgen, Landsmann«, antwortete Peter, indem er sich unerschrocken zeigen wollte, aber heftig zitterte, »ich will durch den Tannenbühl nach Haus zurück.«

»Peter Munk«, erwiderte jener und warf einen stechenden,

furchtbaren Blick nach ihm herüber, »dein Weg geht nicht durch diesen Hain.«

»Nun, so gerade just nicht«, sagte jener, »aber es macht heute warm, da dachte ich, es wird hier kühler sein.«

»Lüge nicht, du, Kohlenpeter!« rief Holländer-Michel mit donnernder Stimme, »oder ich schlag' dich mit der Stange zu Boden; meinst, ich hab' dich nicht betteln sehen bei dem Kleinen?« setzte er sanft hinzu. »Geh, geh, das war ein dummer Streich, und gut ist es, daß du das Sprüchlein nicht wußtest; er ist ein Knauser, der kleine Kerl, und gibt nicht viel, und wem er gibt, der wird seines Lebens nicht froh. Peter, du bist ein armer Tropf und dauerst mich in der Seele; so ein munterer, schöner Bursche, der in der Welt was anfangen könnte, und sollst Kohlen brennen! Wenn andere große Taler oder Dukaten aus dem Ärmel schütteln, kannst du kaum ein paar Sechser aufwenden; 's ist ein ärmlich Leben.«

»Wahr ist's, und recht habt Ihr, ein elendes Leben.«

»Na, mir soll's nicht drauf ankommen«, fuhr der schreckliche Michel fort, »hab' schon manchem braven Kerl aus der Not geholfen, und du wärest nicht der erste. Sag' einmal, wieviel hundert Taler brauchst du fürs erste?«

Bei diesen Worten schüttelte er das Geld in seiner ungeheuren Tasche untereinander, und es klang wieder wie diese Nacht im Traum. Aber Peters Herz zuckte ängstlich und schmerzhaft bei diesen Worten, es wurde ihm kalt und warm, und der Holländer-Michel sah nicht aus, wie wenn er aus Mitleid Geld wegschenkte, ohne etwas dafür zu verlangen. Es fielen ihm die geheimnisvollen Worte des alten Mannes über die reichen Menschen ein, und von unerklärlicher Angst und Bangigkeit gejagt, rief er: »Schönen Dank, Herr! Aber mit Euch will ich nichts zu schaffen haben, und ich kenn' Euch schon«, und lief, was er laufen konnte. Aber der Waldgeist schritt mit ungeheuren Schritten neben ihm her und murmelte dumpf und drohend: »Wirst's noch bereuen, Peter, auf deiner Stirne steht's geschrieben, in deinem Auge ist's zu lesen; du entgehst mir nicht. Lauf nicht so schnell, höre nur noch ein vernünftges Wort, dort ist schon meine Grenze!«

Aber als Peter dies hörte und unweit vor ihm einen kleinen Graben sah, beeilte er sich nur noch mehr, über die Grenze zu kommen, so daß Michel am Ende schneller laufen mußte und unter Flüchen und Drohungen ihn verfolgte. Der junge Mann setzte mit einem verzweifelten Sprung über den Graben; denn er sah, wie der Waldgeist mit seiner Stange ausholte und sie auf ihn niederschmettern lassen wollte; er kam glücklich jenseits an, und die Stange zersplitterte in der Luft, wie an einer unsichtbaren Mauer, und ein langes Stück fiel zu Peter herüber.

Triumphierend hob er es auf, um es dem groben Holländer-Mi-

chel zuzuwerfen; aber in diesem Augenblick fühlte er das Stück
Holz in seiner Hand sich bewegen, und zu seinem Entsetzen sah er,
daß es eine ungeheure Schlange sei, was er in der Hand hielt, die
sich schon mit geifernder Zunge und mit blitzenden Augen an ihm
hinaufbäumte. Er ließ sie los; aber sie hatte sich schon fest um seinen Arm gewickelt und kam mit schwankendem Kopfe seinem Gesicht immer näher; da rauschte auf einmal ein ungeheurer Auerhahn nieder, packte den Kopf der Schlange mit dem Schnabel, erhob sich mit ihr in die Lüfte, und Holländer-Michel, der dies alles
von dem Graben aus gesehen hatte, heulte und schrie und raste, als
die Schlange von einem Gewaltigeren entführt ward.

Erschöpft und zitternd setzte Peter seinen Weg fort; der Pfad
wurde steiler, die Gegend wilder, und bald befand er sich an der ungeheuren Tanne. Er machte wieder seine Verbeugungen gegen das
unsichtbare Glasmännlein und hub dann an:

> »Schatzhauser im grünen Tannenwald,
> Bist schon viel hundert Jahre alt,
> Dein ist all Land, wo Tannen stehn,
> Läßt dich nur Sonntagskindern sehn.«

»Hast's zwar nicht ganz getroffen; aber weil du es bist, Kohlenmunk-Peter, so soll es hingehen«, sprach eine zarte, reine Stimme
neben ihm. Erstaunt sah er sich um, und unter einer schönen
Tanne saß ein kleines, altes Männlein in schwarzem Wams und roten Strümpfen und den großen Hut auf dem Kopf. Er hatte ein fei-
nes, freundliches Gesichtchen und ein Bärtchen so zart wie aus
Spinnweben; er rauchte, was sonderbar anzusehen war, aus einer
Pfeife von blauem Glas, und als Peter näher trat, sah er zu seinem
Erstaunen, daß auch Kleider, Schuhe und Hut des Kleinen aus ge-
färbtem Glas bestanden; aber es war geschmeidig, als ob es noch
heiß wäre; denn es schmiegte sich wie Tuch nach jeder Bewegung
des Männleins.

»Du bist dem Flegel begegnet, dem Holländer-Michel!« sagte
der Kleine, indem er zwischen jedem Wort sonderbar hüstelte, »er
hat dich recht ängstigen wollen, aber seinen Kunstprügel habe ich
ihm abgejagt, den soll er nimmer wiederkriegen.«

»Ja, Herr Schatzhauser«, erwiderte Peter mit einer tiefen Verbeugung, »es war mir recht bange. Aber Ihr seid wohl der Herr Auerhahn gewesen, der die Schlange totgebissen; da bedanke ich
mich schönstens. Ich komme aber, um mir Rat zu holen bei Euch;
es geht mir gar schlecht und hinderlich; ein Kohlenbrenner bringt
es nicht weit, und da ich noch jung bin, dächte ich doch, es könnte
noch was Besseres aus mir werden; und wenn ich oft andere sehe,
wie weit die es in kurzer Zeit gebracht haben; wenn ich nur den Ezechiel nehme und den Tanzbodenkönig, die haben Geld wie Heu.«

»Peter«, sagte der Kleine sehr ernst und blies den Rauch aus seiner Pfeife weit hinweg; »Peter, sag mir nichts von diesen. Was haben sie davon, wenn sie hier ein paar Jahre dem Schein nach glücklich und dann nachher desto unglücklicher sind? Du mußt dein Handwerk nicht verachten; dein Vater und Großvater waren Ehrenleute und haben es auch getrieben, Peter Munk! Ich will nicht hoffen, daß es Liebe zum Müßiggang ist, was dich zu mir führt.«

Peter erschrak vor dem Ernst des Männleins und errötete. »Nein«, sagte er, »Müßiggang ist aller Laster Anfang, aber das könnet Ihr mir nicht übelnehmen, wenn mir ein anderer Stand besser gefällt als der meinige. Ein Kohlenbrenner ist halt so gar etwas Geringes auf der Welt, und die Glasleute und Flözer und Uhrmacher und alle sind angesehener.«

»Hochmut kommt oft vor dem Fall«, erwiderte der kleine Herr vom Tannenwald etwas freundlicher. »Ihr seid ein sonderbar Geschlecht, ihr Menschen! Selten ist einer mit dem Stand ganz zufrieden, in dem er geboren und erzogen ist, und was gilt's, wenn du ein Glasmann wärest, möchtest du gern ein Holzherr sein, und wärest du Holzherr, so stünde dir des Försters Dienst oder des Amtmanns Wohnung an. Aber es sei: Wenn du versprichst, brav zu arbeiten, so will ich dir zu etwas Besserem verhelfen, Peter. Ich pflege jedem Sonntagskind, das sich zu mir zu finden weiß, drei Wünsche zu gewähren. Die ersten zwei sind frei; den dritten kann ich verweigern, wenn er töricht ist. So wünsche dir also jetzt etwas; aber Peter, etwas Gutes und Nützliches!«

»Heisa! Ihr seid ein treffliches Glasmännlein, und mit Recht nennt man Euch Schatzhauser, denn bei Euch sind die Schätze zu Hause. Nu – und also darf ich wünschen, wonach mein Herz begehrt, so will ich denn fürs erste, daß ich noch besser tanzen könne als der Tanzbodenkönig; und jedesmal noch einmal so viel Geld ins Wirtshaus bringe als er.«

»Du Tor!« erwiderte der Kleine zürnend. »Welch ein erbärmlicher Wunsch ist dies, gut tanzen zu können und Geld zum Spiel zu haben! Schämst du dich nicht, dummer Peter, dich selbst so um dein Glück zu betrügen? Was nützt es dir und deiner armen Mutter, wenn du tanzen kannst? Was nützt dir dein Geld, das nach deinem Wunsch nur für das Wirtshaus ist und wie das des elenden Tanzbodenkönigs dort bleibt? Dann hast du wieder die ganze Woche nichts und darbst wie zuvor. Noch einen Wunsch gebe ich dir frei; aber sieh dich vor, daß du vernünftiger wünschest!«

Peter kratzte sich hinter den Ohren und sprach nach einigem Zögern: »Nun, so wünsche ich mir die schönste und reichste Glashütte im ganzen Schwarzwald mit allem Zubehör und Geld, sie zu leiten.«

»Sonst nichts?« fragte der Kleine mit besorglicher Miene. »Peter, sonst nichts?»

»Nun – Ihr könnet noch ein Pferd dazutun und ein Wägelchen.«

»Oh, du dummer Kohlenmunk-Peter!« rief der Kleine und warf seine gläserne Pfeife im Unmut an eine dicke Tanne, daß sie in hundert Stücke sprang. »Pferde? Wägelchen? Verstand, sag' ich dir, Verstand, gesunden Menschenverstand und Einsicht hättest du wünschen sollen, aber nicht Pferdchen und Wägelchen. Nun, werde nur nicht so traurig, wir wollen sehen, daß es auch so nicht zu deinem Schaden ist; denn der zweite Wunsch war im ganzen nicht töricht. Eine gute Glashütte nährt auch ihren Mann und Meister; nur hättest du Einsicht und Verstand dazu mitnehmen können, Wagen und Pferde wären dann wohl von selbst gekommen.«

»Aber, Herr Schatzhauser«, erwiderte Peter, »ich habe ja noch einen Wunsch übrig; da könnte ich ja Verstand wünschen, wenn er mir so nötig ist, wie Ihr meinet.«

»Nichts da; du wirst noch in manche Verlegenheit kommnen, wo du froh sein wirst, wenn du noch einen Wunsch frei hast; und nun mache dich auf den Weg nach Hause. Hier sind«, sprach der kleine Tannengeist, indem er ein kleines Beutelein aus der Tasche zog, »hier sind zweitausend Gulden, und damit genug, und komm mir nicht wieder, um Geld zu fordern, denn dann müßte ich dich an die höchste Tanne aufhängen! So hab' ich's gehalten, seit ich in dem Wald wohne. Vor drei Tagen aber ist der alte Winkfritz gestorben, der die große Glashütte gehabt hat im Unterwald. Dorthin gehe morgen frühe und mach ein Bot auf das Gewerbe, wie es recht ist! Halt dich wohl, sei fleißig, und ich will dich zuweilen besuchen und dir mit Rat und Tat an die Hand gehen, weil du dir doch keinen Verstand erbeten. Aber, das sag' ich dir ernstlich, dein erster Wunsch war böse. Nimm dich in acht vor dem Wirtshauslaufen, Peter! 's hat noch bei keinem lange gut getan.« Das Männlein hatte, während es dies sprach, eine neue Pfeife vom schönsten Beinglas hervorgezogen, sie mit gedörrten Tannenzapfen gestopft und in den kleinen, zahnlosen Mund gesteckt. Dann zog es ein ungeheures Brennglas hervor, trat in die Sonne und zündete seine Pfeife an. Als er damit fertig war, bot er dem Peter freundlich die Hand, gab ihm noch ein paar gute Lehren auf den Weg, rauchte und blies immer schneller und verschwand endlich in einer Rauchwolke, die nach echtem holländischem Tabak roch und, langsam sich kräuselnd, in den Tannenwipfeln verschwebte.

Als Peter nach Hause kam, fand er seine Mutter sehr in Sorgen um ihn; denn die gute Frau glaubte nicht anders, als ihr Sohn sei zum Soldaten ausgehoben worden. Er aber war fröhlich und guter Dinge und erzählte ihr, wie er im Walde einen guten Freund getroffen, der ihm Geld vorgeschossen habe, um ein anderes Geschäft als Kohlenbrennen anzufangen. Obgleich seine Mutter schon seit dreißig Jahren in der Köhlerhütte wohnte und an den Anblick berußter Leute so gewöhnt war als jede Müllerin an das Mehlgesicht ihres Mannes, so war sie doch eitel genug, sobald ihr Peter ein glänzenderes Los zeigte, ihren früheren Stand zu verachten und sprach: »Ja, als Mutter eines Mannes, der eine Glashütte besitzt, bin ich doch was anderes als Nachbarin Grete und Bete und setze mich in Zukunft vornehin in der Kirche, wo rechte Leute sitzen.« Ihr Sohn aber wurde mit den Erben der Glashütte bald handelseinig; er behielt die Arbeiter, die er vorfand, bei sich und ließ nun Tag und Nacht Glas machen. Anfangs gefiel ihm das Handwerk wohl; er pflegte gemächlich in die Glashütte hinabzusteigen, ging dort mit vornehmen Schritten, die Hände in die Taschen gesteckt, hin und her, guckte dahin, guckte dorthin, sprach dies und jenes, worüber seine Arbeiter oft nicht wenig lachten, und seine größte Freude war, das Glas blasen zu sehen, und oft machte er sich selbst an die Arbeit und formte aus der noch weichen Masse die sonderbarsten Figuren. Bald aber war ihm die Arbeit entleidet, und er kam zuerst nur noch eine Stunde des Tages in die Hütte, dann nur alle zwei Tage, endlich die Woche nur einmal, und seine Gesellen machten, was sie wollten. Das alles kam aber nur vom Wirtshauslaufen. Den Sonntag, nachdem er vom Tannenbühl zurückgekommen war, ging er ins Wirtshaus, und wer schon auf dem Tanzboden sprang, war der Tanzbodenkönig, und der dicke Ezechiel saß auch schon hinter der Maßkanne und knöchelte um Kronentaler. Da fuhr Peter schnell in die Tasche, zu sehen, ob ihm das Glasmännlein Wort gehalten, und siehe, seine Tasche strotzte von Silber und Gold. Auch in seinen Beinen zuckte und drückte es, wie wenn sie tanzen und springen wollten, und als der erste Tanz zu Ende war, stellte er sich mit seiner Tänzerin oben an neben den Tanzbodenkönig, und sprang dieser drei Schuh hoch, so flog Peter vier, und machte dieser wunderliche und zierliche Schritte, so verschlang und drehte Peter seine Füße, daß alle Zuschauer vor Lust und Verwunderung beinahe außer sich kamen. Als man aber auf dem Tanzboden vernahm, daß Peter eine Glashütte gekauft habe, als man sah, daß er, so oft er an den Musikanten vorbeitanzte, ihnen einen Sechsbätzner zuwarf, da war des Staunens kein Ende. Die einen glaubten, er habe einen Schatz im Walde gefunden, die anderen meinten, er habe eine Erbschaft getan, aber alle verehrten ihn jetzt und hielten ihn für einen gemachten Mann, nur weil er Geld hatte. Verspielte er doch noch an demselben Abend zwanzig Gulden, und nichtsdestominder rasselte und klang es in seiner Tasche, wie wenn noch hundert Taler darin wären.

Als Peter sah, wie angesehen er war, wußte er sich vor Freude und Stolz nicht zu fassen. Er warf das Geld mit vollen Händen weg und teilte es den Armen reichlich mit, wußte er doch, wie ihn selbst einst die Armut gedrückt hatte. Des Tanzbodenkönigs Künste wurden vor den übernatürlichen Künsten des neuen Tänzers zuschanden, und Peter führte jetzt den Namen Tanzkaiser. Die unternehmendsten Spieler am Sonntag wagten nicht so viel wie er, aber sie verloren auch nicht so viel. Und je mehr er verlor, desto mehr gewann er. Das verhielt sich aber ganz so, wie er es vom kleinen Glasmännlein verlangt hatte. Er hatte sich gewünscht, immer so viel Geld in der Tasche zu haben wie der dicke Ezechiel. Und gerade dieser war es, an welchen er sein Geld verspielte. Und wenn er zwanzig, dreißig Gulden auf einmal verlor, so hatte er sie alsbald wieder in der Tasche, wenn sie Ezechiel einstrich. Nach und nach brachte er es aber im Schlemmen und Spielen weiter als die schlechtesten Gesellen im Schwarzwald, und man nannte ihn öfter Spielpeter als Tanzkaiser; denn er spielte jetzt auch beinahe an allen Werktagen. Darüber kam aber seine Glashütte nach und nach in Verfall, und daran war Peters Unverstand schuld. Glas ließ er machen, so viel man immer machen konnte; aber er hatte mit der Hütte nicht zugleich das Geheimnis gekauft, wohin man es am besten verschleißen könne. Er wußte am Ende mit der Menge Glas nichts anzufangen und verkaufte es um den halben Preis an herumziehende Händler, nur um seine Arbeiter bezahlen zu können.

Eines Abends ging er auch wieder vom Wirtshaus heim und dachte trotz des vielen Weines, den er getrunken, um sich fröhlich zu machen, mit Schrecken und Gram an den Verfall seines Vermögens. Da bemerkte er auf einmal, daß jemand neben ihm gehe; er sah sich um, und siehe da – es war das Glasmännlein. Da geriet er in Zorn und Eifer, vermaß sich hoch und teuer und schwur, der Kleine sei an all seinem Unglück schuld. »Was tu' ich nun mit Pferd und Wägelchen?« rief er. »Was nutzt mir die Hütte und all mein Glas? Selbst als ich noch ein elender Köhlersbursch war, lebte ich froher und hatte keine Sorgen. Jetzt weiß ich nicht, wann der Amtmann kommt und meine Habe schätzt und mich der Schulden wegen pfändet!«

»So?« entgegnete das Glasmännlein. »So? Ich also soll schuld daran sein, wenn du unglücklich bist? Ist dies der Dank für meine Wohltaten? Wer hieß dich so töricht wünschen? Ein Glasmann wolltest du sein und wußtest nicht, wohin dein Glas verkaufen? Sagte ich dir nicht, du solltest behutsam wünschen? Verstand, Peter, Klugheit hat dir gefehlt.«

»Was, Verstand und Klugheit!« rief jener. »Ich bin ein so kluger Bursche als irgendeiner und will es dir zeigen, Glasmännlein«, und bei diesen Worten faßte er das Männlein unsanft am Kragen und schrie: »Hab' ich dich jetzt, Schatzhauser im grünen Tannenwald?

Und den dritten Wunsch will ich jetzt tun, den sollst du mir gewähren. Und so will ich hier auf der Stelle zweimalhunderttausend harte Taler und ein Haus und – o weh!« schrie er und schüttelte die Hand; denn das Waldmännlein hatte sich in glühendes Glas verwandelt und brannte in seiner Hand wie sprühendes Feuer. Aber von dem Männlein war nichts mehr zu sehen.

Mehrere Tage lang erinnerte ihn seine geschwollene Hand an seine Undankbarkeit und Torheit. Dann aber übertäubte er sein Gewissen und sprach: »Und wenn sie mir die Glashütte und alles verkaufen, so bleibt mir doch immer der dicke Ezechiel. So lange der Geld hat am Sonntag, kann es mir nicht fehlen.«

Ja, Peter! Aber wenn er keines hat? – Und so geschah es eines Tages und war ein wunderliches Rechenexempel. Denn eines Sonntags kam er angefahren ans Wirtshaus, und die Leute streckten die Köpfe durch die Fenster, und der eine sagte, da kommt der Spielpeter, und der andere, ja, der Tanzkaiser, der reiche Glasmann, und ein dritter schüttelte den Kopf und sprach: »Mit dem Reichtum kann man es machen, man sagt allerlei von seinen Schulden, und in der Stadt hat einer gesagt, der Amtmann werde nicht mehr lange säumen zum Auspfänden.« Indessen grüßte der reiche Peter die Gäste am Fenster vornehm und gravitätisch, stieg vom Wagen und schrie: »Sonnenwirt, guten Abend, ist der dicke Ezechiel schon da?« Und eine tiefe Stimme rief: »Nur herein, Peter! Dein Platz ist dir aufbehalten, wir sind schon da und bei den Karten.« So trat Peter Munk in die Wirtsstube, fuhr gleich in die Tasche und merkte, daß Ezechiel gut versehen sein müsse; denn seine Tasche war bis oben angefüllt.

Er setzte sich hinter den Tisch zu den anderen und gewann und verlor hin und her, und so spielten sie, bis andere ehrliche Leute nach Hause gingen, und spielten bei Licht, bis zwei andere Spieler sagten: »Jetzt ist's genug, und wir müssen heim zu Frau und Kind.« Aber Spielpeter forderte den dicken Ezechiel auf zu bleiben. Dieser wollte lange nicht, endlich aber rief er: »Gut, jetzt will ich mein Geld zählen, und dann wollen wir knöcheln, den Satz um fünf Gulden; denn niederer ist es doch nur Kinderspiel.« Er zog den Beutel und zählte und fand hundert Gulden bar, und Spielpeter wußte nun, wieviel er selbst habe, und brauchte es nicht erst zu zählen. Aber hatte Ezechiel vorher gewonnen, so verlor er jetzt Satz für Satz und fluchte greulich dabei. Warf er einen Pasch, gleich warf Spielpeter auch einen und immer zwei Augen höher. Da setzte er endlich die letzten fünf Gulden auf den Tisch und rief: »Noch einmal, und wenn ich auch den noch verliere, so höre ich doch nicht auf; dann leihst du mir von deinem Gewinn, Peter! Ein ehrlicher Kerl hilft dem anderen.«

»Soviel du willst, und wenn es hundert Gulden sein sollten«, sprach der Tanzkaiser, fröhlich über seinen Gewinn, und der dicke Ezechiel schüttelte die Würfel und warf fünfzehn.

»Pasch!« rief er, »jetzt wollen wir sehen!« Peter aber warf achtzehn, und eine heisere bekannte Stirnme hinter ihm sprach: »So, das war der letzte.«

Er sah sich um, und riesengroß stand der Holländer-Michel hinter ihm. Erschrocken ließ er das Geld fallen, das er schon eingezogen hatte. Aber der dicke Ezechiel sah den Waldmann nicht, sondern verlangte, der Spielpeter sollte ihm zehn Gulden vorstrecken zum Spiel; halb im Traum fuhr dieser mit der Hand in die Tasche, aber da war kein Geld, er suchte in der anderen Tasche, aber auch da fand sich nichts, er kehrte den Rock um, aber es fiel kein roter Heller heraus, und jetzt erst gedachte er seines eigenen ersten Wunsches, immer so viel Geld zu haben als der dicke Ezechiel. Wie Rauch war alles verschwunden.

Der Wirt und Ezechiel sahen ihn staunend an, als er immer suchte und sein Geld nicht finden konnte, sie wollten ihm nicht glauben, daß er keines mehr habe, aber als sie endlich selbst in seinen Taschen suchten, wurden sie zornig und schwuren, der Spielpeter sei ein böser Zauberer und habe all das gewonnene Geld und sein eigenes nach Hause gewünscht. Peter verteidigte sich standhaft; aber der Schein war gegen ihn. Ezechiel sagte, er wolle die schreckliche Geschichte allen Leuten im Schwarzwald erzählen, und der Wirt versprach ihm, morgen mit dem frühesten in die Stadt zu gehen und Peter Munk als Zauberer anzuklagen, und er wolle es erleben, setzte er hinzu, daß man ihn verbrenne. Dann fielen sie wütend über ihn her, rissen ihm das Wams vom Leib und warfen ihn zur Tür hinaus.

Kein Stern schien am Himmel, als Peter trübselig seiner Wohnung zuschlich; aber dennoch konnte er eine dunkle Gestalt erkennen, die neben ihm herschritt und endlich sprach: »Mit dir ist's aus, Peter Munk, all deine Herrlichkeit ist zu Ende, und das hätt' ich dir schon damals sagen können, als du nichts von mir hören wolltest und zu dem dummen Glaszwerg liefst. Da siehst du jetzt, was man davon hat, wenn man meinen Rat verachtet. Aber versuch es einmal mit mir, ich habe Mitleiden mit deinem Schicksal. Noch keinen hat es gereut, der sich an mich wandte, und wenn du den Weg nicht scheust, morgen den ganzen Tag bin ich am Tannenbühl zu sprechen, wenn du mich rufst.« Peter merkte wohl, wer so zu ihm spreche; aber es kam ihn ein Grauen an. Er antwortete nichts, sondern lief seinem Haus zu.

Als Peter am Montagmorgen in seine Glashütte ging, da waren nicht nur seine Arbeiter da, sondern auch andere Leute, die man nicht gerne sieht, nämlich der Amtmann und drei Gerichtsdiener. Der Amtmann wünschte Peter einen guten Morgen, fragte, wie er geschlafen, und zog dann ein langes Register heraus, und darauf waren Peters Gläubiger verzeichnet. »Könnt Ihr zahlen oder nicht?« fragte der Amtmann mit strengem Blick. »Und macht es nur kurz; denn ich habe nicht viel Zeit zu versäumen, und in den Turm ist es drei gute Stunden.« Da verzagte Peter, gestand, daß er nichts mehr habe, und überließ es dem Amtmann, Haus und Hof, Hütte und Stall, Wagen und Pferde zu schätzen; und als die Gerichtsdiener und der Amtmann umhergingen und prüften und schätzten, dachte er, bis zum Tannenbühl ist's nicht weit; hat mir der Kleine nicht geholfen, so will ich es einmal mit dem Großen versuchen. Er lief dem Tannenbühl zu, so schnell, als ob die Gerichtsdiener ihm auf den Fersen wären; es war ihm, als er an dem Platz vorbeirannte, wo er das Glausmännlein zuerst gesprochen, als halte ihn eine unsichtbare Hand auf; aber er riß sich los und lief weiter bis an die Grenze, die er sich fürher wohl gemerkt hatte, und kaum hatte er, beinahe atemlos, »Holländer-Michel! Herr Holländer-Michel!« gerufen, als auch schon der riesengroße Flözer mit seiner Stange vor ihm stand.

»Kommst du?« sprach dieser lachend. »Haben sie dir die Haut abziehen und deinen Gläubigern verkaufen wollen? Nu, sei ruhig! Dein ganzer Jammer kommt, wie gesagt, von dem kleinen Glasmännlein, von dem Separatisten und Frömmler her. Wenn man schenkt, muß man gleich recht schenken, und nicht wie dieser Knauser. Doch komm«, fuhr er fort und wandte sich gegen den Wald, »folge mir in mein Haus; dort wollen wir sehen, ob wir handelseinig werden.«

»Handelseinig?« dachte Peter. »Was kann er denn von mir verlangen, was kann ich an ihn verhandeln? Soll ich ihm etwa dienen, oder was will er?« Sie gingen zuerst über einen steilen Waldsteg hinan und standen dann mit einemmal an einer dunkeln, tiefen, abschüssigen Schlucht; Holländer-Michel sprang den Felsen hinab, wie wenn es eine sanfte Marmortreppe wäre; aber bald wäre Peter in Ohnmacht gesunken, denn als jener unten angekommen war, machte er sich so groß wie ein Kirchturm und reichte ihm einen Arm, so lang als ein Weberbaum, und eine Hand daran, so breit als der Tisch im Wirtshaus, und rief mit einer Stimme, die heraufschallte wie eine tiefe Totenglocke: »Setz dich nur auf meine Hand und halte dich an den Fingern, so wirst du nicht fallen!« Peter tat zitternd, wie jener befohlen, nahm Platz auf der Hand und hielt sich am Daumen des Riesen.

Es ging weit und tief hinab, aber dennoch ward es zu Peters Verwunderung nicht dunkler; im Gegenteil, die Tageshelle schien sogar zuzunehmen in der Schlucht, aber er konnte sie lange in den Augen nicht ertragen. Der Holländer-Michel hatte sich, je weiter Peter herabkam, wieder kleiner gemacht und stand nun in seiner früheren Gestalt vor einem Haus, so gering oder gut, als es reiche Bauern auf dem Schwarzwald haben. Die Stube, worein Peter geführt wurde, unterschied sich durch nichts von den Stuben anderer Leute als dadurch, daß sie einsam schien.

Die hölzerne Wanduhr, der ungeheure Kachelofen, die breiten Bände, die Gerätschaften auf den Gesimsen waren hier wie überall. Michel wies ihm einen Platz hinter dem großen Tisch an, ging dann hinaus und kam bald mit einem Krug Wein und Gläsern wieder. Er goß ein, und nun schwatzten sie, und Holländer-Michel erzählte von den Freuden der Welt, von fremden Ländern, schönen Städten und Flüssen, daß Peter, am Ende große Sehnsucht darnach bekommend, dies auch offen dem Holländer sagte.

»Wenn du im ganzen Körper Mut und Kraft, etwas zu unternehmen, hattest, da konnten ein paar Schläge des dummen Herzens dich zittern machen; und dann die Kränkungen der Ehre, das Unglück, wozu soll sich ein vernünftiger Kerl um dergleichen bekümmern? Hast du's im Kopfe empfunden, als dich letzthin einer einen Betrüger und schlechten Kerl nannte? Hat es dir im Magen wehe getan, als der Amtmann kam, dich aus dem Haus zu werfen? Was, sag an, was hat dir wehe getan?«

»Mein Herz«, sprach Peter, indem er die Hand auf die pochende Brust preßte; denn es war ihm, als ob sein Herz sich ängstlich hin und her wendete.

»Du hast, nimm es mir nicht übel, du hast viele hundert Gulden an schlechte Bettler und anderes Gesindel weggeworfen; was hat es dich genützt? Sie haben dir dafür Segen und einen gesunden Leib gewünscht; ja, bist du deswegen gesünder geworden? Um die Hälfte des verschleuderten Geldes hättest du einen Arzt gehalten. Segen, ja ein schöner Segen, wenn man ausgepfändet und ausgestoßen wird! Und was war es, das dich getrieben, in die Tasche zu fahren, sooft ein Bettelmann seinen zerlumpten Hut hinstreckte? – Dein Herz, auch wieder dein Herz, und weder deine Augen noch deine Zunge, deine Arme noch deine Bein, sondern dein Herz; du hast dir es, wie man richtig sagt, zu sehr zu Herzen genommen.«

»Aber wie kann man sich denn angewöhnen, daß es nicht mehr so ist? Ich gebe mir jetzt alle Mühe, es zu unterdrücken, und dennoch pocht mein Herz und tut mir wehe.«

»Du freilich«, rief jener mit Lachen, »du armer Schelm, kannst nichts dagegen tun; aber gib mir das kaum pochende Ding, und du wirst sehen, wie gut du es dann hast.«

»Euch, mein Herz?« schrie Peter mit Entsetzen, »da müßte ich ja sterben auf der Stelle! Nimmermehr!«

»Ja, wenn dir einer eurer Herren Chirurgen das Herz aus dem Leibe operieren wollte, da müßtest du wohl sterben; bei mir ist dies ein anderes Ding; doch komm herein und überzeuge dich selbst!«

Er stand bei diesen Worten auf, öffnete eine Kammertüre und führte Peter hinein. Sein Herz zog sich krampfhaft zusammen, als er über die Schwelle trat; aber er achtete es nicht; denn der Anblick, der sich ihm bot, war sonderbar und überraschend. Auf mehreren Gesimsen von Holz standen Gläser mit durchsichtiger Flüssigkeit gefüllt, und in jedem dieser Gläser lag ein Herz; auch waren an den Gläsern Zettel angeklebt und Namen darauf geschrieben, die Peter neugierig las; da war das Herz des Amtmanns in F., das Her des dicken Erzechiel, das Herz des Tanzbodenkönigs, das Herz des Oberförsters; da waren sechs Herzen von Kornwucherern, acht von Werbeoffizieren, drei von Geldmäklern – kurz, es war eine Sammlung der angesehensten Herzen in der Umgegend von zwanzig Stunden.

»Schau!« sprach Holländer-Michel, »diese alle haben des Lebens Ängste und Sorgen weggeworfen; keines dieser Herzen schlägt mehr ängstlich und besorgt, und ihre ehemaligen Besitzer befinden sich wohl dabei, daß sie den unruhigen Gast aus dem Hause haben.«

»Aber was tragen sie denn jetzt dafür in der Brust?« fragte Peter, den dies alles, was er gesehen, beinahe schwindeln machte.

»Dies«, antwortete jener und reichte ihm aus einem Schubfach – ein steinernes Herz.

»So?« erwiderte er und konnte sich seines Scherns, der ihm über die Haut ging, nicht erwehren. »Ein Herz von Marmelstein? Aber, horch einmal, Herr Holländer-Michel, das muß doch gar kalt sein in der Brust.«

»Freilich, aber ganz angenehm kühl. Warum soll denn ein Herz warm sein? Im Winter nützt dir die Wärme nichts, da hilft ein guter Kirschgeist mehr als ein warmes Herz, und im Sommer, wenn alles schwül und heiß ist – du glaubst nicht, wie dann ein solches Herz abkühlt. Und wie gesagt, weder Angst noch Schrecken, weder törichtes Mitleiden noch anderer Jammer pocht an solch ein Herz.«

»Und das ist alles, was ihr mir geben könnet?« fragte Peter unmutig; »ich hoff auf Geld, und ihr wollet mir einen Stein geben!«

»Nun, ich denke, an hunderttausend Gulden hättest du fürs erste genug. Wenn du es geschickt umtreibst, kannst du bald ein Millionär werden.«

»Hunderttausend?« rief der arme Köhler freudig. »Nun, so poche doch nicht so ungestüm in meiner Brust! Wir werden bald fertig sein miteinander. Gut, Michel; gebt mir den Stein und das Geld, und die Unruh könnet Ihr aus dem Gehäuse nehmen!«

»Ich dachte es doch, daß du ein vernünftiger Bursche seiest«, antwortete der Holländer, freundlich lächelnd; »komm, laß uns noch eins trinken, und dann will ich das Geld auszahlen.«

So setzten sich sich wieder in die Stube zum Wein, tranken und tranken wieder, bis Peter in einen tiefen Schlaf verfiel.

Kohlenmunk-Peter erwachte beim fröhlichen Schmettern eines Posthorns, und siehe da, er saß in einem schönen Wagen, fuhr auf einer breiten Straße dahin, und als er sich aus dem Wagen bog, sah er in blauer Ferne hinter sich den Schwarzwald liegen. Anfänglich wollte er gar nicht glauben, daß er es selbst sei, der in diesem Wagen sitze. Denn auch seine Kleider waren gar nicht mehr dieselben, die er gestern getragen; aber er erinnerte sich doch an alles so deutlich, daß er endlich sein Nachsinnen aufgab und rief: »Der Kohlenmunk-Peter bin ich, das ist ausgemacht, und kein anderer.«

Er wunderte sich über sich selbst, daß er gar nicht wehmütig werden konnte, als er jetzt zum erstenmal aus der stillen Heimat, aus den Wäldern, wo er so lange gelebt, auszog, selbst nicht, als er an seine Mutter dachte, die jetzt wohl hilflos und im Elend saß, konnte er eine Träne aus dem Auge pressen oder nur seufzen; denn es war ihm alles so gleichgültig. »Ach, freilich«, sagte er dann, »Tränen und Seufzer, Heimweh und Wehmut kommen ja aus dem Herzen, und Dank dem Holländer-Michel – das meine ist kalt und von Stein.«

Er legte seine Hand auf die Brust, und es war ganz ruhig dort und rührte sich nicht. »Wenn er mit den Hunderttausenden so gut Wort hielt wie mit dem Herz, so soll es mich freuen«, sprach er und fing an, seinen Wagen zu untersuchen. Er fand Kleidungsstücke von aller Art, wie er sie nur wünschen konnte, aber kein Geld. Endlich stieß er auf eine Tasche und fand viele tausend Taler in Gold und Scheinen auf Handlungshäuser in allen großen Städten. »Jetzt hab ich's, wie ich's wollte«, dachte er, setzte sich bequem in die Ecke des Wagens und fuhr in die weite Welt.

Er fuhr zwei Jahre in der Welt umher und schaute aus seinem Wagen links und rechts an den Häusern hinauf, schaute, wenn er anhielt, nichts als den Schild seines Wirtshauses an, lief dann in der Stadt umher und ließ sich die schönsten Merkwürdigkeiten zeigen. Aber es freute ihn nichts, kein Bild, kein Haus, keine Musik, kein Tanz; sein Herz von Stein nahm an nichts Anteil, und seine Augen, seine Ohren waren abgestumpft für alles Schöne. Nichts war ihm mehr geblieben als die Freude an Essen und Trinken und der Schlaf, und so lebte er, indem er ohne Zweck durch die Welt reiste, zu seiner Unterhaltung speiste und aus Langeweile schlief.

Hie und da erinnerte er sich zwar, daß er fröhlicher, glücklicher gewesen sei, als er noch arm war und arbeiten mußte, um sein Leben zu fristen. Da hatte ihn jede schöne Aussicht ins Tal, Musik und Gesang hatten ihn ergötzt, da hatte er sich stundenlang auf die einfache Kost, die ihm die Mutter zu dem Meiler bringen sollte, gefreut. Wenn er so über die Vergangenheit nachdachte, so kam es ihm ganz sonderbar vor, daß er jetzt nicht einmal lachen konnte, und sonst hatte er über den kleinsten Scherz gelacht. Wenn andere lachten, so verzog er nur aus Höflichkeit den Mund, aber sein Herz – lächelte nicht mit. Er fühlte dann, daß er zwar überaus ruhig sei; aber zufrieden fühlte er sich doch nicht. Es war nicht Heimweh oder Wehmut, sondern Öde, Überdruß, freudenloses Leben, was ihn endlich wieder zur Heimat trieb.

Als er von Straßburg herüberfuhr und den dunkeln Wald seiner Heimat erblickte, als er zum erstenmal wieder jene kräftigen Gestalten, jene freundlichen, treuen Gesichter der Schwarzwälder sah, als sein Ohr die heimatlichen Klänge, stark, tief, aber wohltönend, vernahm, da fühlte er schnell an sein Herz; denn sein Blut wallte stärker, und er glaubte, er müsse sich freuen und müsse weinen zugleich, aber – wie konnte er nur so töricht sein, er hatte ja ein Herz von Stein. Und Steine weinen nicht.

Sein erster Gang war zum Holländer-Michel, der ihn mit alter Freundlichkeit aufnahm. »Michel«, sagte er zu ihm, »gereist bin ich nun und habe alles gesehen, ist aber alles dummes Zeug, und ich hatte nur Langeweile. Überhaupt, Euer steinernes Ding, das ich in der Brust trage, schützt mich zwar vor manchem. Ich erzürne mich nie, bin nie traurig; aber ich freue mich auch nie, und es ist mir, als wenn ich nur halb lebte. Könnet Ihr das Steinherz nicht ein wenig beweglicher machen? Oder – gebt mir lieber mein altes Herz! Ich hatte mich in fünfundzwanzig Jahren daran gewöhnt, und wenn es zuweilen auch einen dummen Streich machte, so war es doch munter und ein fröhliches Herz.«

Der Waldgeist lachte grimmig und bitter. »Wenn du einmal tot bist, Peter Munk«, antwortete er, »dann soll es dir nicht fehlen; dann sollst du dein weiches, rührbares Herz wieder haben, und du kannst dann fühlen, was kommt, Freud oder Leid. Aber hier oben kann es nicht mehr dein werden! Doch, Peter! gereist bist du wohl, aber, so wie du lebtest, konnte es dir nichts nützen. Setze dich jetzt hier irgendwo im Wald, bau ein Haus, heirate, treibe dein Vermögen um, es hat dir nur an Arbeit gefehlt; weil du müßig warst, hattest du Langeweile und schiebst jetzt alles auf dieses unschuldige Herz.« Peter sah ein, daß Michel recht habe, was den Müßiggang beträfe, und nahm sich vor, reich und immer reicher zu werden. Michel schenkte ihm noch einmal hunderttausend Gulden und entließ ihn als einen guten Freund.

Bald vernahm man im Schwarzwald die Märe, der Kohlemunk-Peter oder Spielpeter sei wieder da und noch viel reicher als zuvor. Es ging auch jetzt wie immer; als er am Bettelstab war, wurde er in der Sonne zur Türe hinausgeworfen, und als er jetzt an einem Sonntagnachmittag seinen ersten Einzug dort hielt, schüttelten sie ihm die Hand, lobten sein Pferd, fragten nach seiner Reise, und als er wieder mit dem dicken Ezechiel um harte Taler spielte, stand er in der Achtung so hoch als je. Er trieb jetzt aber nicht mehr das Glashandwerk, sondern den Holzhandel, aber nur zum Schein. Sein Hauptgeschäft war, mit Korn und Geld zu handeln. Der halbe Schwarzwald wurde ihm nach und nach schuldig; aber er lieh Geld nur auf zehn Prozent aus oder verkaufte Korn an die Armen, die nicht gleich zahlen konnten, um den dreifachen Wert. Mit dem Amtmann stand er jetzt in enger Freundschaft, und wenn einer Herrn Peter Munk nicht auf den Tag bezahlte, so ritt der Amtmann mit seinen Schergen hinaus, schätzte Haus und Hof, verkaufte flugs und trieb Vater, Mutter und Kind in den Wald. Anfangs machte dies dem reichen Peter einige Unlust; denn die armen Ausgepfändeten belagerten dann haufenweise sein Türe, die Männer flehten um Nachsicht, die Weiber suchten das steinerne Herz zu erweichen, und die Kinder winselten um ein Stücklein Brot. Aber als er sich ein paar tüchtige Fleischerhunde angeschafft hatte, hörte diese Katzenmusik, wie er es nannte, bald auf. Er pfiff und hetzte, und die Bettelleute flogen schreiend auseinander. Am meisten Beschwerde machte ihm das »alte Weib«. Das war aber niemand anders als Frau Munkin, Peters Mutter. Sie war in Not und Elend geraten, als man ihr Haus und Hof verkauft hatte, und ihr Sohn, als er reich zurückgekehrt war, hatte nicht mehr nach ihr umgesehen. Da kam sie nun zuweilen, alt, schwach und gebrechlich, an einem Stock vor das Haus. Hinein wagte sie sich nimmer, denn er hatte sie einmal weggejagt; aber es tat ihr wehe, von den Guttaten anderer Menschen leben zu müssen, da der eigene Sohn ihr ein sorgenloses Alter hätte bereiten können. Aber das kalte Herz wurde nimmer gerührt von dem Anblicke der bleichen, wohlbekannten Züge, von den bittenden Blicken, von der welken, ausgestreckten Hand, von der hinfälligen Gestalt. Mürrisch zog er, wenn sie sonnabends an die Türe pochte, einen Sechsbätzner hervor, schlug ihn in ein Papier und ließ ihn hinausreichen durch einen Knecht. Er vernahm ihre zitternde Stimme, wenn sie dankte und wünschte, es möge ihm wohlergehen auf Erden; er hörte sie hüstelnd von der Türe schleichen, aber er dachte weiter nicht mehr daran, als daß er wieder sechs Batzen umsonst ausgegeben.

Endlich kam Peter auf den Gedanken, zu heiraten. Er wußte, daß im ganzen Schwarzwald jeder Vater ihm gerne seine Tochter geben werde; aber er war schwierig in seiner Wahl; denn er wollte, daß man auch hierin sein Glück und seinen Verstand preisen sollte; daher ritt er umher im ganzen Wald, schaute hier, schaute dort, und keine der schönen Schwarzwälderinnen deuchte ihm schön genug. Endlich, nachdem er auf allen Tanzböden umsonst nach der Schönsten ausgeschaut hatte, hörte er eines Tages, die Schönste und Tugendsamste im ganzen Wald sei eines armen Holzhauers

Tochter. Sie lebe still und für sich, besorge geschickt und emsig ihres Vaters Haus und lasse sich nie auf dem Tanzboden sehen, nicht einmal zu Pfingsten oder Kirmes. Als Peter von diesem Wunder des Schwarzwaldes hörte, beschloß er, um sie zu werben, ritt nach der Hütte, die man ihm bezeichnet hatte. Der Vater der schönen Lisbeth empfing den vornehmen Herrn mit Staunen und erstaunte noch mehr, als er hörte, es sei dies der reiche Herr Peter und wolle sein Schwiegersohn werden. Er besann sich auch nicht lange; denn er meinte, all seine Sorge und Armut werde nun ein Ende haben, sagte zu, ohne die schöne Lisbeth zu fragen, und das gute Kind war so folgsam, daß sie ohne Widerrede Frau Peter Munkin wurde.

Aber es wurde der Armen nicht so gut, als sie sich geträumt hatte. Sie glaubte ihr Hauswesen wohl zu verstehen, aber sie konnte Herrn Peter nichts zu Dank machen; sie hatte Mitleid mit armen Leuten, und da ihr Eheherr reich war, dachte sie, es sei keine Sünde, einem armen alten Mann einen Schnaps zu reichen; aber als Herr Peter dies eines Tages merkte, sprach er mit zürnenden Blicken und rauher Stimme: »Warum verschleuderst du mein Vermögen an Lumpen und Straßenläufer? Hast du was mitgebracht ins Haus, das du wegschenken könntest? Mit deines Vaters Bettelstab kann man keine Suppe wärmen, und wirfst das Geld aus wie eine Fürstin? Noch einmal laß dich betreten, so sollst du meine Hand fühlen!« Die schöne Lisbeth weinte in ihrer Kammer über den harten Sinn ihres Mannes, und sie wünschte oft, lieber heim zu sein in ihres Vaters ärmlicher Hütte, als bei dem reichen, aber geizigen, hartherzigen Peter zu hausen. Ach, hätte sie gewußt, daß er ein Herz von Marmor habe und weder sie noch irgendeinen Menschen lieben könne, so hätte sie sich wohl nicht gewundert. Sooft sie aber jetzt unter der Türe saß, und es ging ein Bettelmann vorüber und zog den Hut und hub an seinen Spruch, so drückte sie die Augen zu, das Elend nicht zu schauen, sie ballte die Hand fester, damit sie nicht unwillkürlich in die Tasche fahre, ein Kreuzerlein herauszulangen. So kam es, daß die schöne Lisbeth im ganzen Wald verschrien wurde und es hieß, sie sei noch geiziger als Peter Munk. Aber eines Tages saß Frau Lisbeth wieder vor dem Haus und spann und murmelte ein Liedchen dazu; denn sie war munter, weil es schönes Wetter und Herr Peter ausgeritten war über Feld. Da kommt ein altes Männlein des Weges daher, das trägt einen großen, schweren Sack, und sie hört es schon von weitem keuchen. Teilnehmend sieht ihm Frau Lisbeth zu und denkt, einem so alten, kleinen Manne sollte man nicht mehr so schwer aufladen.

Indes keucht und wankt das Männlein heran, und als es gegenüber von Frau Lisbeth war, brach es unter dem Sacke beinahe zusammen. »Ach, habt die Barmherzigkeit, Frau, und reichet mir nur einen Schluck Wasser!« sprach das Männlein; »ich kann nicht weiter, muß elend verschmachten.«

»Aber ihr solltet in Eurem Alter nicht mehr so schwer tragen«, sagte Frau Lisbeth.

»Ja, wenn ich nicht Boten gehen müßte, der Armut halber und um mein Leben zu fristen«, antwortete er; »ach, so eine reiche Frau wie Ihr weiß nicht, wie wehe Armut tut und wie wohl ein frischer Trunk bei solcher Hitze.«

Als sie dies hörte, eilte sie in das Haus, nahm einen Krug vom Gesims und füllte ihn mit Wasser; doch als sie zurückkehrte und nur noch wenige Schritte von ihm war und das Männlein sah, wie es so elend und verkümmert auf dem Sack saß, da fühlte sie inniges Mitleid, bedachte, daß ja ihr Mann nicht zu Hause sei, und so stellte sie den Wasserkrug beiseite, nahm einen Becher und füllte ihn mit Wein, legte ein gutes Roggenbrot darauf und brachte es dem Alten. »So, und ein Schluck Wein mag Euch besser frommen als Wasser, da Ihr schon so gar alt seid«, sprach sie; »aber trinket nicht so hastig und esset auch Brot dazu!«

Das Männlein sah sie staunend an, bis große Tränen in seinen alten Augen standen; es trank und sprach dann: »Ich bin alt geworden, aber ich hab wenige Menschen gesehen, die so mitleidig wären und ihre Gaben so schön und herzlich zu spenden wüßten wie ihr, Frau Lisbeth. Aber es wird Euch dafür auch recht wohlgehen auf Erden; solch ein Herz bleibt nicht unbelohnt.«

»Nein, und den Lohn soll sie zur Stelle haben«, schrie eine schreckliche Stimme, und als sie sich umsahen, war es Herr Peter mit blutrotem Gesicht.

»Und sogar meinen Ehrenwein gießt du aus an Bettelleute, und meinen Mundbecher gibst du an die Lippen der Straßenläufer? Da, nimm deinen Lohn!« Frau Lisbeth stürzte zu seinen Füßen und bat um Verzeihung; aber das steinerne Herz kannte kein Mitleid, er drehte die Peitsche um, die er in der Hand hielt, und schlug sie mit dem Handgriff von Ebenholz so heftig vor die schöne Stirne, daß sie leblos dem alten Mann in die Arme sank. Als er dies sah, war es doch, als reute ihn die Tat auf der Stelle; er bückte sich herab, zu schauen, ob noch Leben in ihr sei, aber das Männlein sprach mit wohlbekannter Stimme: »Gib dir keine Mühe, Kohlenpeter; es war die schönste und lieblichste Blume im Schwarzwald, aber du hast sie zertreten, und nie mehr wird sie wieder blühen.«

Da wich alles Blut aus Peteres Wangen, und er sprach: «Also Ihr seid es, Herr Schatzhauser? Nun, was geschehen ist, ist geschehen, und es hat wohl so kommen müssen. Ich hoffe aber, Ihr werdet mich nicht bei dem Gericht anzeigen als Mörder.«

»Elender!« erwiderte das Glasmännlein. »Was würde es mir frommen, wenn ich deine sterbliche Hülle an den Galgen brächte? Nicht irdische Gerichte sind es, die du zu fürchten hast, sondern andere und strengere; denn du hast deine Seele an den Bösen verkauft.«

»Und hab ich mein Herz verkauft«, schrie Peter, »so ist niemand daran schuld als du und deine betrügerischen Schätze; du tückischer Geist hast mich ins Verderben geführt, mich getrieben, daß ich bei einem andern Hilfe suchte, und auf dir liegt die ganze Verantwortung.« Aber kaum hatte er dies gesagt, so wuchs und schwoll das Glasmännlein und wurde hoch und breit, und seine Augen sollen so groß gewesen sein wie Suppenteller, und sein Mund war wie ein geheizter Backofen, und Flammen blitzten daraus hervor. Peter warf sich auf die Knie, und sein steinernes Herz schützte ihn nicht, daß nicht seine Glieder zitterten wie eine Espe. Mit Geierskrallen packte ihn der Waldgeist im Nacken, drehte ihn um, wie ein Wirbelwind dürres Laub, und warf ihn dann zu Boden, daß ihm alle Rippen knackten. »Erdenwurm!« rief er mit einer Stimme, die wie der Donner rollte; »ich könnte dich zerschmettern, wenn ich wollte; denn du hast gegen den Herrn des Waldes gefrevelt. Aber um dieses toten Weibes willen, die mich gespeist und getränkt hat, gebe ich dir acht Tage Frist. Bekehrst du dich nicht zum Guten, so komme ich und zermalme dein Gebein, und du fährst hin in deinen Sünden.«

Es war schon Abend, als einige Männer, die vorbeigingen, den reichen Peter Munk an der Erde liegen sahen. Sie wandten ihn hin und her und suchten, ob noch Atem in ihm sei; aber lange war ihr Suchen vergebens. Endlich ging einer in das Haus und brachte Wasser herbei und besprengte ihn. Da holte Peter tief Atem, stöhnte und schlug die Augen auf, schaute lange um sich her und fragte dann nach Frau Lisbeth; aber keiner hatte sie gesehen. Er dankte den Männern für ihre Hilfe, schlich sich in sein Haus und suchte überall; aber Frau Lisbeth war weder im Keller noch auf dem Boden, und das, was er für einen schrecklichen Traum gehalten, war bittere Wahrheit. Wie er nun so ganz allein war, da kamen ihm sonderbare Gedanken; er fürchtete sich vor nichts, denn sein Herz war ja kalt; aber wenn er an den Tod seiner Frau dachte – kam ihm sein eigenes Hinscheiden in den Sinn, und wie belastet er dahinfahre, schwer belastet mit Tränen der Armen, mit tausend ihrer Flüche, die sein Herz nicht erweichen konnten, mit dem Jammer der Elenden, auf die er seine Hund gehetzt, belastet mit der stillen Verzweiflung seiner Mutter, mit dem Blute der schönen, guten Lisbeth; und konnte er doch nicht einmal dem alten Manne, ihrem Vater, Rechenschaft geben, wenn er käme und fragte: »Wo ist meine Tochter, dein Weib?« Wie wollte er einem andern Frage stehen, dem alle Wälder, alle Seen, alle Berge gehören und die Leben der Menschen?

Es quälte ihn auch nachts im Traume, und alle Augenblicke

wachte er auf an einer süßen Stimme, die ihm zurief: »Peter, schaff dir ein wärmeres Herz!« Und wenn er erwacht war, schloß er doch schnell wieder die Augen; denn der Stimme nach mußte es Frau Lisbeth sein, die ihm diese Warnung zurief. Den andern Tag ging er ins Wirtshaus, um seine Gedanken zu zerstreuen, und dort traf er den dicken Ezechiel. Er setzte sich zu ihm, sie sprachen dies und jenes, vom schönen Wetter, vom Krieg, von den Steuern und endlich auch vom Tod und wie da und dort einer so schnell gestorben sei. Da fragte Peter den Dicken, was er denn vom Tod halte und wie es nachher sein werde. Ezechiel antwortete ihm, daß man den Leib begrabe, die Seele aber fahre entweder auf zum Himmel oder hinab in die Hölle.

»Also begräbt man das Herz auch?« fragte der Peter gespannt.

»Ei freilich, das wird auch begraben.«

»Wenn aber einer sein Herz nicht mehr hat?« fuhr Peter fort.

Ezechiel sah ihn bei diesen Worten schrecklich an. »Was willst du damit sagen? Willst du mich foppen? Meinst du, ich habe kein Herz?«

»Oh, Herz genug, so fest wie Stein«, erwiderte Peter.

Ezechiel sah ihn verwundert an, schaute sich um, ob es niemand gehört habe, und sprach dann: »Woher weißt du es? Oder pocht vielleicht das deinige auch nicht mehr?«

»Pocht nicht mehr, wenigstens nicht hier in meiner Brust!« antwortete Peter Munk. »Aber sag mir, da du jetzt weißt, was ich meine, wie wird es gehen mit *unseren* Herzen?«

»Was kümmert dich dies, Gesell?« fragte Ezechiel lachend. »Hast ja auf Erden vollauf zu leben und damit genug. Das ist ja gerade das Bequeme in unsern kalten Herzen, daß uns keine Furcht befällt vor solchen Gedanken.«

»Wohl wahr; aber man denkt doch daran, und wenn ich auch jetzt keine Furcht mehr kenne, so weiß ich doch wohl noch, wie sehr ich mich vor der Hölle gefürchtet, als ich noch ein kleiner, unschuldiger Knabe war.«

»Nun – gut wird es uns gerade nicht gehen«, sagte Ezechiel. »Hab mal einen Schulmeister darüber gefragt; der sagte mir, daß nach dem Tode die Herzen gewogen werden, wie schwer sie sich versündigt hätten. Die leichten steigen auf, die schweren sinken hinab, und ich denke, unsere Steine werden ein gutes Gewicht haben.«

»Ach freilich«, erwiderte Peter, »und es ist mir oft selbst gelungen, daß mein Herz so teilnahmlos und ganz gleichgültig ist, wenn ich an solche Dinge denke.«

So sprachen sie; aber in der nächsten Nacht hörte er fünf- oder sechsmal die bekannte Stimme in sein Ohr lispeln: »Peter, schaff dir ein wärmeres Herz.« Er empfand keine Reue, daß er sie getötet, aber wenn er dem Gesinde sagte, seine Frau sei verreist, so dachte er immer dabei: »Wohin mag sie wohl gereist sein?« Sechs Tage hatte er es so getrieben, und immer hörte er nachts diese Stimme, und immer dachte er an den Waldgeist und seine schreckliche Drohung; aber am siebenten Morgen sprang er auf von seinem Lager und rief: »Nun ja, will sehen, ob ich mir ein wärmeres schaffen kann; denn der gleichgültige Stein in meiner Brust macht mir das Leben nur langweilig und öde.« Er zog schnell seinen Sonntagsstaat an und setzte sich auf sein Pferd und ritt dem Tannenbühl zu.

Im Tannenbühl, wo die Bäume dichter standen, saß er ab, band sein Pferd an und ging schnellen Schrittes dem Gipfel des Hügels zu, und als er vor der dicken Tanne stand, hub er seinen Spruch an:

»Schatzhauser im grünen Tannenwald,
Bist viele hundert Jahre alt,
Dein ist all Land, wo Tannen stehen,
Läßt dich nur Sonntagskindern sehen.«

Da kam das Glasmännlein hervor, aber nicht freundlich und traulich wie sonst, sondern düster und traurig; es hatte ein Röcklein an von schwarzem Glas, und ein langer Trauerflor flatterte herab vom Hut, und Peter wußte wohl, um wen es traure.

»Was willst du von mir, Peter Munk?« fragte es mit dumpfer Stimme.

»Ich hab noch einen Wunsch, Herr Schatzhauser«, antwortete Peter mit niedergeschlagenen Augen.

»Können Steinherzen noch wünschen?« sagte jener. »Du hast alles, was du für deinen schlechten Sinn bedarfst, und ich werde schwerlich deinen Wunsch erfüllen.«

»Aber Ihr habt mir doch drei Wünsche zugesagt; einen hab ich immer noch übrig.«

»Doch kann ich ihn versagen, wenn er töricht ist«, fuhr der Waldgeist fort; »aber wohlan, ich will hören, was du willst?«

»So nehmet mir den toten Stein heraus und gebet mir mein lebendiges Herz!« sprach Peter.

»Hab ich den Handel mit dir gemacht?« fragte das Glasmännlein. »Bin ich der Holländer-Michel, der Reichtum und kalte Herzen schenkt? Dort, bei ihm mußt du dein Herz suchen.«

»Ach, er gibt es nimmer zurück«, antwortete Peter.

»Du dauerst mich, so schlecht du auch bist«, sprach das Männlein nach einigem Nachdenken. »Aber weil dein Wunsch nicht töricht ist, so kann ich dir wenigstens meine Hilfe nicht versagen. So höre, dein Herz kannst du mit keiner Gewalt mehr bekommen, wohl aber durch List, und es wird vielleicht nicht schwerhalten; denn Michel bleibt doch nur der dumme Michel, obgleich er sich ungemein klug dünkt. So gehe denn geraden Weges zu ihm hin und tue, wie ich dir heiße!« Und nun unterrichtete er ihn in allem und gab ihm ein Kreuzlein aus reinem Glas: »Am Leben kann er dir nicht schaden, und er wird dich freilassen, wenn du ihm dies vorhalten und dazu beten wirst. Und hast du denn, was du verlangt hast, erhalten, so komm wieder zu mir an diesen Ort!«

Peter Munk nahm das Kreuzlein, prägte sich alle Worte ins Gedächtnis und ging weiter nach Holländer-Michels Behausung. Er rief dreimal seinen Namen, und alsobald stand der Riese vor ihm. »Du hast dein Weib erschlagen?« fragte er ihn mit schrecklichem Lachen. »Hätt' es auch so gemacht; sie hat dein Vermögen an das Bettelvolk gebracht. Aber du wirst auf einige Zeit außer Landes gehen müssen; denn es wird Lärm machen, wenn man sie nicht findet, und du brauchst wohl Geld und kommst, um es zu holen?«

»Du hast's erraten«, erwiderte Peter, »und nur recht viel diesmal; denn nach Amerika ist's weit.«

Michel ging voran und brachte ihn in seine Hütte; dort schloß er eine Truhe auf, worin viel Geld lag, und langte ganze Rollen Gold heraus. Während er es so auf den Tisch hinzählte, sprach Peter: »Du bist ein loser Vogel, Michel, daß du mich belogen hast, ich hätte einen Stein in der Brust und du habest mein Herz!«

»Und ist es denn nicht so?« fragte Michel staunend. «Fühlst du denn dein Herz? Ist es nicht kalt wie Eis? Hast du Furcht oder Gram, kann dich etwas reuen?«

»Du hast mein Herz nur stillestehen lassen, aber ich hab es noch wie sonst in meiner Brust, und Ezechiel auch, der hat es mir gesagt, daß du uns angelogen hast; du bist nicht der Mann dazu, der einem das Herz so unbemerkt und ohne Gefahr aus der Brust reißen könnte; da müßtest du zaubern können.«

»Aber ich versichere dich«, rief Michel unmutig, »du und Ezechiel und alle reichen Leute, die es mit mir gehalten, haben solche kalte Herzen wie du, und ihre rechten Herzen habe ich hier in meiner Kammer.«

»Ei, wie dir das Lügen von der Zunge geht!« lachte Peter. »Das mach du einem andern weis! Meinst du, ich hab auf meinen Reisen nicht solche Kunststücke zu Dutzenden gesehen? Aus Wachs nachgeahmt sind deine Herzen hier in der Kammer. Du bist ein reicher Kerl, das geb ich zu; aber zaubern kannst du nicht.«

Da ergrimmte der Riese und riß die Kammertüre auf. »Komm herein und lies die Zettel alle, und jenes dort, schau, das ist Peter Munks Herz; siehst du, wie es zuckt? Kann man das auch aus Wachs machen?«

»Und doch ist es aus Wachs«, antwortete Peter. «So schlägt ein rechtes Herz nicht; ich habe das meinige noch in der Brust. Nein, zaubern kannst du nicht!«

»Aber ich will es dir beweisen!« rief jener ärgerlich. »Du sollst es selbst fühlen, daß dies dein Herz ist.«

Er nahm es, riß Peters Wams auf und nahm einen Stein aus seiner Brust und zeigte ihn vor. Dann nahm er das Herz, hauchte es an und setzte es behutsam an seine Stelle, und alsobald fühlte Peter, wie es pochte, und er konnte sich wieder darüber freuen.

»Wie ist es dir jetzt?« fragte Michel lächelnd.

»Wahrhaftig, du hast doch recht gehabt«, antwortete Peter, indem er behutsam sein Kreuzlein aus der Tasche zog, »hätt' ich doch nicht geglaubt, daß man dergleichen tun könne!«

»Nicht wahr? Und zaubern kann ich, das siehst du; aber komm, jetzt will ich dir den Stein wieder hineinsetzen.«

»Gemach, Herr Michel!« rief Peter, trat einen Schritt zurück und hielt ihm das Kreuzlein entgegen. »Mit Speck fängt man Mäuse, und diesmal bist du der Betrogene.« Und zugleich fing er an zu beten, was ihm nur beifiel.

Da wurde Michel kleiner und immer kleiner, fiel nieder und wand sich hin und her wie ein Wurm und ächzte und stöhnte, und alle Herzen umher fingen an zu zucken und zu pochen, daß es tönte wie in der Werkstatt eines Uhrmachers. Peter aber fürchtete sich, und es wurde ihm ganz unheimlich zumut, er rannte zur Kammer und zum Haus hinaus und klimmte, von Angst getrieben, die Felsenwand hinan; denn er hörte, daß Michel sich aufraffte, stampfte und tobte und ihm schreckliche Flüche nachschickte. Als er oben war, lief er dem Tannenbühl zu; ein schreckliches Gewitter zog auf, Blitze fielen links und rechts an ihm nieder und zerschmetterten die Bäume, aber er kam wohlbehalten in dem Revier des Glasmännleins an.

Sein Herz pochte freudig und nur darum, *weil es pochte.* Dann aber sah er mit Entsetzen auf sein Leben zurück wie auf das Gewitter, das hinter ihm rechts und links den schönen Wald zersplitterte. Er dachte an Frau Lisbeth, sein schönes, gutes Weib, das er aus Geiz gemordet; er kam sich selbst wie der Auswurf der Menschen vor, und er weinte heftig, als er an Glasmännleins Hügel kam.

Schatzhauser saß schon unter dem Tannenbaum und rauchte aus einer kleinen Pfeife; doch sah er munterer aus als zuvor. »Warum weinst du, Kohlenpeter?« fragte er. »Hast du dein Herz nicht erhalten? Liegt noch das kalte in deiner Brust?«

»Ach Herr!« seufzte Peter. »Als ich noch das kalte Steinherz trug, da weinte ich nie, meine Augen waren so trocken als das Land im Juli; jetzt aber will es mir beinahe das alte Herz zerbrechen, was ich getan! Meine Schuldner habe ich ins Elend gejagt, auf Arme und Kranke die Hunde gehetzt, und ihr wißt es ja selbst – wie meine Peitsche auf ihre schöne Stirne fiel!«

»Peter! Du warst ein großer Sünder!« sprach das Männlein. »Das

Geld und der Müßiggang haben dich verderbt, bis dein Herz zu Stein wurde, nicht Freud', nicht Leid, keine Reue, kein Mitleid mehr kannte. Aber Reue versöhnt, und wenn ich nur wüßte, daß dir dein Leben recht leid tut, so könnte ich schon noch was für dich tun.«

»Will nichts mehr«, antwortete Peter und ließ traurig sein Haupt sinken. »Mit mir ist es aus, kann mich mein Lebtag nicht mehr freuen; was soll ich so allein auf der Welt tun? Meine Mutter verzeiht mir nimmer, was ich ihr getan, und vielleicht hab ich sie unter den Boden gebracht, ich Ungeheuer! Und Lisbeth, meine Frau! Schlaget mich lieber auch tot, Herr Schatzhauser; dann hat mein elend Leben mit einmal ein Ende.«

»Gut«, erwiderte das Männlein, »wenn du nicht anders willst, so kannst du es haben; meine Axt habe ich bei der Hand.« Er nahm ganz ruhig sein Pfeiflein aus dem Mund, klopfte es aus und steckte es ein. Dann stand er langsam auf und ging hinter die Tannen. Peter aber setzte sich weinend ins Gras, sein Leben war ihm nichts mehr, und er erwartete geduldig den Todesstreich. Nach einiger Zeit hörte er leise Tritte hinter sich und dachte: »Jetzt wird er kommen!«

»Schau dich noch einmal um, Peter Munk!« rief das Männlein. Er wischte sich die Tränen aus den Augen und schaute sich um und sah – seine Mutter und Lisbeth, seine Frau, die ihn freundlich anblickten. Da sprang er freudig auf: »So bist du nicht tot, Lisbeth? Und auch Ihr seid da, Mutter, und habt mir vergeben?«

»Sie wollen dir verzeihen«, sprach das Glasmännlein, »weil du wahre Reue fühlst, und alles soll vergessen sein. Zieh jetzt heim in deines Vaters Hütte und sei ein Köhler wie zuvor; bist du brav und bieder, so wirst du dein Handwerk ehren, und deine Nachbarn werden dich mehr lieben und achten, als wenn du zehn Tonnen Goldes hättest.« So sprach das Glasmännlein und nahm Abschied von ihnen.

Die drei lobten und segneten es und gingen heim.

Das prachtvolle Haus des reichen Peters stand nicht mehr; der Blitz hatte es angezündet und mit all seinen Schätzen niedergebrannt; aber nach der väterlichen Hütte war es nicht weit; dorthin ging jetzt ihr Weg, und der große Verlust bekümmerte sie nicht.

Aber wie staunten sie, als sie an die Hütte kamen! Sie war zu einem schönen Bauernhaus geworden, und alles darin war einfach, aber gut und reinlich.

»Das hat das gute Glasmännlein getan!« rief Peter.

»Wie schön!« sagte Frau Lisbeth. »Und hier ist mir viel heimischer als in dem großen Haus mit dem vielen Gesinde.«

Von jetzt an wurde Peter Munk ein fleißiger und wackerer Mann. Er war zufrieden mit dem, was er hatte, trieb sein Handwerk unverdrossen, und so kam es, daß er durch eigene Kraft wohlhabend wurde und angesehen und beliebt im ganzen Wald. Er zankte nie mehr mit Frau Lisbeth, ehrte seine Mutter und gab den Armen, die an seine Türe pochten. Als nach Jahr und Tag Frau Lisbeth von einem schönen Knaben genas, ging Peter nach dem Tannenbühl und sagte sein Sprüchlein. Aber das Glasmännlein zeigte sich nicht. »Herr Schatzhauser!« rief er laut. »Hört mich doch; ich will ja nichts anderes, als Euch zu Gevatter bitten bei meinem Söhnlein!« Aber er gab keine Antwort; nur ein kurzer Windstoß sauste durch die Tannen und warf einige Tannenzapfen herab ins Gras. »So will ich dies zum Andenken mitnehmen, weil Ihr Euch doch nicht sehen lassen wollet«, rief Peter, steckte die Zapfen in die Tasche und ging nach Hause; aber als er zu Hause das Sonntagswams auszog und seine Mutter die Taschen umwandte und das Wams in den Kasten legen wollte, da fielen vier stattliche Geldrollen heraus, und als man sie öffnete, waren es lauter gute, neue badische Taler, und kein einziger falscher darunter. Und das war das Patengeschenk des Männleins im Tannenwald für den kleinen Peter.

So lebten sie still und unverdrossen fort, und noch oft nachher, als Peter Munk schon graue Haare hatte, sagte er: »Es ist doch besser, zufrieden zu sein mit wenigem, als Gold und Güter haben und ein *kaltes Herz*.«

Das kalte Herz

Deutung

Der Schlüssel zu diesem schönen Märchen ist, wie der Titel vorgibt, das menschliche Herz, das Herz eines armen Kohlenbrenners aus dem Schwarzwald. Peter Munk sehnt sich nach Reichtum und Anerkennung, gerät dadurch in das polare Kraftfeld von »Glasmännlein« und »Holländer-Michel«, tauscht sein warmes Herz gegen ein steinernes, begeht danach eine Untat nach der anderen, weiß sich aber kraft seines noch immer vorhandenen moralischen Bewußtseins zu befreien.

Die Komposition der Handlung und der Figuren ist also denkbar einfach, so daß sich fast schon die Frage ergibt, ob sich eine Besprechung lohnt. Auf jeden Fall ist geboten, hier nicht nach versteckten Gehalten zu suchen; vielmehr sollen zahlreiche Feinheiten zur Sprache kommen, die dem Text Schönheit und Tiefe verleihen.

In wenigen Strichen wird kunstvoll die Exposition entworfen: Der Reichtum der Landschaft, zwei Volksgruppen mit ihren sagenumwobenen Repräsentanten, die Einführung des Helden, sofort verknüpft mit der Grundthematik sozialer Unzufriedenheit.

Schnell lenkt der Dichter auf die Menschen; zunächst auf die Glasmacher. Ihr Charakter ist klar, ernst und ehrwürdig. Zur schwarzen Weste, weiten Pluderhose und zu roten Strümpfen tragen sie einen spitzen Hut. Seine Kegelform weist nach oben, ins Luftige, Geistige. Anders die Flößer: Es sind rauhe und unruhige Gesellen, mit riesigen Stiefeln, gebunden an Wasser und Erde, an das Materielle. Als Vertreter erscheint auf der einen Seite das Glasmännlein, ein »gutes Geistchen«, auf der anderen Seite der Holländer-Michel, breitschultrig, grobschlächtig (immerhin werden, um ihn zu kennzeichnen, geschlachtete Kälber erwähnt, die nötig waren, um seine Stiefel zu fertigen). Allein die Namensgebung weckt gegensätzliche Empfindungen. Dazwischen steht der Kohlenmunk-Peter, »ein schlanker Bursche«, das will auch heißen: ein schöner Junge, den es, von unbewußter Sehnsucht getrieben und von seinen Mitbürgern im Innersten verletzt, aus niederem Milieu treibt. Er will und kann nach oben, er ist ein Sonntagskind, ein Kind mit besonderen Gaben und besonderer Gnade.

Die einsetzende Bewegung ist gut und verständlich, nicht jedoch der Vergleich mit den drei Wichtigtuern und Verschwendern. Zu schnell verlagern sich seine Gedanken aufs Geld, gegen dessen Macht Hauff in mehreren Geschichten anschreibt. Vom langen Schlurker z.B. sagt er: »… er hatte unmenschlich viel Geld.« Der Junge erkennt zwar sofort den großen Verlust bei den dreien, ihren Geiz und ihre Gefühllosigkeit; doch schon hat ihn der Bann getroffen: Ansehen gilt auch ihm von nun an mehr als Seelentreue. Übereilt folgt die zweite Bewegung; er macht sich auf den Weg mit halbem Wissen:

»Es schien ihm hinlänglich, einen Teil des Sprüchleins zu wissen und am Sonntag geboren zu sein, und das Glasmännlein mußte sich ihm zeigen.«

Das ist ein Irrtum, ein Irrweg. Bestimmung erfüllt sich erst durch Reifung, Reifung braucht Zeit, kann nicht erzwungen werden.

Und ein dritter, scheinbar nebensächlicher Faktor spielt mit: Er verabschiedet sich von seiner Mutter, die ihm entscheidende Geheimnisse offenbarte, mit einer Lüge. Er gibt vor, er müsse in die Stadt aufs Amt, um zu spielen, d.h. zu losen, wer Soldat werden muß und wer nicht, um also die Möglichkeit zu schaffen, sich freizuziehen. Sehr schnell wird deutlich, daß auf solchem Weg nicht Freiheit gewonnen wird, sondern Knechtschaft. Er macht sich zum Knecht niederer Triebe, findet zwar zunächst den richtigen Weg, doch nicht die Kraft zu ganzheitlicher Schau. Der Dichter, das ist ein bemerkenswerter Einfall, fordert den Reim. In ihm finden zwei Einheiten zum Gleichklang, noch Getrenntes wird gebunden, erhält Wirkung, geradezu magische Kraft.

Nur wer die Ganzheit sieht, kann dauerhaft geheimnisvolle Kräfte nutzen. Wer sich mit halbem Wissen auf den Weg begibt, gerät in die Materie, zerstört sich und seine Umwelt (Erinnert sei an das Grimmsche Märchen »Der süße Brei«, an Goethes »Zauberlehrling«).

Das Glasmännlein weist den Verfrühten zwar nicht ab, zeigt sich ihm aber nur in verhüllter Form als kleines, zierliches Eichhörnchen, das ihn mit klugen Augen ansieht und aufzumuntern, vielleicht aber auch zu verspotten scheint; eine klare Scheidung ist in dieser Verfassung eben noch nicht denkbar.

Sorgfältig ist das Bild gewählt: Das wendige Tier schwebt durch die Luft, klettert behend und sicher am Baum hinauf, hinab, äugt links und rechts, kümmert sich rechtzeitig um Nahrung und weiß sie sorgfältig zu speichern. Hauff verweist auf ein verborgenes Geistwesen, das sich im Irdischen behaupten kann und Freude spendet allein durch seine schöne Gestalt, zudem überrascht durch seine Wendigkeit und Aufmerksamkeit.

Der Kohlenmunk-Peter ist der Begegnung im ganzen nicht gewachsen, weshalb ihm bei der wechselnden Erscheinung allmählich zu grauen beginnt und er davonläuft, geradewegs ins Lager der Flößer, die ihm Apfelwein und einen großen Auerhahn auftischen, ihn also einfangen mit großzügig gebotenem Genuß.

Bemerkenswert ist, daß Hauff das gleiche Symbol in völlig anderer Zusammenstellung wiederholt: Als nämlich Peter nochmals zum Schatzhauser geht und der Holländer-Michel ihm den Weg verstellt, ihn mit einer Riesenschlange zu erdrosseln droht, rettet ihn ein gewaltiger Auerhahn. Es ist, wie wir erfahren, das Glasmännlein selbst, seiner Erscheinung nach zwar sehr klein (»ein gutes Geistchen«), doch von unvermuteter, ebenbürtiger Kraft, wenn es gilt, große Gefahr abzuwehren. Diese Macht muß auch der Holländer-Michel anerkennen.

Genau zwischen diesen beiden Auerhahnszenen unterbricht Hauff die Handlung und läßt den Großvater, während der Sturm in den Tannen rast und krachende Schläge von Zerstörung künden, die Sage vom Holländer-Michel erzählen. Es ist die Geschichte eines riesigen Menschen, von dem man nicht weiß, woher er kommt und wohin er gegangen ist, dessen böser Geist aber im Lande bleibt, bedrohlich und gewalttätig. Es ist der Geist des Geldes, des Profits, der Kalkulation, arglistig und tyrannisch herrschend. Riesige Stiefel und unglaubliche Arbeitskraft verweisen ins Überdimensionale, Unheimliche; sie bergen den Keim der Vernichtung. Der Kleine, der Schatzhauser, dagegen will Tüchtigkeit; er schenkt erst, wenn Vorleistungen dies rechtfertigen. Der Riese verschenkt großzügig, verführt dadurch zu Prasserei und Vergeudung und nimmt dafür das Seelenheil, das sich aus Frömmigkeit und Ehrlichkeit entwickelt hatte. Die gespenstische Regsamkeit des Holländer-Michels führt zu Maßlosigkeit; wer sich warnend äußert, wer sich dieser Gewalt nicht unterordnet, wird wortlos vernichtet. Steigern ließ sich mit dieser Kraft der Wohlstand, verspielt jedoch wurde die Freiheit des einzelnen. Der Holländer-Michel, das personifizierte Böse, kann sich immer wieder zurückziehen, gewissermaßen in andere Bereiche zu weiterer Verderbnis absetzen, denn sein Geist hat wirksame Stellvertreter, den dicken Ezechiel, den langen Schlurker und den Tanzbodenkönig, eine negative Trinität mit magischen Kräften.

Während der Großvater erzählt und erläutert, legt sich der Sturm. Hauff schafft damit in feiner Erzählkunst einen Rahmen um diesen so wichtigen Rückblick; zugleich deutet er an, daß der gespenstische Einfluß in dem Augenblick schwindet, da man sich seiner bewußt wird, sich gedanklich damit auseinandersetzt, sich widersetzt.

Die Erzählung wirkt sofort tief auch auf den Kohlenmunk-Peter, wirkt in sein Unterbewußtes, verbildlicht im Traum. Seine Seele wird im wahrsten Sinne des Wortes zum Kampfplatz der beiden Geister: Er sieht den finsteren Holländer-Michel mit einem Beutel voll Geld, hört sein heiseres Lachen und seinen verführerischen Spruch »In Holland gibt's Gold«; daneben erscheint ihm das freundliche Glasmännlein, das mit zarter Stimme an den Sonntag und den Reim erinnert.

Der Junge folgt zunächst dem Kleinen, strengt seinen schwachen Kopf an und erhält, als seine Bemühungen erfolglos bleiben, durch »Zufall« den notwendigen Reim zugespielt. Man sollte freilich »Zufall« nicht zu vordergründig verstehen, als sei keine Ursache da, nicht meinen, daß in diesem Augenblick zwei Wesen bzw. Gedanken ohne jeden inneren Zusammenhang zusammentreffen. Vielmehr wird das Geschehen oft, nicht immer, teils gewollt, teils ungewollt durch Wünsche, Willenskräfte oder Gesetze gelenkt. Wir vermögen dabei zur Stunde die Ursache nur nicht zu durchschauen, finden sie manchmal später, manchmal auch gar nicht. Und selbst dann besteht kein Grund, die Kausalität zu leugnen (die, nebenbei, nicht allein zur Begründung herangezogen werden darf).

Ein solcher »Zufall« trifft in Hauffs Märchen in Gestalt dreier Wanderburschen ein, als Peter aus schweren Träumen erwacht und sich abmüht, den Reim zu finden. Die Erleuchtung, so kann man sagen, fällt ihm zu, kommt ihm zu, weil er sich der positiven Kraft überläßt und, wichtiger noch, weil er sich müht, um eine Lösung ringt, so gut er kann. Wir wissen, daß viele Entdeckungen aus solchem Untergrund den Weg ans Licht finden, urplötzlich, wie geschenkt. Es sind Geschenke, zweifellos, aber verdiente.

Mit neuer Kraft wendet sich Peter nochmals zum Tannenbühl: »Er ging langsam und sinnend«, d.h. besonnener als beim ersten Mal, denn er weiß jetzt, daß auch Sonntagskindern nicht einfach geschenkt wird. Noch auf dem Weg besinnt er sich, richtet er sein Augenmerk auf die Gedanken- und nicht auf die Begierdenwelt. Will er etwas erreichen, dann muß er den Reim finden, zwei Wörter harmonisieren; will man das auf menschliche Verhältnisse übertragen: sich und die Umwelt in Übereinstimmung bringen; in der Sprache des Märchens ausgedrückt: sinnliche und übersinnliche Welt in Einklang setzen. Dann erst findet sich segenspendender Reichtum.

Dieser inneren Bewegung droht, auch das ist ein esoterisches Gesetz, sofort Gefahr von der Gegenseite, vom Bösen, das herrschen will: Der Holländer-Michel begegnet dem Jungen zuerst mit drohender Gebärde (»Lüge nicht«, rief Holländer-Michel mit donnernder Stimme, »oder ich schlag dich mit der Stange zu Boden ...«); dann mit Schmeichelei, die Eitelkeit eines jungen Menschen nutzend (»... so ein munterer, schöner Bursche, der in der Welt was anfangen könnte, und sollst Kohlen brennen!«); schließlich mit roher Gewalt, als Peters Herz ängstlich und schmerzvoll angesichts klingender Taler zu zucken beginnt und er, von unerklärlicher Angst getrieben, davonläuft.

Er springt mit einem verzweifelten Satz über den Graben, schafft also eine klare Trennungslinie zwischen sich und dem Bösen. Dennoch vermag es auf magische Weise zu folgen, und ungewiß ist, wie Peter aus dieser Gefahr fände, wenn nicht das Gegenprinzip helfend eingriffe: Der Auerhahn tritt gegen die Schlange an und siegt. Das ist die positive Grundkraft des Märchens, daß auch in höchster Gefahr das Lichte gewinnt, allerdings nicht ohne das ethische Wollen und den unbedingten Einsatz des Bedrohten.

»Der Tannenbühl liegt auf der höchsten Höhe des Schwarzwaldes«, schreibt der Dichter bereits vor dem ersten Gang; jetzt heißt es: »Erschöpft und zitternd setzte Peter seinen Weg fort; der Pfad wurde steiler, die Gegend wilder, und bald befand er sich an der ungeheuren Tanne.« Schätze, die dauern sollen, liegen nicht auf der Straße, wollen in harter und einsamer Arbeit erstritten werden. Wer nicht aufgibt, »wer immer strebend sich bemüht«, erhält Hilfe von oben, auch wenn sich noch nicht alles gerundet hat. Diese Hilfestellung soll verhüten, daß Verzweiflung in die andere Richtung treibt. Und da Peter jetzt in ganz anderer Grundhaltung zum Tannenbühl gegangen ist, da sich auf dem schweren Weg sein Geist gestärkt hat, sieht er nun das Glasmännlein in seiner wahren Gestalt. Das Unsichtbare sichtbar zu machen, ihm faßbare, greifbare Konturen zu geben, ist die Stärke des Dichters. Seine Personen sind volkstümlich, einfach zwar, doch verinnerlicht und vergeistigt.

Peter darf nun wünschen: Dies ist der erste Höhepunkt, das Ziel der Handlung. Dadurch erhält der junge Mensch die Gelegenheit, sich nicht nur aus sozialer Bedrückung zu lösen, sondern, das scheint viel wesentlicher, auch seine Seele zu läutern.

Wir sehen jedoch, wie Peters Herz noch zu sehr dem äußeren Glanze folgt und die inneren Werte gar nicht sieht. Wie sonst könnte er an dieser Stelle und in diesem Augenblick den Ezechiel und den Tanzbodenkönig zitieren. »Sehr ernst« tritt dem der Kleine entgegen. Schon in seinem zweiten Satz verweist er auf die entscheidende Grundproblematik des Werkes, auf den Gegensatz von Schein und Sein, Flüchtigkeit und Dauer, Zeit und Ewigkeit: »Was haben sie davon, wenn sie hier ein paar Jahre dem Schein nach glücklich und dann nachher desto unglücklicher sind?«

Wie aber läßt sich Glück binden? »Du mußt dein Handwerk nicht verachten«, antwortet Hauff realistisch: Das heißt beständige Arbeit (bei der dem Dichter sicher nicht nur körperliche Leistung vorschwebt); das heißt Zähigkeit, Gewissenhaftigkeit und Verantwortungsbewußtsein. Handwerk im ursprünglichen Sinne fordert Kopf, Herz und

Hand; Geist, Ethik und Kraft. Ehe der Schatzhauser drei Wünsche gewährt, fordert er nachdrücklich das Versprechen, »brav zu arbeiten«; dann wolle er Peter zu etwas Besserem verhelfen; dann, so läßt sich folgern, wird sich wie von alleine Besserung aller Lebensumstände einstellen.

Geistreich hat das Gottfried August Bürger in seinem Gedicht »Der Schatzgräber« dargestellt: Ein Winzer ruft seine Kinder ans Sterbebett und offenbart ihnen, daß sie im Weinberg einen Schatz finden, wenn sie tüchtig graben. Auf die Frage nach dem Platz folgt lediglich die wiederholte Aufforderung »Grabt nur –!«, dann stirbt der Vater. Gleich nach der Beerdigung beginnt man den Weinberg mit allen Kräften umzugraben:

> Allein da ward kein Schatz verspürt,
> und jeder hielt sich angeführt.
> Doch kaum erschien das nächste Jahr,
> so nahm man mit Erstaunen wahr,
> daß jede Rebe dreifach trug.
> Da wurden erst die Söhne klug
> und gruben nun jahrein, jahraus
> des Schatzes immer mehr heraus.

Geradezu Motto zu diesem Hauff-Märchen könnte Goethes »Schatzgräber« sein:

> Arm am Beutel, krank am Herzen,
> schleppt' ich meine langen Tage.
> Armut ist die größte Plage,
> Reichtum ist das höchste Gut!
> Und, zu enden meine Schmerzen,
> ging ich, einen Schatz zu graben.
> »Meine Seele sollst du haben!«
> schrieb ich hin mit eignem Blut.

> Und so zog ich Kreis' um Kreise,
> stellte wunderbare Flammen,
> Kraut und Knochenwerk zusammen;
> die Beschwörung war vollbracht.
> Und auf die gelernte Weise
> grub ich nach dem alten Schatze

auf dem angezeigten Platze;
schwarz und stürmisch war die Nacht.

Und ich sah ein Licht von weitem,
und es kam gleich einem Sterne
hinten aus der fernsten Ferne,
eben als es zwölfe schlug.
Und da galt kein Vorbereiten;
heller ward's mit einem Male
von dem Glanz der vollen Schale,
die ein schöner Knabe trug.

Holde Augen sah ich blinken
unter dichtem Blumenkranze;
in des Trankes Himmelsglanze
trat er in den Kreis herein.
Und er hieß mich freundlich trinken;
und ich dacht': es kann der Knabe
mit der schönen, lichten Gabe
wahrlich nicht der Böse sein.

»Trinke Mut des reinen Lebens!
Dann verstehst du die Belehrung,
kommst mit ängstlicher Beschwörung
nicht zurück an diesen Ort.
Grabe hier nicht mehr vergebens!
Tages Arbeit, abends Gäste!
Saure Wochen, frohe Feste!
sei dein künftig Zauberwort!«

Solche Lichtgestalt hat sich im Glasmännlein verkörpert;
sie wird retten können auch dann noch, wenn alles verloren scheint. Sie hat auf Dauer die große Macht, wenngleich
sie manchem winzig vorkommt; dies jedoch nur so lange,
wie nicht klar unterschieden wird zwischen Quantität und
Qualität. Und das hat offenbar auch unser Held bis jetzt
noch nicht begriffen, denn er wünscht trotz Ermahnungen
töricht und löst beim Spender Sorge und Unmut aus.

Dennoch hilft der gute Geist weiter: Er zwingt den Unüberlegten, den dritten Wunsch nicht auch noch übereilt zu
tun, gibt ihm eine ansehnliche Starthilfe von 2000 Gulden
(allerdings mit dem dringenden Gebot, nicht noch einmal
um des Geldes willen vorzusprechen) und will zudem alle-

zeit mit Rat und Tat unterstützen. Die Konzentration aufs Wesentliche – das ist die Geisteshaltung, die sich hier ausspricht und die gefordert wird – macht Hauff sichtbar, wenn er das Männlein die Pfeife mit Hilfe eines Brennglases durch die Sonne entzünden läßt.

Der Junge hat eine sonntägliche Stunde erlebt. Bleibt er in dieser Kraft, dann hat er gewonnen, wonach er sich sehnt. Nun gilt es zu erhalten, was durch Großzügigkeit, durch Gnade einem Sonntagskind trotz anfänglicher Schwierigkeiten und zwischenzeitlicher Bedrohung zuteil wurde. Peter lebt sich schnell und gut in seine neue Umwelt ein; doch gleich ist da ein gefährlicher Unterton, die Eitelkeit, und zwar bei der Mutter und beim Sohn: Sie fühlt sich jetzt als etwas Besseres, verachtet ihren früheren Stand und sieht sich in der vordersten Kirchenreihe sitzen; er geht mit vornehmen Schritten durchs Werk und schaut nach dem Rechten. Allerdings fällt zugleich ein positives Erlebnis auf: Oft begibt sich Peter selbst an die Arbeit und formt aus der noch weichen Masse die sonderbarsten Figuren. Auch dies ist eine unauffällige, dennoch dichterische Eingebung: Selbständiges Schaffen, schöpferisches Wirken, Gestaltung des noch Gestaltlosen, Veredlung des Unedlen, im kleinen der Nachvollzug göttlicher Kraft. Hier wird angedeutet, welchen Weg die Arbeit in der Glashütte ermöglichen könnte, wenn sich gewissermaßen das noch weiche Herz in Zucht hielte und keiner Laune mehr nachgäbe.

Es zeigt sich bald, warum das Glasmännlein nachdrücklich gewarnt hatte: Noch ist der Junge nicht reif, mit dem Geld zusammen zu wachsen, noch sind da falsche Leitbilder.

Es ließe sich an dieser Stelle fragen, warum denn der Kleine so früh und recht großzügig geschenkt hat. Das Geschenk war zu eben dieser Zeit nötig, wenn er, angesichts überreicher Angebote der anderen Seite, in Verbindung bleiben wollte mit dem Gefährdeten; äußerste Härte hätte den Labilen in den Abgrund geführt.

Trotzdem bleibt der lebensgefährliche Abstieg nicht aus. In treffender Raumsymbolik schildert ihn Hauff, als sich Peter in die Behausung des Holländer-Michel begibt: »Sie gingen zuerst über einen steilen Waldsteig hinan und standen dann mit einemmal an einer dunklen, tiefen, abschüssigen Schlucht ...«; wenig später: »Es ging weit und tief hinab ...«

Ausschlaggebend für diesen Gang waren Geld, mangelnder Verstand und Schuldverdrängung. Das Geld macht aus dem Kohlenmunk-Peter einen reichen Glashüttenbesitzer, dann einen Tanzkaiser und schließlich, wie in einer Berg- und Talfahrt, einen Spielpeter. Daneben schafft (hier zeigt sich, wie zeitlos der Text ist) der Held Absatzprobleme, da er den Zusammenhang von Angebot und Nachfrage nicht durchschaut; man kann noch moderner und allgemeiner formulieren: den Regelkreis nicht erkannt, nach dem sich die Dinge natürlich geordnet haben. Da sein Vermögen zerfällt, sein materielles wie sein geistiges, schiebt er die Schuld erneut ab, reagiert er auf des Glasmännleins Ermahnungen undankbar und töricht:

»Da geriet er in Zorn und Eifer, vermaß sich hoch und teuer und schwur, der Kleine sei an all seinem Unglück schuld.«

Wer so aus der Eigenverantwortung flieht, ist vorerst verloren. Als Peter gar Gewalt anwendet, um im dritten Wunsch eine Unsumme Geldes zu erzwingen, verwandelt sich der Schatzhauser in glühendes Glas und brennt in des Unsinnigen Hand wie sprühendes Feuer.

Knapp schließt Hauff diesen Lebensabschnitt: »Aber von dem Männlein war nichts mehr zu sehen«, und etwas später heißt es: »Wie Rauch war alles verschwunden«. Doch etwas ist geblieben: Das Gewissen, diese ungreifbare, unbeirrbare Instanz. Es ist der göttliche Funke, den das Glasmännlein, das Geistwesen, immer wieder anfacht. Er kann scheinbar erlöschen, vorübergehend ohne Wirkung sein, doch nicht verlorengehen. Als schlechtes Gewissen steigt er wieder hoch, wird verdrängt, macht krank und sucht nach Erlösung. Dies zumindest hat der Kleine erreicht. Daß es vorerst nicht mehr geworden ist, liegt im augenblicklichen Zustand des Helden.

Es ist eine Philosophie des Teufels, wenn der Holländer-Michel entschuldigend meint: »Dein ganzer Jammer kommt ... von dem kleinen Glasmännlein, von dem Separatisten und Frömmler her. Wenn man schenkt, muß man gleich recht schenken, und nicht wie dieser Knauser.« Geschenke können in Gang setzen, überbrücken helfen; ihnen muß, wenn sie Sinn haben sollen, sofort und bleibend der persönliche Einsatz folgen. Geschieht das nicht, folgen notwendig Abhängigkeit vom Spender, damit Verlust persönlicher Freiheit und Würde, schließlich Langeweile und Leere.

Diese Entwicklung zeigt Hauff, da sich Peter unzufrieden und unüberlegt aus dem Einflußbereich des Glasmännleins löst und sich dem Holländer-Michel überläßt, nun in aller Konsequenz auf. Verschiedene Umstände wollen den Gefährdeten warnen: Die abschüssige Schlucht, die Stimme des Riesen, schallend »wie eine tiefe Totenglocke«, der Krug voll Wein, das unbedeutende Geschwätz über Länder, Städte und Flüsse, vor allem das ängstlich pochende Herz. Doch da die Talfahrt begonnen, ein Sog des Müßiggangs, der Ehrsucht eingesetzt hat, verschließt sich der Verstand und übergibt sich neuer, letztlich verzweifelter Hoffnung. »Ein paar Schläge des dummen Herzens« werden spöttelnd verdrängt, eine angst- und sorgenfreie Zukunft baut sich täuschend verführerisch auf. Das schlagende Herz, das lebendige Wechselspiel von Spannung und Entspannung, erlahmt, der Mittelpunkt des geistig-sittlichen Bewußtseins erkaltet. Im Titel des Märchens kündigt sich bereits an, daß dieser Ort, mehr als nur anatomisches Zentrum, verdorben wird, daß Menschliches verlorengeht. Solange sich der Kern bewahren läßt (vgl. das junge Geißlein in »Der Wolf und die sieben Geißlein«), bleibt die

Hoffnung auf eine erfolgreiche Abwehr des Bösen. Wenn es diesem jedoch gelingt, sich wie ein Wolf ins Innerste zu schleichen mit Schmeichelrede und Versprechungen, geht es »weit und tief hinab«, in die Materie hinein, gefühllos und kalt. In Hauffs Sprache heißt das: Ohne Scheu vor Ehrlosigkeit und Betrug gegenüber Fremden, ohne Skrupel und Mitleid gegenüber engsten Verwandten. Verlockend ist die Vorstellung, innerlich ruhig zu werden, ohne Sorgen zu leben, ohne Schrecken. Geschickt nutzt der Holländer-Michel diese Sehnsucht aus, wenn er alle Beschwernisse aufzählt, die sich im Herzen sammeln, und er dann in einem leichtfertigen Wortspiel lastende Gedanken vergessen macht. Auf eine lange Fragenkette, wer alle Schmerzen verursacht habe, folgt die Antwort:

> »Dein Herz, auch wieder dein Herz ... du hast dir es, wie man richtig sagt, zu sehr zu Herzen genommen.«

Zwar bäumt sich das Gewissen noch mehrmals auf, doch geschwächt; zunächst unsicher fragend («Aber wie kann man sich denn angewöhnen, daß es nicht mehr so ist?»); dann noch einmal bei der Forderung nach dem Herzen wie in einem letzten Aufschrei und schließlich krampfhaft angesichts der Gesimse mit den eingesperrten Herzen falscher Leitbilder. Doch die Aussicht auf Ruhe und Kühle betäubt vorerst alle Zweifel. Damit gelangt der Erzähler zum Höhepunkt: Der Kohlenmunk-Peter gibt sein Herz für Geld, tauscht warmes Mitgefühl in kalte Materie. Eine Menge Wein, den Geist umnebelnd, besiegelt das Bündnis; dann fährt der junge Mann »auf einer breiten Straße« in die Welt hinaus.

Wer aber wollte den stillen Hinweis des Dichters auf die Worte der Bergpredigt überlesen: »Gehet ein durch die enge Pforte; denn weit ist die Pforte, und breit ist der Weg, der ins Verderben führt ... Hütet euch vor den falschen Propheten, die in Schafskleidern zu euch kommen, inwendig aber reißende Wölfe sind« (Matth. 7, 13-15). Der Holländer-Michel, der falsche Prophet, ebnet den Weg, macht ihn flach, weil die menschliche Seele in Bequemlichkeit erschlafft, ohne Anforderungen verkümmert. Man kann überfordern, man kann unterfordern, sich zu viel, sich zu wenig um jemanden kümmern: Jedesmal ist es zum Schaden des Betroffenen. Das Glasmännlein stützt zu Beginn und hilft in äußerster Gefahr, zwischendurch muß Peter alleine wirken. Der Holländer-Michel hilft, wann immer gewünscht, hilft materiell, ohne zu raten, mißachtet und verhöhnt, wenn sinnvoller Rat gegeben wurde. Er schafft Krücken, weil auf diese Weise völlige Abhängigkeit am sichersten gewährleistet ist.

»Die breite Straße« ermöglicht ein bequemes Leben, das auf Dauer Entwicklung verhindert. Sehr bald spürt der Junge unbewußt den Verlust: Es gibt keine Tiefen mehr, keine Höhen, keine Last und keine Befreiung, kein Leid und kein Glück, keinen Verzicht und keinen Gewinn, keine Polarität:

> »... es freute ihn nichts, kein Bild, kein Haus, keine Musik, kein Tanz; sein Herz von Stein nahm an nichts Anteil, und seine Augen, seine Ohren waren abgestumpft für alles Schöne. Nichts war ihm mehr geblieben als die Freude an Essen und Trinken und der Schlaf, und so lebte er, indem er ohne Zweck durch die Welt reiste, zu seiner Unterhaltung speiste und aus Langerweile schlief.«

Das, was sich in der Schlucht getan hat, war keine Verwandlung, sondern bloßer Tausch, war Täuschung, der Ent-Täuschung folgen muß. Am Ende steht das verlorene Lachen, ersetzt durch glatte Höflichkeit, eine Grimasse. Hauff stuft feinsinnig ab: »... sein Herz – lächelte nicht mit.« Außen und innen breitet sich empfindungslose Leere aus. Selbst Trauer ist fremd. Ein Mensch treibt seiner Heimat zu, der an nichts mehr glaubt, nichts Wesentliches mehr besitzt, gar nicht mehr weiß, ob sich sein Leben lohnt – ein Nihilist.

Noch einmal richtet ihn der Geldriese auf, noch einmal beginnt er, jetzt nur noch dem Scheine nach, zu handeln (nicht mehr mit Glas, sondern mit Holz); in Wirklichkeit ist er des Bösen Vertreter geworden, der Korn und Geld umsetzt mit hohen Wucherzinsen zu zehn Prozent. Der Erzähler schließt diesen Abschnitt grausam realistisch: Peter vertreibt im Zusammenspiel mit dem Amtmann verschuldete Familien von ihrem Gut, jagt die Flehenden mit ein paar Fleischerhunden von seiner Tür und schickt die geschwächte und kränkelnde Mutter wieder fort, nachdem er ihr einige Batzen reichen ließ. Sadismus und Härte beherrschen nun den halben Schwarzwald.

In diese Dunkelheit geht plötzlich eine Lichtgestalt, ein Wunder: Lisbeth. Das Schicksal wählt einen neuen Weg, fordert das Opfer im Dienste des helfenden Geistes. Damit gewinnt der Dichter tiefe Einsicht in esoterisches Wissen, auch wenn er oder gerade weil er ansetzt bei einer einfachen Gestalt. Die schöne Lisbeth verdient nicht zuerst ihrer äußeren Erscheinung wegen dieses Beiwort, auch wenn sie als die Schönste des Schwarzwalds bezeichnet wird, sondern vor allem wegen ihrer Tugenden: Sie lebt still und zurückgezogen, versorgt geschickt und fleißig das Haus, findet also ihren Wert in sich durch Annahme des Schicksals, dem sie dient. Armut bedeutet ihr keine Plage, sie ist ihre Aufgabe. So findet sie ihre Freiheit, ist sie ihr eigener Herr. Damit macht sie Hauff zum Gegenbild ihres künftigen Mannes, der nur noch mit ihrer Hilfe befreit werden kann. (Es scheint nicht abwegig, diese Gestalt, ihre Herkunft und Wirkung betreffend, mit Gretchen aus Goethes »Faust« zu vergleichen.)

Der moderne Leser mag sich wundern, daß dieses schöne und tugendreiche Mädchen ohne Widerrede den eigennützigen Wünschen des Vaters folgt und Frau Munkin wird. Läßt sich da noch von Freiheit sprechen, von persönlicher Würde? Im gesellschaftlichen Sinne sicher nicht, doch wohl im esoterischen, da hier ein Mensch unbeirrt handelt im Sinne des Gesetzes, nach dem er angetreten ist (vgl. Goethes »Urworte. Orphisch«). Noch weiß er nicht um die Geheimnisse seines Auftrages; er überläßt sich, weil dies die Stunde offenbar fordert.

Als die reine Frau gezwungen wird, mit dem Unmenschen zusammen unmenschlich zu handeln, kommt zwar Sehnsucht auf, wieder zurückzukehren; doch sie bleibt sogar dann, als sie von den Mitmenschen noch härter getadelt wird als ihr Mann. Das Licht hat sich in die Finsternis begeben; nun muß es aushalten, bis die Finsternis durchlichtet wird. Zunächst jedoch geht das Helle in die Gefangenschaft und verliert dadurch seine Strahlkraft, ohne allerdings den Wesenskern zu schwächen. Dies zeigt Hauff in einer unauffälligen Szene:

>Aber eines Tages saß Frau Lisbeth wieder vor dem Haus und spann und murmelte ein Liedchen dazu; denn sie war munter, weil es schönes Wetter und Herr Peter ausgeritten war...«

Wir sehen: Sie verrichtet die von ihr geforderte Arbeit, hadert nicht mit ihrem Schicksal, singt ein Lied und freut sich offensichtlich über kleine Schönheiten. Diese Frau lebt ihrem Auftrag gemäß, der bald noch härter wird.

Schwere Schuld lastet auf Peter. Diese Schuld muß getilgt werden. Indem der Dichter jetzt das Glasmännlein auftreten läßt (geschickt wechselt Präteritum ins Präsens), verbindet er geistige Kraft mit menschlicher, rufend und fordernd. Beide Vertreter leiden schwer, auch das Glasmännlein: Ein großer, schwerer Sack lastet auf den Schultern des Alten, als schleppe er alle Untaten seines Mündels mit sich. Keuchend und wankend erscheint das Männlein: Das ist kein billiger Trick, dessen sich der Schatzhauser bedient, das ist die notwendige Folge menschlichen Verhaltens. Wenn Lisbeth mitleidsvoll sagt: »Aber Ihr solltet in Eurem Alter nicht mehr so schwer tragen« und der Alte antwortet: »Ja, wenn ich nicht Boten gehen müßte, der Armut halber und um mein Leben zu fristen«, dann meint das: Der Alte trägt schwer an der geistigen Armut seiner Zeit. Soll Not gewendet werden, dann muß, nach dem Gesetz der Kausalität, von Menschen gereinigt werden, was Menschen verdorben haben.

Und die Frau reagiert: Sie geht und bringt Brot und Wein. Zuerst Wasser, doch dann, als besänne sie sich, tauscht sie, verwandelt sie Wasser in Wein, damit sich ein eucharistisches Mahl vollziehen kann. Das scheint aufs erste zu hoch gegriffen. Doch der Text kann gar nicht anders verstanden werden. Soll er, nur weil er so einfach gehalten ist, nicht letzte Wahrheit verkünden? Ist das nicht Hauffs eigentliche Verwandtschaft zu den Erzählern der Volksmärchen? Und außerdem: Sind Christi Worte und Handlungen, um die es hier geht, nicht ebenso einfach, klar und entschieden?

Der Vorgang hat auch die Heldin so abgehoben von Raum und Zeit, daß sie die mögliche Bestrafung vergißt und den Fremden ermahnt, alles in Ruhe zu genießen. Wer angesichts tyrannischer Herrschaft so angstfrei handeln kann wie diese Frau, lebt in Einklang mit sich und den kosmischen Gesetzen. Geradezu ergreifend schildert daraufhin Hauff den alten Mann:

> »Das Männlein sah sie staunend an, bis große Tränen in seinen alten Augen standen …«

Das Hohe staunt und weint und muß dennoch den letzten Schritt tun lassen: Das Böse will das Edle, das Göttliche im Menschen zerstören. Doch gerade da wird das Böse getroffen, aufgebrochen. Was abgestorben schien trotz helfender Kräfte, beginnt sich augenblicklich neu zu regen: Die innere Stimme, das Gewissen, setzt ein, vorsichtig zuerst (im Text heißt es nur: »… als reute ihn die Tat auf der Stelle«), dann in heftiger Gegenwehr, als sich der Verursacher zu erkennen gibt. Erneut sucht sich der Schuldige aus der Verantwortung zu ziehen, indem er in gewöhnlicher Selbsttäuschung nach außen abwälzt. Doch ein Totschlag läßt sich nicht mehr verharmlosen. Das Gewissen wächst und wird zur Übergewalt, wenn sich der Täter nicht zu seiner Tat bekennt. So läßt sich deuten, daß das Glasmännlein anschwillt und eine grauenvolle Gestalt annimmt:

>»Mit Geierskrallen packte ihn der Waldgeist im Nacken, drehte ihn um, wie ein Wirbelwind dürres Laub, und warf ihn dann zu Boden, daß ihm alle Rippen knackten.«

In zwei großen Sätzen wird in dieser Schicksalsstunde nochmals hingewiesen auf die geheimnisvolle Stellvertretung, das eucharistische Wunder und die Verdammnis derer, die in der Sünde bleiben, d. h. abgesondert bleiben vom göttlichen Sein:

>»Aber um dieses toten Weibes willen, die mich gespeist und getränkt hat, gebe ich dir acht Tage Frist. Bekehrst du dich nicht zum Guten, so komme ich und zermalme dein Gebein, und du fährst hin in deinen Sünden.«

Gefordert wird eine totale Umkehr; das neue Leben wird möglich durch den Opfertod. Er allein vermag noch zu leisten, was unmöglich, was verloren schien, vermag aus Erstarrung und Verhärtung zu lösen, ein kaltes Herz zum Schlagen zu bringen. Das Märchen vom Kohlenmunk-Peter mit dem steinernen Herzen war nur noch auf diese Weise zu einem glaubwürdigen guten Ende zu führen.

Doch noch immer versucht der Held, sich dieser neuen Bewegung zu entziehen, die Augen vor der Wahrheit zu verschließen. Aber da regen sich zwei Kräfte, die sich nicht verdrängen lassen, die auch durch ein erkaltetes Herz ziehen: Der Tod und der Traum, drohend und drängend, belastend und bittend. Die Stimme reicht weit zurück in die Kindheit und greift weit hinaus ins Jenseits. Es gibt keine Flucht mehr, nur noch eine Entscheidung: Himmel oder Hölle. Und da die nächtlichen Stimmen nicht loslassen, regt sich zwar noch immer nicht die geforderte Reue, denn dafür fehlt das warme Herz; doch Überlegungen werden wach, ob dieses Leben überhaupt noch einen Sinn hat.

Am siebenten Morgen nach des Schatzhausers Gebot ist

es so weit: Eine Runde ist abgeschlossen, eine schwere Nacht vorüber, der neue Tag, der siebte, der Sonntag, ist erreicht. Damit leitet Hauff zum letzten Erzählabschnitt über, markiert auch durch den Vierzeiler, mit dem der Junge schon früher eine Verbindung zum Glasmännlein herzustellen versuchte. Das Verschen ist zwar noch präsent, aber welche Abgründe haben sich inzwischen aufgetan! Erinnern wir uns an das erste Zusammentreffen: Peter voller Hoffnung, das Glasmännlein als zierliches, lustiges Tierchen, bei dem für einen Augenblick das in Sagen erwähnte feine, kluge Gesicht des guten Geistes zu erkennen war. Jetzt erscheint der Schatzhauser »nicht freundlich und traulich wie sonst, sondern düster und traurig«, mit einem Röcklein aus schwarzem Glas und mit einem langen Trauerflor. Die Stimme muntert nicht mehr auf, sie fragt dumpf nach dem Begehren. Der große Schwung der ersten Szene ist verloren. Welche Töne wagte Peter damals:

> »Heisa! Ihr seid ein treffliches Glasmännlein, und mit Recht nennt man Euch Schatzhauser; denn bei Euch sind die Schätze zu Hause. Nu – und also darf ich wünschen, wonach mein Herz begehrt.«

Kleinlaut, »mit niedergeschlagenen Augen«, im Grunde verzweifelt sucht der Verlorene eine letzte Chance in seinem dritten Wunsch. Daß er sie überhaupt noch zu suchen wagt, ist zu erklären aus dem ersten Zusammentreffen Peters mit dem Glasmännlein, dem geistigen Prinzip, wodurch er gewissermaßen seine erste Prägung erhielt, maßvoll gefördert wurde und schließlich sein dritter Wunsch für spätere, reifere Tage aufgeschoben werden konnte. Ohne das Wissen von oben wäre dieser Mensch unrettbar verloren. So aber hatte sich diese Kraft in seine Seele gesetzt. Sie wurde für lange Zeit zugeschüttet und kommt erst jetzt zu ihrer eigentlichen Entfaltung durch Reue und das Opfer von unten, durch Gnade von oben.

Freilich geht das nicht so einfach. Das Glasmännlein weiß um die Gesetze der Kausalität, die nicht durchbrochen werden können und dürfen. Der Bittende findet wohl Gehör, doch er muß sich sagen lassen, daß eine Befreiung nur möglich wird durch eine Auseinandersetzung mit der Kraft, die die abgründigen Verfehlungen verursachen half. Nichts wird geschenkt außer der Gelegenheit zu diesem Kampf. Handelnd muß sich der Mensch zurückerobern, auf Rat des Kleinen mit List und Glauben. Diese beiden Begriffe scheinen sich zu widersprechen, allerdings nur solange, wie das Wort »List« als Hinterhältigkeit verstanden wird. List ist jedoch in diesem Zusammenhang gleichzusetzen mit Klugheit (der mittelhochdeutschen Bedeutung folgend: Wissenschaft, Kunst, Weisheit). Im Streit mit dem gewalttätig Bösen hilft keine Gewalt, sondern überlegenes Wissen, wie dies auch, in z. T. sehr humorvoller Art, zahlreiche Volksmärchen fordern (z. B. »Hänsel und Gretel«, »Vom klugen Schneiderlein«, »Der Teufel mit den drei goldenen Haaren«, »Der Bauer und der Teufel«, »Fitchers Vogel«). Das Böse hat meist Riesengestalt; brutale Macht ist jedoch dumm. Seine Herrschaft kann, oft erst nach langen Leiden, gebrochen werden durch List, zuletzt jedoch einzig allein durch tiefen Glauben. Klugheit und Glauben – das ist kein Widerspruch, sondern eine hilfreiche Einsicht – bilden eine ideale Einheit gerade in lebensentscheidenden Situationen: Fehlt der Witz, bringt das oft unnützes Dulden; fehlt die göttliche Ausrichtung, mangelt es nicht selten an letzter Konsequenz.

So gerüstet, wagt der veränderte Held seinen schweren Gang. Das Kreuzlein aus Glas verweist auf die neue, gereinigte Seelenverfassung, die sich durch eine ehrliche Reue gebildet hat. Indem sich Peter nunmehr völlig dem Rat des guten Geistes überläßt und ihn bis in alle Einzelheiten befolgt, vermag er den »dummen Michel« kraft einer List zu übertölpeln. Das Böse, das ihn beherrschte, das in ihm lag, verliert seine Überlegenheit, die Machtverhältnisse kehren sich um:

»Da wurde Michel kleiner und immer kleiner, fiel nieder und wand sich hin und her wie ein Wurm und ächzte und stöhnte ...«

An dieser Stelle will man sich wundern, warum Peter die Chance verpaßt und nicht alle Herzen mitbefreit. Offenbar drängen doch alle erregt auf diesen Augenblick hin. Noch einmal sei das Kausalgesetz zitiert: »Was du gesät hast, mußt du (selber) ernten.« Es gibt nur einen Weg in die Freiheit, es ist der einer vollkommenen Umkehr und eines höchst persönlichen Einsatzes. Peter kann Beispiel geben, er kann nicht erlösen, wenn nicht wenigstens Ansätze zu einer Selbsterlösung vorhergehen. Außerdem ist Peter noch nicht der Held, der es wagen könnte, eine allgemeine Rettung und Reinigung durchzuführen. Sie mag später folgen, doch dies ist nicht mehr Thema dieser Geschichte. Sie will zeigen, wie sich ein Verführter und Gefallener wieder nach oben arbeitet, wie er gezogen wird und sein wahres Glück findet.

Bevor dies jedoch eintritt, muß der Held noch durch eine tiefe seelische Erschütterung: Es ist ein entsetzlicher Rückblick, der leicht eine letzte Verzweiflung zeitigen könnte. Doch da das Böse grundsätzlich niedergerungen wurde, kann das Gute in Peter endgültig siegen. Der Schatzhauser erscheint in veränderter Haltung: »... doch sah er munterer aus als zuvor.« Gütig, ohne allerdings vergangene Untaten zu verharmlosen, steht er dem Seufzenden gegenüber; mehrmals muß er trösten, den Seelenschmerz lindern. Dies sind Zeichen grundsätzlicher, nicht bloß situationsgebundener Reue. In dieser Haltung vermag Peter eine endgültige und echte Verbindung zum Schatzhauser herzustellen. Mutter und Frau, die er verloren glaubt, werden ihm dafür wiedergeschenkt.

Man kann hier nüchtern fragen, wo sich die beiden in der Zwischenzeit aufgehalten haben. Waren sie wirklich tot? Sie waren es nicht, sie waren mißhandelt, verstoßen worden, also tot für den Täter. Solange das kalte Herz herrschte, lebten sie, die duldende Mutter und die opferbereite

Gattin, zurückgezogen im Schutze des Glasmännleins, um die bittere Zeit heil zu überstehen. Dies gehört zur Weisheit (nicht nur) der Märchen (vgl. »Schneewittchen«), daß sich, wenn die Macht des Bösen übergroß wird und keine menschliche Kraft ihm widerstehen kann, die Gefährdeten in einen sicheren Bereich zurückziehen und abwarten, statt eines sinnlosen Todes zu sterben.

Das Böse muß bekämpft werden, das gewiß (zahlreiche Märchen erzählen davon), jedoch zur rechten Zeit und vor allem mit Aussicht auf Erfolg, d.h. durch einen Helden, der dazu berufen ist und der sich ausreichend vorbereitet hat. Die Zeit muß dafür reifen (bestes Märchenbeispiel dafür ist »Dornröschen«). Auch in historischen Prozessen beobachten wir, nicht nur wie erfolglos, sondern geradezu selbstzerstörerisch ein Widerstand enden kann, wenn er übereilt und unzeitgemäß einsetzt. Sinnvoller ist es offenbar, Körper und Seele zu retten und zu stärken für einen Neubeginn.

Knapp schildert Hauff auch dies: Es gibt keine unnatürlichen Sprünge. Peter soll dort anknüpfen, wo er seine Bahn unüberlegt verlassen hatte: »Zieh jetzt heim in deines Vaters Hütte und sei ein Köhler wie zuvor ...« Nicht materiellem Reichtum gelte sein Bemühen, sondern ehrlicher Arbeit, durch die allein sich persönliches Glück sowohl im Haus als auch im mitmenschlichen Zusammenleben finden läßt.

Als sie zu Hause ankommen, finden sie statt der ärmlichen Hütte ein schönes Bauernhaus, nicht protzig, sondern einfach und rein. Wir gehen nicht fehl, wenn wir angesichts dieser Angaben auf Peters neues Herz selbst schließen. Das Haus ist Peters Herz, das ist er selbst, der sich verändert hat, der seinem Körper einen neuen Geist gegeben hat.

Das ist kein Sprung, sondern eine sinnvolle Entwicklung: Peter hatte das Recht, ja sogar die Pflicht, seinen Stand zu erhöhen, sich zu entwickeln, und zwar in Verbindung mit dem guten Geist, nicht mittels gewaltsamer Helfershelfer; nicht zum Zwecke rein materiellen Gewinns, sondern mehr mit Blick auf Vergeistigung und Beseelung. Hilfen werden gegeben, wenn sie durch eigenes Bemühen verdient werden und nötig sind. Diese Grundidee faßt Hauff in ein überzeugendes Schlußbild: Peter geht nach der Geburt eines schönen Knaben sonntags ein letztes Mal zum Tannenbühl, um den Schatzhauser zu bitten, Gevatter zu werden. Der Geist erscheint nicht, lediglich einige Tannenzapfen fallen plötzlich ins Gras. Auf dem Heimweg verwandeln sie sich in Taler und verweisen dadurch auf eine stille Patenschaft. In wenigen Sätzen und angedeuteten Bildern zeigt sich ein abgerundetes Leben: Als Erfüllung der schöne Knabe, der Sonntag als Tag des Herrn, der letzte Gang als Akt endgültiger Befreiung, Selbstverantwortlichkeit in der bloß zeichenhaften Erscheinung des Geistes, Wertbeständigkeit schließlich in den neuen badischen Talern.

Das ist Hauffs Menschenbild, einfach und vollkommen zugleich, märchenhaft und dramatisch sich entwickelnd. Es beinhaltet Warnung und Weisung, ohne in begriffliche Schwere zu verfallen. Bleiben da noch Zweifel, wenn Hofmannsthal »Das kalte Herz« als das schönste Dichtermärchen der deutschen Literatur bezeichnet?

Wilhelm Hauff, ein Dichter zwischen Romantik und Realismus

Wilhelm Hauff hat man lange Zeit als Dichter der Spätromantik betrachtet. Weil er in Stuttgart geboren wurde, die wichtigste Phase seines Lebens hier verbrachte, hin und wieder wie Ludwig Uhland und Gustav Schwab Gast des in Weinsberg lebenden Dichters und experimentierenden Parapsychologen Justinus Kerner war, zählt man ihn zum engeren Kreis der schwäbischen Romantiker.

Diese Zuordnung, wenn sie überhaupt Sinn hat (in dieser Epoche sowieso schwierig, wie der späte Goethe, Hölderlin, Kleist, Jean Paul und Mörike bezeugen), gilt kaum für die Betrachtung des Gesamtwerks, dessen Bedeutung man ohnehin nicht überschätzen sollte, und nur in einem begrenzten Sinne hinsichtlich der Märchen.

Romantisch sind einige Motive: Das der Sehnsucht in die Ferne, womit das Ich Grenzen überschreiten möchte; das der Verkleidung und Verwandlung, um sich aus der alltäglichen Wirklichkeit zu lösen; das des Traumes, in dem sich eine höhere Natur offenbart. Romantisch ist natürlich auch die Vorliebe für das Märchen, für die Romantiker »gleichsam der Kanon der Poesie ..., Träume von jener heimatlichen Welt, die überall und nirgends ist« (Novalis-Fragmente); romantisch ist schließlich der einfache, klare Stil.

Doch Hauff schwächt das Irrationale, Transzendierende ab, gibt der Wirklichkeit und Psychologie viel größere Bedeutung, wird dadurch eindimensionaler. Die Verwandlung in »Kalif Storch« bzw. die Verkleidung in »Der falsche Prinz« dienen nicht dazu, Wirklichkeit zu übersteigern, um dadurch mit der Gesamtnatur eins zu werden, sondern einem Unterhaltungsbedürfnis bzw. der Erlangung eines höheren sozialen Ranges, sind also Ausdruck bürgerlichen Strebens und nicht einer Sehnsucht ins Unendliche. Selbst ein Detail zeigt die großen Unterschiede: Wenn der kleine Muck im Sonnenschein eine Scherbe findet und sie einsteckt in der Hoffnung, sie werde sich in einen Diamanten verwandeln, wenn er in der Ferne eine Moschee oder einen See blinken sieht und meint, er sei bald in einem Zauberland angekommen, so verschwinden die Trugbilder in der Nähe, »und nur allzubald erinnerte ihn seine Müdigkeit und sein vor Hunger knurrender Magen, daß er sich noch im Lande der Sterblichen befinde«. Da ist kein Unterschied mehr zu G. Kellers Wenzel Strapinski in »Kleider machen Leute«, ein ungeheurer dagegen zu Tiecks »Der Runenberg«, in dem Christian ernsthaft glaubt, er habe im Berg kostbare Diamanten gefunden: »Nun komme ich von einer sehr beschwerlichen Wanderschaft …, aber ich habe dafür auch endlich die kostbarsten Schätze mitgebracht, die die Einbildung nur denken oder das Herz sich wünschen kann.« Er öffnet den Sack, aus dem große Stücke Quarz und andere Steine fallen. Und Christian meint: »Es ist nur, daß diese Juwelen noch nicht poliert und geschliffen sind, darum fehlt es ihnen noch am Auge und Blick; das äußerliche Feuer mit seinem Glanze ist noch zu sehr in ihren inwendigen Herzen begraben, aber man muß es nur herausschlagen …«

Romantische Illusion contra frührealistische Desillusionierung: Deshalb kehren alle Hauffschen Märchenhelden in ein bescheidenes bürgerliches Dasein zurück, manchmal resignierend wie in »Der kleine Muck«, manchmal mit bleibender Erinnerung an die Begegnung mit höheren Mächten wie in »Das kalte Herz«: »Von jetzt an wurde Peter Munk ein fleißiger und wackerer Mann. Er war zufrieden mit dem, was er hatte, trieb sein Handwerk unverdrossen, und so kam es, daß er durch eigene Kraft wohlhabend wurde und angesehen und beliebt im ganzen Wald.« Die sich in badische Taler verwandelnden Tannenzapfen des Glasmännleins bilden eine sichtbare Brücke zum Irrationalen.

Nicht überraschen kann, daß sich Hauff vom rationalisierenden und moralisierenden Märchen der Aufklärung, auch von dem artistischen Kunstmärchen mancher Romantiker distanzierte; erstaunlich ist aber, daß er sogar, wie man dem Brief an seinen Bruder Hermann v. 26.8.1826 entnehmen kann, die Grimmschen Märchen wegen ihrer stilisierten Schlichtheit und Treuherzigkeit ablehnte. Wenn er trotzdem Grimms Bekanntschaft suchte und zwei seiner Märchen im zweiten Almanach abdruckte, so entschuldigt er das (ziemlich skrupellos) mit geschäftlichen Interessen: »Die Hauptsache ist, daß wir seinen *Namen* haben, der nun einmal *viel* gilt.«

Schon diese kurzen Hinweise zeigen zwar eine noch vorhandene Verbindung mit dem romantischen Geist, aber eine sehr deutliche Hinwendung zum Realistischen: Dies macht Hauffs bemerkenswerte Stellung zwischen den Zeiten aus. Fritz Martini trifft hier nicht ganz den Kern, wenn er von einer »Verdünnung der romantischen Erlebnissubstanz« spricht. Das klingt sehr negativ und mag berechtigt sein im Vergleich mit der Esoterik eines Novalis, läßt jedoch außer acht, welchen psychischen und existentiellen Gefahren sich romantische Künstler aussetzten.

Eine Hinwendung zum Realistischen war nicht nur Folge der beginnenden industriellen Revolution und des Siegeszuges der Naturwissenschaften, sondern gleichzeitig in der Erkenntnis begründet, daß im Romantischen auch manches Kranke (freilich nicht nur Krankes) sich zu entwickeln begonnen hatte. Dem standen gegenüber ein wachsendes Kapital und die große Zahl der durch den Kapitalismus ausgebeuteten Arbeiter. In beide Richtungen zielte W. Hauff.

Man wird ihm auch nicht gerecht, wenn man ihn einen begabten Eklektiker nennt, d.h. einen Menschen, der von

Vorläufern und Vorbildern nimmt, was ihm gefällt, und geschickt zusammenpaßt. In der Tat mischen sich in seinen Märchen die verschiedensten Elemente: romantische, realistische, moralisierende und satirische, heitere und melancholische. Sie fügen sich aber mehr und mehr zu einer Einheit, gipfelnd in »Der Zwerg Nase«. Bei »Das kalte Herz« rühmt Hinz zurecht die »Verschmelzung von Gesellschaftsanalyse, Milieuschilderung und Märchenphantasie«; da sich hier auch noch ein stilles Wunder vollzieht, zudem der unverfälschte Volkston getroffen wird, muß man diesen Text wirklich zu den besten Werken der deutschen Literatur zählen. Ein Eklektiker wäre zu den beiden letztgenannten Werken nicht fähig gewesen.

Jaschek kommt zu dem Schluß, Hauff sei dem Biedermeier zuzurechnen: »Die Biedermeierkultur«, so charakterisiert sie 1978 Kurt Rothmann in »Kleine Geschichte der deutschen Literatur«, »baute auf Heimatverbundenheit und Religion, auf patriarchalische Ordnung im Staat und Familie, auf ehrende Pflege des Althergebrachten und auf schlichte Genügsamkeit. Zur Erhaltung des inneren Friedens und eines beschränkten Glücks bändigte man alle dämonischen Kräfte und Leidenschaften, einschließlich der erotischen. Statt sich in individueller Selbstverwirklichung auszuleben, nahm man Rücksicht auf eine familiäre Geselligkeit, in der jeder beißende Witz verpönt war: Man pflegte den leisen Humor, übte Bescheidenheit und liebte das Niedliche und Zarte«.

Einige Punkte sprechen wirklich für Jascheks These, erinnern an den Untertitel der Märchensammlung »für Söhne und Töchter gebildeter Stände«, an die Entrückung in die Ferne und die dadurch gewonnene Ruhe, an das immer maßvolle Ende, an den schlichten Ton. Trotzdem trifft auch diese Bestimmung wiederum nur die halbe Wahrheit und außerdem nur einige Werke. Man denke etwa an die chaotischen »Memoiren des Satan«, an die Parodie »Der Mann im Mond«, an die Spießbürgersatire aus dem 2. Almanach »Der Affe als Mensch« (in manchen Ausgaben »Der junge Engländer« betitelt) sowie an »Der Zwerg Nase« mit einer scharfen Gesellschaftskritik und »Das kalte Herz« mit den aufgezeigten Gefahren moderner Geldwirtschaft.

Wir sehen: Jeder Versuch einer Einordnung scheitert, wird der Besonderheit dieses Dichters nicht gerecht, verbaut den Zugang zum jeweiligen Werk. W. Hauff stand an einer großen Zeitenwende, vielleicht der größten. Er tradierte Bleibendes und warnte vor kommenden Gefahren, vereinte Gefühl und Verstand. Gerade diese natürliche Spannung, aus jugendlicher Frische und gesundem Optimismus erwachsen, machte ihn zu einem Dichter, der weiterhin Zukunft haben wird. Er war kein Genie, so darf wiederholend geschlossen werden, aber ein vielseitiges Talent mit feinem Gespür für das Sichtbare und Unsichtbare:

> »Er hat jenen einfachen, naiven und doch so tiefen und bezaubernden Stil, der an Goethe so hinreißt, wenigstens mich. Da ist nichts Gesuchtes, nichts Geschrobenes, die Ausdrücke und Bilder sind einem aus der Seele gegriffen, man weiß keine andern passenden zu finden. Und dann die liebliche, immer mit neuen Farben blühende Phantasie!«
>
> (G. Keller in »Reflexionen«)

Literaturverzeichnis

ACKERKNECHT, ERWIN: Nachwort zu Hauffs Märchen »Die Geschichte von dem kleinen Muck« und »Der Zwerg Nase«. (Reclam Nr. 7702)

BECKMANN, SABINE: Wilhelm Hauff. Seine Märchenalmanache. Bonn 1976

HINZ, OTTMAR: Wilhelm Hauff. Hamburg 1989

JASCHEK, AGNES: Wilhelm Hauffs Stellung zwischen Romantik und Realismus. Frankfurt 1957

KLOTZ, VOLKER: Wilhelm Hauff. In: Das europäische Kunstmärchen. Stuttgart 1985

LÜTZELER, HEINRICH: Philosophie des Humors. In: Zeitschrift für Deutsche Geisteswissenschaften. Jg. 1940/41

MARTINI, FRITZ: Wilhelm Hauff. In: Deutsche Dichter der Romantik. Hrsg. von Benno v. Wiese. Berlin 1971

OTTE, IRMGARD: Das Bild der Dichterpersönlichkeit Wilhelm Hauff. München 1967

SCHULHOF, HILDE: Wilhelm Hauffs Märchen. In: Euphorion 29, 1928

SCHWARZ, EGON: Wilhelm Hauff. In: Romane und Erzählungen zwischen Romantik und Realismus. Hrsg. v. P. M. Lützeler. Stuttgart 1983